DEUTSCHLAND SOLL DEUTSCH BLEIBEN

W0174640

HEINRICH LUMMER

Deutschland *soll* *deutsch bleiben*

- kein Einwanderungsland
- kein Doppelpaß
- kein Bodenrecht

Mit einem Beitrag von
Felix Buck

HOHENRAIN–TÜBINGEN

Als mittelständisches, unabhängiges Unternehmen stellen wir alle unsere Bücher in Deutschland her und erhalten damit Arbeitsplätze!

Die Deutsche Bibliothek – CIP-Einheitsaufnahme

Lummer, Heinrich :
Deutschland soll deutsch bleiben :
kein Einwanderungsland, kein Doppelpaß, kein Bodenrecht /
Heinrich Lummer. Mit einem Beitrag von Felix Buck.-
Tübingen : Hohenrain-Verl., 1999
ISBN 3-89180-056-8

ISBN 3-89180-056-8

© 1999 by Hohenrain-Verlag GmbH,
Postfach 1611, D-72006 Tübingen

Gedruckt in Deutschland

Inhaltsverzeichnis

6

1. Kapitel

Deutschland darf deutsch bleiben

Die Hitler kommen und gehen. Das deutsche Volk bleibt bestehen, soll Stalin gesagt haben. Regierungen ändern sich oft rasch. Das Volk bleibt. Bleibt es wirklich? Kurzfristig ändern sich Völker kaum. Langfristig können auch sie verschwinden oder sich bis zur Unkenntlichkeit verändern. Die Geschichte kennt viele Beispiele von Völkern und Kulturen, die in die Geschichte hineinwuchsen, ihre Höhepunkte erlebten – und wieder verschwanden. Manche Völker kommen nach einem Niedergang wieder. Aber sind die Ägypter der Pharaonen das Volk von heute?

Im Ausland begegnet man oft einem Bild des Deutschen, das geprägt ist von Begriffen wie Fleiß, Korrektheit, Unbestechlichkeit und Ordnungsliebe. Dann wieder sieht man in ihnen das Volk der Dichter und Denker. Da existieren Bilder und Vorstellungen von Deutschland und den Deutschen, die dem realexistierenden Deutschtum nicht mehr entsprechen. *Tempora mutantur nos et mutamur in illis.* Auch Völker kommen und gehen. Ihre Fortexistenz ist keine Selbstverständlichkeit. Die Nationenbildung mag mit Mythen zu tun haben. Sie ist immer auch Wille und Leistung. Darum sind Völker und Nationen in ihrer Existenz immer auch gefährdet. Die Gefährdungen haben viele Gesichter.

Manche meinen, Völker und Nationen spielten im Zeitalter der Globalisierung und der offenen Republiken keine Rolle mehr. Man müsse sie überwinden. Die offene Republik und die europäische Idee werden als Mittel gesehen, den Nationalstaat zu überwinden. In Teilen der Welt sind Völker durch ethnische Säuberungen – wie man beschönigend sagt – oder handfeste Vertreibungen gefährdet. Die Vertriebenen wollen irgendwo bleiben. Leere Räume gibt es nicht mehr. Also treffen sie auf die Räume anderer. Aber nicht nur der Vertreibung wegen verlassen Leute ihr Land. Motive von Völkerwanderungen waren immer auch die besseren Weiden und volleren Tröge anderer Länder. Nicht nur politische Verfolgung bewegte die Menschen, Migranten zu werden. Dieser Grund ist im Zweifelsfall sogar gering. Gold, Geld und größerer Wohlstand waren immer die treibenden Kräfte. Es mag zutreffend sein, unser Jahrhundert als ein Jahrhundert der Vertreibung zu bezeichnen. Seine letzten Jahrzehnte sind auch durch Massenwanderungen und Einwanderungen gekennzeichnet. Solche Bewegungen berühren die Existenz der Völker. Man kann seine Identität und seine Existenz verlieren durch Vertreibung – aber auch durch Masseneinwanderung. Die Geschichte kennt das eine wie das andere. Durch Zwangsumsiedlungen haben die russischen Großfürsten ihre Macht ausgebaut und ihr Territorium vergrößert. Die Stalinsche Vernichtungs- und Umsiedlungspolitik war sicher auch von dem Ziel getragen, ein mehr oder weniger uniformes Sowjetvolk zu verwirklichen. Er wollte ein neues Volk schaffen. Nach der Besetzung Albaniens durch die Italiener im Jahre 1939 hatte man in Italien Pläne, durch gezielte Einwanderung von Italienern einen Zustand in Albanien zu erreichen, der die autochthone Bevölkerung in einen Minderheitenstatus gedrängt hätte. Man dachte an ein Verhältnis von 2 : 1.

Oft werden Völkerwanderungen wie die Vertreibung von Völkern durch die Bevölkerungsentwicklung, also durch biologische Daten, vorgegeben. Ein Volk ohne Raum führt zu einem Druck, der sich in der Suche nach neuen Räumen niederschlägt. Einen solchen Druck gibt es heute zum Beispiel in Nordafrika. Ein Raum ohne Volk wirkt dann genauso anziehend wie der Wohlstand einer Region.»Aller Erfahrung nach entstehen Wanderungsbewegungen nur dann, wenn nicht nur ein großer Abwanderungsdruck in den Herkunftsregionen herrscht, sondern auch in den Zielgebieten eine gewisse Aufnahmebereitschaft besteht.«[1] Ein Volk, das durch sein geringeres Bevölkerungswachstum von einem anderen verdrängt zu werden droht, wehrt sich dagegen. Die Vertreibung der Kosovaren durch Serbien ist ein Beispiel. Man will den Raum, der durch Autonomie oder

---

[1] Steffen Augenendt, »Flucht und Migration«, in *Internationale Politik*, 54. Jahrgang Nr. 4, April 1999, S. 5.

Separation verlorenzugehen droht, retten. Zuweilen werden Umsiedlungen auch vertraglich geregelt – wie zwischen der Türkei und Griechenland nach dem Ersten Weltkrieg. Die Türkei wollte nicht weiter ein Vielvölkerstaat sein. Deshalb wurden die Griechen umgesiedelt.

Die Massenvertreibung erfolgt oft mit dem Ziel, einen möglichst homogenen, völkisch reinen Nationalstaat zu ermöglichen. Die daraus folgende Masseneinwanderung produziert in den Aufnahmeländern genau die Situation, die in den Vertreibungsländern zu Konflikten führte. Ein *circulus vitiosus*, ein Teufelskreis, tut sich auf. Tschechen, Polen, Serben, Kroaten haben die fremden Bewohner ihrer Länder nicht mehr ertragen wollen und vertrieben. Und wir sollen mit allen konfliktfrei leben. Die einen verhindern die multikulturelle Gesellschaft durch Vertreibung, den anderen soll sie durch Masseneinwanderung zugemutet werden. Die Zumutung ist auch die Gefährdung des Volkes und seiner Identität.

Gefährdungen sind auch in einem kollektiven Masochismus zu erkennen, in dem, was gelegentlich mit dem Begriff ›Canossa-Republik‹ charakterisiert wird. Man geht in die »innere« Emigration, verläßt die Seite der ›schuldigen‹ Deutschen und schlägt sich auf die Seite der Opfer. Je größer die Distanzierung vom Deutschtum, desto glaubwürdiger der Wechsel. Deshalb gefällt man sich darin, Deutschland zu beschimpfen und Ausländer zu lieben. Ausländerfreundlichkeit ist oft nur die Kehrseite jener Medaille, die Deutschfeindlichkeit heißt.

Der Nationalstaat ist nicht von gestern

Alles Lebendige kennt Anfang und Ende. Alles Lebende ist dem Wandel ausgesetzt. Viele Faktoren können fördern oder gefährden. Hier soll von einigen Dingen die Rede sein, die für Deutschland Gefahr bedeuten. Natürlich bedarf es dazu einer ersten Klarstellung. Hat Deutschland überhaupt (noch) das Recht, als Nationalstaat zu existieren? Ist der Nationalstaat ein Auslaufmodell der Geschichte, von dem wir möglichst bald Abschied nehmen sollten? Aus den unterschiedlichsten Gründen wird heute und gerade in Deutschland die Überwindung des Nationalstaates gepredigt. Die einen denken dabei an eine offene Republik für alle, die sich zu den republikanisch-demokratischen Verfassungsgrundsätzen bekennen. Nicht mehr die Volkszugehörigkeit oder Nationalität soll das einigende Band des Volkes und Staates sein, sondern ein bloßer Verfassungspatriotismus. Nicht vor allem Fakten, die sich durch Geburt in eine Kultur ergeben und emotionale Kategorien einschließen, sondern vor allem das Bekenntnis zu einer republikanischen Verfassung soll die einigende Wirkung erzielen. Alle Menschen, die diesen guten Willen haben – gleich welcher Hautfarbe, Herkunft, Religion oder Nationalität –, sollen Bürger einer solchen offenen Republik werden können. Das ist das Ziel einer multikulturellen Gesellschaft, die das neue Staatsvolk begründen soll.

Andere denken gern an Europa, wenn sie die Überwindung des Nationalstaates meinen. Dieses Denken ist gerade in Deutschland beliebt. Gerade die deutsche Geschichte mit ihren Tiefen im 20. Jahrhundert und den Auswüchsen eines Nationalstaates hat den Europagedanken belebt. Ziel war nicht nur ein Staatenbund, sondern ein Bundesstaat, in dem die Nationen aufgehen.

»Wir brauchen die politische Union. Dies ist nach meiner festen Überzeugung auf lange Sicht auch eine Frage von Krieg und Frieden«, so meinte Helmut Kohl am 11. November 1993 vor dem Deutschen Bundestag. Dramatischer kann man es nicht ausdrücken. Die Europäische Union eine Frage von Krieg und Frieden. Wer gegen die Union ist, ist gegen den Frieden. Dies hatten wir schon einmal bei der Brandtschen Ost-Politik. Wer dagegen war, wie damals die CDU/CSU, war gegen den Frieden.

Wer ist aber diese Union, die den Frieden sichert? Wie sieht sie aus? Dazu der Bundeskanzler an eben jenem 11. November zwei Sätze später: »Wie die politische Union Europas schließlich in allen Einzelheiten aussehen wird, wissen wir heute nicht.« Wir wissen also nicht, wie die Europäische Union aussehen wird, aber für den Frieden ist sie angeblich notwendig. Vielleicht kann man aber auch mit gutem Grund die Auffassung vertreten, das europäische Maß, das wir vor Maastricht hatten, habe für die Erhaltung des Friedens ausgereicht und werde dies auch in Zukunft leisten. Jedenfalls bleibt die beschwörende Formel vage, unglaubwürdig und gefährlich außerdem. Früher wurde das

Europa, das wir jetzt haben, als das zu erreichende Ziel angepriesen. Nun sagt man immerfort: Stillstand ist Rückstand. Das ist Unfug, weil es ein Ende der Fahnenstange gibt. Derjenige, der die Entwicklung Europas maßvoll und konkret von der sachlichen Zusammenarbeit her entwickeln will, wird oft als Gegner Europas abgetan. Dabei haben wir in manchen Bereichen schon zu viel Europa.

Dieses Europa läßt sich mit Begriffen schwer einfangen. Ein >integriertes< Europa ist es schon. Aber natürlich kann es noch mehr Integration geben. Es war bis Maastricht eine Gemeinschaft. Jetzt sind wir eine Union. Aber die Union ist auch nur eine Gemeinschaft. Und was der Unterschied zwischen Staatenbund und Staatenverbund ist, vermag auch niemand so recht zu sagen. Der Begriff >Union< jedenfalls gibt keine Antwort auf die Frage Staatenbund oder Bundesstaat. Auch andere Fragen bleiben offen. Der Begriff bleibt vielsagend oder nichtssagend. Wie soll diese Union, das heißt, wie soll Europa konkret aussehen? Was sollen wir wollen? »Niemand will einen europäischen Einheitsstaat«, sagte der Bundeskanzler. Das sagt Stoiber auch. Ist das schon die Absage an den europäischen Bundesstaat? Selbst wenn noch einige deutsche Politiker den europäischen Bundesstaat wollen sollten, es wird ihn in absehbarer Zeit nicht geben. Und das ist gut so. Die Union nach Maastricht hat keinen Staatscharakter. Sie hat keine Verfassungsautonomie. Ihre Kompetenz ist aus Verträgen abgeleitet. Dazu eindeutig das Bundesverfassungsgericht:»Der Unionsvertrag begründet einen Staatenverbund..., keinen sich auf ein Staatsvolk stützenden Staat.« Das Europa der Vaterländer ist immer noch die richtige Devise. Herder hat dafür das immer noch richtige Bild der konzentrischen Kreise angeboten, wo Familie, Gemeinde, Volk und supernationale Gemeinschaft ihren Platz haben. Das eine bedingt das andere, baut auf dem anderen auf, ohne sich aufzugeben oder aufgehoben zu werden. Es besteht kein Zweifel, daß Helmut Kohl und andere den Bundesstaat wollten. Ebensowenig besteht Zweifel, daß es ihn vorerst nicht geben wird. Jeder mag seinen Rückzug interpretieren und erklären.

Weder der Nationalstaat ist das Ziel der Geschichte noch Europa. Um den Frieden zu bewahren, braucht man überhaupt kein

Ziel der Geschichte. Dazu braucht man auch keine undefinierte Europäische Union. Wir brauchen weder Deutschland noch Europa über alles.

Natürlich haben die anderen Völker ein unbefangeneres und wohl auch ungebrochenes Verhältnis zum Nationalstaat. Deutschland wird nicht in der Lage sein, ihnen die betont kritische Sicht beizubringen. Und wozu auch? Weder mangelt es dem Nationalstaat an Zuneigung, noch kann er für die historischen Pleiten unseres Jahrhunderts verantwortlich gemacht werden. Im Zuge der Normalisierung ihrer Rolle in der internationalen Politik werden auch die Deutschen ihr Verhältnis zum Nationalstaat überprüfen müssen. So sie es nicht längst getan haben. Bei der Mehrheit der Bürger war er ohnehin nie in der Krise. Das nationale Scheitern in zwei Weltkriegen hat zwar die Bereitschaft zum europäischen oder globalen Denken erleichtert und befördert. Aber die europäische Vision war nicht in der Lage, die Idee des Nationalstaates zu ersetzen. Michael Stürmer stellt die Frage: »Die Frage am Ende des Jahrhunderts wird lauten, ob es gelingt, zwischen europäischer Vision und deutschem Sonderweg eine auf Dauer mit den Nachbarn kompatible Denk- und Daseinsform zu finden. Es war und ist nationales Interesse der Deutschen, europäisch zu sein – und atlantisch. Was aber, wenn die anderen Europäer mehr oder weniger im Nationalen verharren?«[2]

Diese Frage wiederum ist inzwischen mehr oder weniger deutlich beantwortet. Wenn britische Außenminister oder Premiers sich zu solchen Fragen äußern, hört man sie immer wieder sagen, die Interessen des eigenen Landes seien das Entscheidende. Und in wichtigen Fragen werde man sich auf keinen Fall einer Mehrheitsentscheidung in der Europäischen Union unterwerfen. Originalton John Major: »Ich glaube, der einzige, auf demokratische Weise funktionierende Weg ist die Entwicklung unserer Vorstellung von Europa als einer Partnerschaft der Nationen.« Dies sei weder eine Frage der Geschichte oder Politik noch der Nostalgie. »Wir erörtern die sozialen und moralischen Fragen unseres Zeitalters in erster Linie im Rahmen nationaler

---

[2] Michael Stürmer, »Deutschland und der Nationalstaat«, in *Neue Zürcher Zeitung* vom 11. 7. 1997.

Strukturen..., und die gemeinsame Identität, das einende Empfinden, einer Nation anzugehören, ist es, was die Basis der demokratischen Legitimität ausmacht.« So John Major am 19. Juni 1996 in der Goldsmiths' Hall in London.[3] Toni Blairs Originaltöne hören sich nicht anders an.

Über Frankreichs Position braucht in diesem Zusammenhang nicht weiter geredet zu werden. »Die stattfindende Renationalisierung in Frankreich hat eine germanophile Spitze.«[4]

Bei der Diskussion um die Währungsunion in Frankreich hat die Frage einer deutschen Hegemonie eine entscheidende Rolle gespielt. Die einen waren für die Währungsunion, weil sie die deutsche Hegemonie verhindere; die anderen waren dagegen, weil nur so die deutsche Hegemonie verhindert werden könne. Am gemeinsamen Ziel, eine deutsche Hegemonie zu verhindern, gab es keinen Zweifel.

Es gibt hinreichende Gründe für die Annahme, daß Deutschlands Politiker – wenn sie es denn wollten – nicht in der Lage sein würden, den anderen ihre Vorstellungen eines vereinten Europas zu vermitteln. Der Nationalstaat hat sich als widerstandsfähig erwiesen und wird dies auch in Zukunft tun, weil er dem Denken und Fühlen der heutigen Menschen entspricht und letztendlich eine Geschichte des Erfolges darstellt. Der – möglichst homogene – Nationalstaat ist am ehesten in der Lage, die Menschenrechte zu gewährleisten und den inneren Frieden zu bewahren. Die Demokratie als Volksherrschaft ist am ehesten im Nationalstaat zu verwirklichen. Wie die jüngste Geschichte zeigt, möchten sich die Völker am liebsten in Nationalstaaten organisieren. Insofern kann er kaum als Relikt aus vergangenen Zeiten gedeutet werden. Seine Beliebtheit kennt beinahe keine Grenzen. Auch scheint er als Schicksals- und Verantwortungsgemeinschaft nach wie vor unentbehrlich.

Schließlich war es auch der bündnisfreie Nationalstaat, der Hitlers Gewaltvorstellungen von einer europäischen Einheit zer-

---

[3] John Major, »Die Zukunft Europas«, in *Pressedienst der Britischen Botschaft:* »Europäische Notizen aus Großbritannien« vom 25. 6. 1996.
[4] Ludwig Watzal, »Der Nationalstaat und die deutsch-französischen Beziehungen«, in *Neue Gesellschaft/Frankfurter Hefte* Nr. 1/97, S. 34.

13

störte. Die Handlungsfähigkeit aller internationalen Organisationen in Krisenzeiten hat sich als brüchig erwiesen. Der Sieg über Hitler wurde als Sieg der Nationalstaaten empfunden und gefeiert. Für Stalin und die Sowjetunion war es der »große Vaterländische Krieg«. Die Verteufelung des Nationalstaates ist offenbar in Deutschland geboren, was man verstehen kann. Diese Verteufelung sollte aufgrund der historischen Fakten überwunden werden. Daß das noch nicht ausreichend geschehen ist, ist wiederum schwer zu verstehen. Jedenfalls wird sich Deutschland am Ende dieses Jahrhunderts erneut mit dieser Frage beschäftigen müssen. Treffend formuliert Ludwig Watzal: »Auf lange Sicht kommt Deutschland außenpolitisch nicht darum herum, sich wie ein normaler Nationalstaat zu verhalten und eine eigenständige nationale Interessenpolitik zu betreiben. Beide Termini, *normaler Nationalstaat* und *nationale Interessenpolitik,* sind in Deutschland aus historischen Gründen heftig umstritten. Trotz alledem muß Deutschland sich unter gewissen Voraussetzungen in den internationalen Beziehungen langfristig wie jeder andere Nationalstaat verhalten, da alles andere ›Sonderwege‹ wären und die Nachbarn und Verbündeten irritieren würde.«[5]

Mit der Dämonisierung der Nation und der Idealisierung der europäischen Integration wird es auf dem Wege Deutschlands in die Normalität ein Ende haben müssen. Dabei wird es natürlich zu einem Ausgleich, zu einer Balance zwischen Nation und Integration kommen müssen: »Die Skepsis der Deutschen gegenüber dem traditionellen Nationalstaatsgedanken bedeutet Risiko und Chance zugleich: Das Risiko besteht darin, daß Deutschland und die Deutschen im Vergleich zu ihren Nachbarn ein unzureichendes nationales Selbstbewußtsein entwickeln. Die Chance besteht darin, daß Deutschland und die Deutschen seit der Vereinigung vorleben, daß nationale Interessen erst in Verbindung mit universellen Werten Sinn ergeben und kooperativ verfolgt werden müssen.«[6] Bleiben wir also beim

---

[5] Ebenda, S. 37.

[6] Christian Hacke, »Die neue Bedeutung des nationalen Interesses für die Außenpolitik der Bundesrepublik Deutschland«, in *Aus Politik und Zeitgeschichte* vom 3. 1. 1997.

14

Europa der Vaterländer. Es handelt sich nicht um eine Alternative zwischen Nation und Integration. Herders konzentrische Kreise ergeben nach wie vor das angemessene Bild. »So gesehen scheint die Alternative auch vom Blickpunkt des Nationalstaats gar nicht gegeben zu sein, und das ›Europa der Vaterländer‹ bleibt offensichtlich der eleganteste, ja die einzig denkbare Möglichkeit.«[7] Auch die Deutschen haben also das Recht, in einem Nationalstaat zu leben, und sie haben das Recht, diesen als ihre Heimat zu bewahren. Sie haben also auch das Recht, ihn vor Überfremdung und Landnahme durch Masseneinwanderung zu schützen. Und dieses Recht sollten sie wahrnehmen.

Das Ziel einer multikulturellen Gesellschaft ist geeignet, Deutschland die Identität zu nehmen. Eine generelle Bereitschaft, die doppelte Staatsangehörigkeit zu akzeptieren, ist geeignet, ein neues Volk zu schaffen, das dem deutschen unähnlich sein würde. Deshalb sollen diese Gefährdungen unserer nationalen Existenz schwerpunktmäßig betrachtet werden. Zudem wird es nicht möglich sein, wichtige uns belastende Probleme zu lösen, ohne die Einwanderung nach Deutschland zu kontrollieren. Dazu gehören die Fragen der Arbeitslosigkeit und der inneren Sicherheit.

Fehlende Folgenabschätzung

Spätestens seit Max Webers Unterscheidung von Gesinnungs- und Verantwortungsethik in seinem Büchlein *Politik als Beruf* weiß man, vorauf es beim politischen Handeln ankommt. Man muß in dicken Brettern bohren, die Folgen seines Handelns bedenken, abwägen und vorausschauen, welche Folgen eine Entscheidung von heute demnächst bringen wird. Verantwortungsethik korrespondiert mit Folgenabschätzung. Und genau hier liegt der wunde Punkt gegenwärtiger Politik in den verschiedensten Feldern. Namentlich wenn die Folgenabschätzung von der Politik Entscheidungen verlangt, die zunächst als schmerz-

---

[7] Michael Salewski, »Ein Europa der Nationalstaaten«, in *Internationale Politik*, Nov. 1997, Nr. 11, S. 9.

15

hafte Eingriffe erscheinen müssen, zögert sie. So pflegt und propagiert man eine Politik kleiner Schritte und stolpert von Reform zu Reform, weil keine richtig und ausreichend genug war. Man wußte rechtzeitig in Deutschland, wie es um die Kohle steht. Man stieg nicht aus. Wider die Vernunft subventionieren wir sie seit Jahrzehnten mit jährlichen Milliardenbeträgen. Mit der Landwirtschaft ist das kaum anders. Und der große Einschnitt steht noch aus. Im Kosovo-Konflikt hat sich die NATO in eine Glaubwürdigkeitsfalle begeben. Die Lage und die Leute auf dem Balkan kennt man seit langer Zeit. So kannte man Milosevic und seine Ziele: ethnische Säuberung für das Kosovo oder zumindest eine Teilung, die teilweise ethnische Säuberungen voraussetzt. Natürlich kann man dies leichter umsetzen, wenn die anderen einen Bombenkrieg beginnen und vorher alle Beobachter und ihre Beschützer aus dem Lande geholt wurden. Die NATO hat durch ihr unüberlegtes Verhalten die humanitäre Katastrophe, die sie durch Bombenterror vermeiden wollte, zumindest überdimensional vergrößert, wenn nicht ausgelöst. Weitere Folgen sind also: Wir nehmen Flüchtlinge auf, die nicht mehr gehen wollen; wir zahlen Flüchtlinge in der Region; wir zahlen den Wiederaufbau dessen, was die NATO zerstört hat, usw. Da war mangelnde Folgenabschätzung im Spiel und insofern keine ausreichende Verantwortungsethik.

Nehmen wir die Geschichte der Harmonisierung des Asylrechts in der Europäischen Union, wie an anderer Stelle in diesem Text beschrieben. Es ist eine langwierige Story der Unzulänglichkeit, des Zauderns und des Zögerns – zum Schaden Deutschlands. Dabei hätten wir mit dem Gewicht unserer Zahlungen und des Kanzlers Kohl längst mehr erreichen können.

Fehlende Voraussicht bei der Ausländerpolitik

Und mit der deutschen Asyl- und Ausländerpolitik ist es nicht anders. Natürlich hat Politik immer auch etwas zu tun mit dem wirklichen Geschehen. Sie muß darauf reagieren. Und nicht alles ist vorhersehbar. Aber die meisten Entwicklungen kommen nicht über Nacht. Und manche – wie die Ausländerzuwanderung – führt man durch fehlerhaftes Verhalten – wie die Anwerbung – selber herbei. So muß man sich oft den Vorwurf anhören, wir hätten sie alle gerufen. Aber schon 1973 hörte der Ruf auf, weil die Anwerbung gestoppt wurde. Alle Ausländer, die nach dem Anwerbestopp kamen, kamen ungebeten. Damals waren es 3,96 Millionen Ausländer bei einer Bevölkerung von etwa 62 Millionen. So entwickelte sich auch die Ausländerpolitik unter dem Druck der Ereignisse und mit wenig Voraussicht. Mit mancher Maßnahme erreichte man das Gegenteil dessen, was man wollte. Ende 1955 wurde das erste Anwerbeabkommen mit Italien unterzeichnet. Damit begann die Beschäftigung von Ausländern in größerem Umfange. Weitere Vereinbarungen folgten: 1960 mit Spanien und Griechenland, 1961 mit der Türkei, 1964 mit Portugal, 1965 mit Tunesien und Marokko und 1968 mit Jugoslawien.

Damit war der erste Abschnitt der Ausländerpolitik eingeleitet, der bis zum Anwerbestopp 1973 reichte. Er war von dem Ziel gekennzeichnet, die Interessen deutscher Wirtschaft an zusätzlichen Arbeitskräften zu befriedigen. Natürlich hätte man dies auch mit relativ geringer Mehrarbeit der Deutschen erreichen können. Dafür war der Bundeswirtschaftsminister und spätere Kanzler Erhard eingetreten. Das war wohl weise Voraussicht, die aber nicht berücksichtigt wurde. Man ging davon aus, daß die Tätigkeit von Ausländern eine vorübergehende Erscheinung sein werde, daß man sie in jeweiliger Anpassung an die Arbeitsmarktlage flexibel gestalten könne. Der Zusammenhang zwischen Arbeitsmarkt und Anwerbung war jedenfalls bewußt und gewollt. In Grundsätzen der Regierung zur Ausländerpolitik aus dem Jahre 1970 hieß es: Der Umfang der Ausländerbeschäftigung richte sich »nach der Entwicklung des Arbeitsmarktes und der Wirtschaft«. Die Überlegung der Flexibilität und der Befristung kam auch in dem damals tragenden Gedanken der Rotation zum Ausdruck. Tatsächlich wurde das Prinzip der Rotation nicht praktiziert. Die Wirtschaft wollte die eben angelernten Kräfte nicht verlieren, weil neue Kräfte neues ›Lehrgeld‹ bedeuten, und die Gewerkschaften wollten ihre neuen Mitglieder nicht verlieren. Die Einheitsfront der Tarifpartner ließ die Politik zurückweichen. Die Rotation starb. Die Folgen waren der Nachzug der Familien und die faktische Verfestigung des Auf-

17

enthaltes in Deutschland. Nicht mehr der Geldtransfer zurück in die Heimat stand nun im Vordergrund, sondern der Transfer der Familien nach Deutschland. Damit fand auch die Fähigkeit zu flexiblem Handeln ein Ende. In dieser Zeit war der Anteil der ausländischen Bevölkerung von 568 000 im Jahre 1950 auf 3 966 000 am 30. September 1973 angestiegen.

Von der Rotation zur Integration

Nun wurden die Zahlen zum Problem. Auf der einen Seite Massenarbeitslosigkeit, auf der anderen Seite Ausländermassen mit all den Konsequenzen für die Infrastruktur (Wohnung, Schulen, Kindergärten, Arbeitsplätze usw.). Der Handlungsbedarf wurde offenkundig. Die mit dem Anwerbestopp vom 23. November 1973 beginnende Phase der Ausländerpolitik war nun gekennzeichnet durch eine Begrenzung des Zuzugs einerseits und – dominiert – durch eine Diskussion um Konzepte zur Integration. Eine Fülle von Papieren und Vorschlägen kam auf den Markt der Meinungen, daß einem Hören und Sehen vergehen konnte. Die Zeit, da die Ausländerzuwanderung nur in der Funktion des Arbeitsmarktes gesehen wurde, war jedenfalls mehr oder weniger vorbei. Die Begrenzung und Anpassung der Zuwandererzahlen an die Aufnahmefähigkeit der sozialen Infrastruktur war das eine Ziel, Integration das andere.

Aus dem Katalog der Begrenzungsmaßnahmen nur einige Beispiele:

● Versagung der Arbeitserlaubnis für erstmalige Beschäftigung (1974),

● Erneuerung der Arbeitserlaubnis nur nach Prüfung der Arbeitsmarktlage und des Einzelfalls (1974),

● Arbeitserlaubnis für Jugendliche nach Stichtagsregelung (1979) (vor dem 1. 12. 74 eingereist, später verlängert auf 31. 12. 76),

● Einreise in überlastete Siedlungsgebiete nur für Ledige (1974),

● Reduzierung der Kindergeldsätze für im Heimatland verbliebene Kinder (1975),

- Streichung der Kinder- und Ausbildungsfreibeträge für im Ausland lebende Kinder von ausländischen Arbeitnehmern,
- Rückkehrprämien,
- Straf- und Bußgeldvorschriften gegen illegale Beschäftigung von Ausländern,
- Zuzugssperren.

Das Ziel einer Begrenzung des Zuzugs auf das erwünschte Maß konnte nicht erreicht werden. Einzelne Maßnahmen wie die Reduzierung des Kindergeldes für im Ausland lebende Kinder förderten deren Nachzug nach Deutschland und waren kontraproduktiv.

Nun kam auch die Zeit, da die Ausländer als Problem ins Bewußtsein von Politik, Bürgern und Medien rückten. Man mußte etwas tun. Der erste Gedanke ist dann immer: Es müssen Gremien gegründet, Gutachter beauftragt und ein ›Beauftragter‹ installiert werden. Meist sind solche Aktionen Zeichen einer ziemlichen Hilflosigkeit. Nach dem Ausländerbeauftragten der Bundesregierung gingen auch Länder und Gemeinden dazu über, ›Ausländerbeauftragte‹ einzurichten. Die regelmäßige Ressortzuordnung zu den für soziale Aufgaben zuständigen Ministern und Dezernenten (und nicht etwa zu den Innenministern) signalisiert das Ziel. Es soll um Integrationshilfen gehen. Wie nicht anders zu erwarten, wurden die Ausländerbeauftragten faktisch zu Ombudsleuten für diese Bevölkerungsgruppe. Sie identifizierten sich mehr und mehr mit den Interessen der Ausländer – oft genug im Gegensatz zu den jeweiligen Innenministern oder dem Gesamtkabinett. Dieser Trend liegt in der Natur der Sache. Jeder Beauftragte orientiert sich weniger am Gemeinwohl denn am Interesse seiner Klientel. Schon deshalb war die Einrichtung falsch – und zudem kostspielig. Schon der erste Bericht des Beauftragten Kühn, dem vormaligen SPD-Ministerpräsidenten aus Nordrhein-Westfalen, führte zum Konflikt mit der ebenfalls von der SPD geführten Regierung, vertrat er doch weitgehend die Positionen der Ausländerlobby. Nicht anders verlief später die Arbeit der Beauftragten John in Berlin. Wie alle Beauftragten wurde sie zu einem besoldeten Anwalt der Ausländer. In der Praxis ist das gesamte Beauftragtenwesen problematisch, weil es stets zu einer Überbetonung der Interessen der jeweiligen Klientel kommt. Wegen der fehlenden Orientierung am Gemeinwohl schafft man sich unnötige Konfliktfelder. Deshalb sollte man das Beauftragten-Unwesen möglichst sparsam verwenden und einschränken. Die Fülle der Ausländerbeauftragten erinnert jedenfalls stark an das Parkinsonsche Gesetz. Die Behörden blähen sich auf. Die Ausländerbeauftragten gehören abgeschafft, weil sie regelmäßig nicht die Interessen des deutschen Volkes vertreten. So forderte schon Heinz Kühn damals Dinge, die das Kabinett nicht übernahm.

Die Integrationseuphorie jener Zeit wird in der Liste der Vorschläge erkennbar, von denen einige genannt werden sollen:

- Kommunalwahlrecht für Ausländer,
- bessere Ausbildung der Lehrer für den Unterricht mit Ausländern,
- Erhöhung des Anteils ausländischer Kinder in Kindergärten,
- Erleichterung der Einbürgerung für Ausländerkinder,
- ungehinderter Zugang zu Ausbildungs- und Arbeitsplätzen.

Diese – zweite – Etappe der Ausländerpolitik hatte das Ziel der Integration in den Vordergrund gestellt, nachdem das Rotationsprinzip gescheitert war. Manche versuchten, sich noch mit der Formel ›soviel Rotation wie möglich, soviel Integration wie nötig‹ über die Runden zu retten. Aber die Wirklichkeit ging darüber hinweg. Natürlich ist und bleibt das Ziel der Integration für die auf Dauer hier bleibenden Ausländer wesentlich, wenn man den konfliktträchtigen Weg der multikulturellen Gesellschaft vermeiden will.

Nur darf man dabei nie aus dem Auge verlieren, daß Integration von verschiedenen Faktoren abhängig ist. Dazu gehört natürlich der Integrationswille des Ausländers nebst entsprechenden Bemühungen. Dazu gehört auch die kulturelle Herkunft der Ausländer. Bei einer erheblichen Distanz oder Diskrepanz zur Kultur des Aufnahmelandes wird Integration erschwert. Ohne Zweifel spielt auch die Integrationskraft des Aufnahmelandes eine Rolle. Im Hinblick auf die deutschen Selbstzweifel und die partiell masochistische Veranlagung der heutigen Deutschen darf man diese Integrationskraft nicht zu hoch veranschlagen. Dazu gehört aber insbesondere auch die Zahl. Und genau die Entwicklung der Zahlen änderte das Bild. Je größer die Zahl, desto schwieriger die Integration. Deshalb mußte Richard von Weizsäcker 1981 in seiner Regierungserklärung zum Ausdruck bringen, weil der Senat für Integration sei, müsse man für eine Begrenzung des Zuzugs sein. Und diese Frage der Masseneinwanderung dominierte in den achtziger Jahren. Die Zahlen sprechen eine klare Sprache:

Jahr	Zuzug insgesamt	Fortzug insgesamt
1983	354.496	487.268
1984	410.387	604.832
1985	480.872	425.313
1986	587.215	407.139
1987	591.765	398.518
1988	860.578	419.439
1989	1.133.794	539.832

Die Restriktionen in der Ausländerpolitik zu Beginn der achtziger Jahre und die Rückkehrförderung führten in den Jahren 1983 und 1984 zu einem Fortzugsüberschuß, der sich aber bald wieder in einen Zuzugsüberschuß wandelte. Hinzu kam der Geburtenüberschuß, der die Bilanz bestimmte.

Es mag sein, daß mit fast 8 Millionen Ausländern die kritische Grenze heute bereits überschritten ist. An Integrationsbemühungen darf es trotz allem nicht fehlen. Die Zeit nach 1980 war jedenfalls geprägt von dem Bemühen, die Zuwandererzahlen in den Griff zu bekommen. Über dieses Ziel gab es sogar ziemliches Einvernehmen zwischen Regierung und Opposition in Bonn. Am 11. November 1981 berichtete der Sprecher der sozial-liberalen Regierung aus der Kabinettssitzung:»Einigkeit bestand auch darüber, daß der Zuzug und die Nachführung von Familienangehörigen aus Ländern, die nicht der Europäischen Gemeinschaft angehören, unter Anwendung aller rechtlichen Mittel im Rahmen des Grundgesetzes gestoppt werden soll.« Nur über den Weg, über die einzelnen konkreten Schritte gab es kein

Einvernehmen. Und daß man »alle« Möglichkeiten im Rahmen des Grundgesetzes auszuschöpfen bereit war, davon konnte ebenfalls keine Rede sein. Denn über die einzelnen – erlaubten – Schritte gab es trefflichen Streit. Da der Autor persönlich betroffen ist, sei hier das Zitat eines Kommentators der Ausländerpolitik zur Kenntnis gebracht: »Am 20. November setzte der Berliner Innensenator Heinrich Lummer (CDU) massive Einschränkungen der Familienzusammenführung in Kraft. Protest von SPD, FDP, Gewerkschaften, Kirchen und Ausländerinitiativen folgten. Der sog. ›Lummer-Erlaß‹ wurde auch in der CDU kritisiert. Baden-Württembergs Ministerpräsident Lothar Späth (CDU) distanzierte sich von der ›Abschiebungspolitik‹ des Berliner Innensenators. Der Erlaß wurde schließlich abgeschwächt. Am 21. November schrieb der Referent der Deutschen Bischofskonferenz für Ausländerfragen, Bischof Helmut Hermann Wittler, an den Bundeskanzler und kritisierte die geplanten Maßnahmen: ›Diese Maßnahmen verstoßen m.E. gegen grundlegende Rechte der Familie: gegen Menschenwürde, gegen das Recht auf Heirat und Familiengründung sowie gegen das Recht der Eltern, ihre Kinderzahl zu bestimmen, sie zerstören das in die Zusagen von Integration gesetzte Vertrauen der Ausländer. . . Eine wachsende Ausländerfeindlichkeit darf sich nicht in ausländerfeindlichen Gesetzen niederschlagen.‹ Dieser Hinweis war in der Tat berechtigt, denn im Laufe des Jahres 1981 häuften sich die Berichte über Ausländerfeindlichkeit in der Bundesrepublik. Ähnlich wie Bischof Wittler äußerten sich am 27. November der Präsident des Diakonischen Werkes der EKD und der Präsident des Deutschen Caritasverbandes in einem Brief an den Bundeskanzler: ›Die genannten Maßnahmen sind äußerst restriktiv und fördern eher die uns mit Besorgnis erfüllende Ausländerfeindlichkeit in diesem Lande.‹

Die SPD/FDP-Bundesregierung wurde 1981 von den unionsregierten Ländern auch mit einer Bundesratsinitiative noch stärker unter Zugzwang gesetzt, so daß sie am 2. Dezember selbst eine ›Begrenzungspolitik‹ formulierte.«[8]

---

[8] Karl-Heinz Meier-Braun, *Integration und Rückkehr*, Grünewald-Kaiser, Mainz–München 1998, S. 20.

Die Ausländerlobby tat ihr freundliches Werk. Wenn die wachsende Zahl der Ausländer Ursache für eine vermeintliche Ausländerfeindlichkeit der Deutschen war, dann täte man doch gut daran, die Ursachen zu beseitigen. Die Begrenzung war keinesfalls ausländerfeindlich, allenfalls deutschfreundlich. Denn mit der Begrenzung der Zahl sollte es darum gehen, die Integrationsfähigkeit zu bewahren, Ausländerfeindlichkeit zu vermeiden, die Zahl der Arbeitslosen in Grenzen zu halten, den Wohnungsmarkt nicht zu sehr zu belasten, wachsende Kriminalität zu vermeiden und Kosten nicht zu hoch werden zu lassen.

Was war eigentlich so teuflisch an dem sogenannten ›Lummer-Erlaß‹ und den anderen Vorschlägen jener Zeit? Wenn man – wie die Bundesregierung am 3. Februar 1982 beschloß – die weitere Zuwanderung von Ausländern in die Bundesrepublik Deutschland ›wirksam‹ begrenzen wollte, dann konnte und kann man das nicht durch gutes Zureden erreichen. Auch formulierte die Bundesregierung in jenen Tagen den schönen Satz:»Nur durch eine konsequente und wirksame Politik zur Begrenzung des Zuzugs aus Ländern, die nicht Mitglieder der Europäischen Gemeinschaft sind, läßt sich die unverzichtbare Zustimmung der deutschen Bevölkerung zur Ausländerintegration sichern.« Genau dies war Ziel des ›Erlasses‹. Auch bewegte er sich im Rahmen des Grundgesetzes und erscheint bei heutiger Lektüre einigermaßen harmlos.

Die Integration setzt Begrenzung des Zuzugs voraus. Das hielten schon damals Regierung und Opposition für richtig. Und wieviel richtiger muß es heute sein, da die Zahlen beachtlich gestiegen sind. Ein Thema des ›berüchtigten‹ Erlasses war eine Einschränkung des Nachzuges für Jugendliche. Es hieß dort:»Für den Nachzug kommen der Ehegatte des ausländischen Arbeitnehmers und seine unter 16 Jahre alten unverheirateten Kinder in Betracht.« Der Grundgedanke ist klar: Um die Integration zu fördern, sollen nur jüngere Kinder nach Deutschland kommen, die noch am Ausbildungsprozeß teilnehmen können. Im Januar 1983 gab es im Bundesinnenministerium Pläne, das Nachzugsalter auf 6 Jahre zu senken. Nur so kann die integrationsfördernde Wirkung der Schule voll zur Geltung kommen. Aber die beflissenen vermeintlichen Freunde der Ausländer erhoben Protest.

23

Das katholische Büro meinte, eine solche Politik sei weder »christlich noch sozial«.

Neben den unter 16 Jahre alten Kindern sollte nach dem ›berüchtigten‹ Erlaß die Ehegattin des Arbeitnehmers nachzugsberechtigt sein. »Andere Verwandten (Eltern, Großeltern, Tanten, Geschwister, ältere Kinder) darf der Familiennachzug grundsätzlich nicht gestattet werden«, hieß es weiter. Was soll daran so aufregend sein? Schließlich gibt es weder eine Sippenhaft noch ein Sippenrecht auf Nachzug in ein fremdes Land. Wenn darüber hinausgehend verlangt wird, daß ein Arbeitnehmer, zu dem man nachzieht, ein ungekündigtes Arbeitsverhältnis haben muß und in der Lage sein soll, die Lebenshaltungskosten der Familie zu tragen, erscheint dies einigermaßen plausibel.

Andere Vorschriften richten sich gegen Scheinehen, die damals sehr beliebt wurden, um auf diese Weise den Nachzug zu erreichen. Wer die Zuzugsbegrenzung will, kann nicht allen Wünschen der Ausländer und ihrer deutschen Hilfstruppen willfährig sein. Das liegt in der Natur der Sache. Der Kern des Erlasses blieb im übrigen erhalten und wurde weitgehend von anderen Bundesländern übernommen. Die damals von mir beabsichtigte Wirkung, ein Zeichen zu setzen und einheitliches konsequentes Handeln zu befördern, wurde erreicht. Die Zuzugszahlen sanken. Leider blieb es auf Dauer nicht bei dieser Konsequenz in den Bundesländern.[9]

Im Februar 1983 legte eine von Bund, Ländern und Gemeinden gebildete Kommission ›Ausländerpolitik‹ einen Bericht vor. Er war sehr umfangreich und enthielt zum Teil Vorschläge, die einvernehmlich getragen wurden, und einen Katalog von kontroversen Vorschlägen. Diese betrafen den Nachzug von Kindern und Ehegatten zu Ausländern der zweiten Generation, Ausweisungsfragen und anderes. Insgesamt enthielt der Bericht passable Vorschläge, die in die richtige Richtung gingen, aber kaum ausreichend waren, um eine Problemlösung herbeizuführen. Dennoch wurden diese Vorschläge – insbesondere wiederum aus dem Bereich der Kirchen – als »Rausschmißpolitik« oder als Mittel, dem Ausländer das »Hiersein zu vergraulen«, kriti-

---

[9] Erlaß des Senators für Inneres vom 12. 11. 1981.

siert. Natürlich mußte es um Instrumente gehen, den Zuzug in ein dem Ausländer als Paradies erscheinendes Land zu erschweren. Die Kirchen haben insgesamt eine merkwürdige Rolle gespielt.

Man mußte im Laufe der Zeit den Eindruck gewinnen, daß ihnen mehr am Zuzug von Muslimen nach Deutschland gelegen ist als an der Betreuung deutscher Christen. Gott sei Dank kann die Politik – wenn sie es denn will – die Position der Kirchen übergehen, weil die meisten Mitglieder der Kirchen in diesen Fragen auch nicht auf ihre Hirten hören. Und im wohlverstandenen Eigeninteresse tun sie gut daran, so zu verfahren. Offenbar haben deutsche Kirchenvertreter eine besondere Scheu, die Interessen Deutschlands zu sehen und zu unterstützen, weil die Einbindung in nationale Interessen zu einer bestimmten Zeit unserer Geschichte zu groß war.

Nach der Bundestagswahl im März 1983 versuchte die Bundesregierung Kohl, das selbstgesteckte Ziel einer Reduzierung der Ausländerzahlen durch die finanzielle Förderung der Rückkehr zu erreichen. Schon im Juni 1983 beschloß sie ein entsprechendes Gesetz. Danach sollte der, der mit seiner Familie auf Dauer in die Heimat zurückkehrt, eine Hilfe von 10 500 DM und zusätzlich für jedes Kind 1500 DM erhalten. Die Regelung sollte befristet sein. Anträge konnten bis Ende Juni 1984 gestellt werden. Das Gesetz trat am 1. 12. 1983 in Kraft. Wie alles in der Ausländerpolitik, war auch dieses Gesetz umstritten. Der Erfolg konnte nicht genau in Zahlen gefaßt werden. Die Regierung schätzte 1984, daß 200 000 bis 250 000 Menschen die Bundesrepublik Deutschland verlassen haben. Insgesamt hielt sich der Erfolg wohl in Grenzen, und ganz billig war er auch nicht.

Die CDU/FDP-Koalition hatte das Ziel einer Beschränkung des Zuzugs angestrebt wie die Regierung vorher. Die Kommission ›Ausländerpolitik‹ hatte eine Fülle von Vorschlägen unterbreitet. In der Praxis blieb die auf Zuzugsbeschränkung gerichtete Politik inkonsequent und zögerlich. Der Bundeskanzler und die CDU hatten zu Beginn der achtziger Jahre sogar eine erhebliche Senkung der Ausländerzahlen in Deutschland in Aussicht gestellt. Dieses selbstgesteckte Ziel haben sie völlig verfehlt. Gewiß ist dies nicht der CDU allein anzulasten. Aber auch Kreise in der CDU um Geißler und Blüm haben eine konsequente, auf Begrenzung gerichtete Politik verhindert. Daneben haben auch die FDP dazu beigetragen und die Tatsache, daß für bestimmte Änderungen des Asylrechts eine verfassungsändernde Mehrheit erforderlich war, die nur mit der SPD zu erreichen war. Diese Problematik ergab sich ganz wesentlich beim Asylrecht. Da sich ein Schwerpunkt der Zuwanderung aus dem Asylrecht ergab, erscheint ein Blick auf den Änderungsprozeß geboten.

Scheinlösungen für Scheinasylanten

Mehr als die Hälfte aller Asylbewerber in den EG-Staaten drängt nach Deutschland. Das führte so weit, daß eine (SPD-regierte) Großstadt wie Bremen einen wahlkampfbedingten Aufnahmestopp für Asylbewerber verhängte und das (ebenfalls SPD-regierte) München in letzter Not Asylbewerber in Wohn-Container stopfte, die dann auf der Oktoberfestwiese von einem Sicherheitsdienst bewacht werden mußten. Wie konnte es eigentlich so weit kommen?

Bereits 1980 fragten die *Kommunalpolitischen Blätter*: »Asylanten: Geben die Städte auf?« Zwei Monate zuvor schrieb der Deutsche Städtetag an den damaligen Innenminister Baum: »Sollte sich die Situation in den nächsten Monaten nicht durchgreifend ändern, werden immer mehr Städte dazu übergehen müssen, eine weitere Aufnahme von Asylbewerbern abzulehnen.«[10] Die Einrichtung erster Sammellager mußte in Angriff genommen werden. Seit Mitte der siebziger Jahre war die Zahl angeblicher und tatsächlicher Flüchtlinge lawinenartig angeschwollen, 1975 waren es noch 9600, zwei Jahre später bereits 16 410 und 1979 schon 51 493 Asylbewerber. 1980 erfolgte ein Ansturm, der bei Kommunalpolitikern für Panikstimmung sorgte: 107 800 Menschen beantragten politisches Asyl in Westdeutschland.

Mitte der siebziger Jahre begann der große Asyltourismus. Betrug die Anerkennungsquote von Asylbewerbern durch das Bundesamt in Zirndorf 1971 noch 57 %, so waren es 1975 noch

---

[10] »Asylanten: Geben die Städte auf?« in *Kommunalpolitische Blätter*, August 1980, S. 801.

ganze 18,4 Prozent und 1980 nur noch 12 Prozent. 60 bis 70 Prozent der Ankommenden in diesem Jahr waren Türken. Der Grund: 1973 hatte die Bundesrepublik einen Anwerbestopp verfügt, so daß man auf das Asylticket als Einwanderungsinstrument auswich. Ein erheblicher Teil von ihnen wurde durch Schlepper hereingeschleust. Der bayerische Innenminister Tandler warf der Bundesregierung wohl nicht zu Unrecht vor, durch ihre Untätigkeit »zum Handlanger der mafiaartig organisierten Schlepperbanden geworden zu sein, die Scheinasylanten in unser Land verfrachten«.[11] Auch dieses Schleppergeschäft blüht also seit Ende der siebziger Jahre. Und hatten die Menschenschleuser nach der Verabschiedung eines Asylverfahrensgesetzes 1983 mit nur noch 19 700 Asylbewerbern in Deutschland offenbar eine vorübergehende Konjunkturflaute zu verzeichnen, so waren es bereits 1986 wieder 99 650 ›Flüchtlinge‹, die bei den Schleppern für Arbeit und Brot sorgten. Beides ist ihnen bis heute nicht ausgegangen. Ob bei Kurden oder Kosovaren, das Geschäft der Schlepper blüht.

Die große Asylbewerberwelle von 1980 schreckte die sozialliberale Koalition aus ihrer Untätigkeit auf. Freilich hatte man es nicht so eilig mit einer Gesetzesänderung. Die Länder kamen dem Bund zuvor: Im März 1981 brachten sie im Bundesrat einen Entwurf ein, der eine grundsätzliche Neuordnung des Asylverfahrens vorsah sowie eine Verfahrensbeschleunigung anstrebte. Schließlich tragen die Bundesländer als Versorger der Asylbewerber die eigentliche Hauptlast. Deshalb machten sie der SPD / FDP-Bundesregierung Dampf – mit dem Ergebnis, daß die Regierung schließlich ein halbes Jahr später, im Oktober 1981, ihren Entwurf für ein Asylverfahrensgesetz einbrachte, das dann am 16. Juli 1982 verabschiedet wurde. Damit wurde das Asylverfahren erstmals aus dem bis dahin maßgeblichen Ausländerrecht ausgekoppelt.

Doch die großen Hoffnungen, die sich auf das neue Verfahrensrecht gründeten, wurden enttäuscht. Es begann eine zehnjährige Geschichte der Asylpolitik mit Scheinlösungen für Scheinasylanten. Man glaubte, wenn man nur das Verfahren ändere, löse man die Probleme. Zwar konnten die einstmals bis zu zehn

---

[11] Ebenda, S. 803.

Jahre dauernden Verfahren auf eine durchschnittliche Länge von zwei bis drei Jahren verringert werden. Auch sank zunächst die Zahl der Asylbewerber. Doch fand man keine Mittel, den vielen offensichtlichen Asylschwindlern den Rechtsweg überhaupt zu verwehren und damit ihren Daueraufenthalt zu verhindern. Die Bewerberzahlen stiegen sehr bald wieder.

Die seit 1982 regierende Koalition von CDU/CSU und FDP kurierte erfolglos am Asylrecht herum. Etwa im Abstand von jeweils zwei Jahren ergingen neue Regelungen zur Verfahrensverkürzung und -beschleunigung. Allein, die Zahlen stiegen weiter an. Daran konnten auch als ›Abschreckung‹ dienende Maßnahmen wie Arbeitsverbote und Wartezeiten für Asylbewerber (1986) sowie Sanktionen gegen Fluggesellschaften, die Ausländer ohne Visa beförderten, nichts ändern.[12] Die Einführung des Sichtvermerkzwangs sowie die Aufhebung des Zwischenlandeprivilegs für Reisende aus den Hauptherkunftsländern (1982/1986) mochten die Zahl der per Flugzeug einreisenden Asylbewerber gesenkt haben. Doch gleichzeitig kamen offenbar immer mehr Menschen auf dem Landweg, denn die Asylbewerberzahlen stiegen weiter. Auch sieben Änderungen oder Verschärfungen des Asylverfahrensgesetzes konnten das Problem nicht lösen. Als 1982 eine Koalition aus CDU/CSU und FDP die Regierung übernahm, sollte sie nach Auffassung der Union auch in der Ausländerpolitik zu einer ›Wende‹ führen. Schließlich hatte man den Wählern nicht nur eine Stabilisierung, sondern gar eine Verringerung der Ausländerzahlen versprochen. Auch nach zehn Jahren Koalition konnte von einem Erfolg allerdings nicht die Rede sein. Man hat an Symptomen herumkuriert. Der Grund ist klar: Die FDP wollte nicht und Teile der CDU ebensowenig. Das Asylthema wurde mehrmals bewußt aus Wahlkämpfen herausgehalten, so im Bundestagswahlkampf 1987 auf Weisung von Heiner Geißler, 1989 in Berlin auf Bestreben von Eberhard Diepgen.

In der Bonner Koalition dominierten in Sachen Grundgesetzänderung die Neinsager. Laut der Tagespresse vom 3. Februar

---

[12] Diese Praxis wurde 1992 sogar von der Rechtsprechung als nicht vereinbar mit Artikel 16 GG verworfen.

1989 »lehnten Dregger und Mischnick – im Gegensatz zur CSU – eine Änderung des Grundrechts auf Asyl ab«.[13] Drei Jahre zuvor hieß es in einem Schreiben des Bundesministers der Justiz an einen Petenten:»Der seit 1984 wieder zu verzeichnende erhebliche Anstieg der Asylbewerberzahlen gegenüber den Vorjahren hat in der Öffentlichkeit erneut zu einer intensiven Diskussion um mögliche Einschränkungen des Asylrechts geführt. In diesem Zusammenhang hat der Berliner Innensenator Lummer u.a. empfohlen, das Grundrecht auf Asyl mit einem Gesetzesvorbehalt zu versehen oder das Asylrecht aus dem Grundrechtskatalog des Grundgesetzes zu streichen und in eine durch einfaches Gesetz geregelte staatliche Ermessensentscheidung umzuwandeln. Nach Auffassung des Bundesministeriums der Justiz besteht demgegenüber derzeit keine Veranlassung für eine vertiefte Diskussion über eine eventuelle Änderung des Artikels 16 Absatz 2 GG.«[14]

Im Koalitionspapier des Jahres 1987 wurde eine Neuordnung des Ausländerrechts zwar angekündigt, aber mit keinem Wort war davon die Rede, wohin die Reise gehen solle. Es heißt dort lapidar:»Das Ausländerrecht wird umfassend neu geregelt.« Dies war ein nichtssagender Formelkompromiß. Die FDP wollte durch die Neuordnung mehr Liberalisierung, die CDU/CSU Restriktionen. Es war zwangsläufig, daß im Asylbereich nichts Nennenswertes passierte. Christdemokratischen Ansätzen einer gründlichen Reform des Ausländerrechts sperrte sich der Koalitionspartner FDP. Die von einigen Unionspolitikern zunächst verhalten geforderte Änderung des Grundrechts auf Asyl lehnten die Freidemokraten kategorisch ab.

Zehn Jahre lang verkündete die FDP stolz,»mit ihr« werde es eine Änderung der Verfassung nicht geben. Einer Verfassungsänderung stünden eherne Prinzipien liberaler Politik entgegen, hieß es immer wieder. Die Sprüche des Abgeordneten Burkhard Hirsch sind Legion. Der Umfall kam – wie immer bei der FDP – ratenweise. Zunächst wollte man eine Zustimmung zur Verfassungsänderung von einer vorherigen Harmonisierung eines europäischen Asylrechts abhängig machen. Dann – man schrieb

---

[13] In *Berliner Liberale Zeitung* vom 21. 9. 1988.
[14] Eine Kopie des Briefes vom 10. 4. 1986 liegt dem Autor vor.

den 15. Juni 1992 – war man bereit, vor einer einheitlichen europäischen Regelung die Verfassung zu ändern.

Was hatte zu dieser besseren Einsicht geführt? Die politische Vernunft gewiß nicht. Hatte man erkannt, daß die Zahl der Asylbewerber zu groß und die Kosten zu hoch sind? Wohl nicht. War man nun bereit, der Koalition etwas zu opfern? Wohl kaum. Der Grund für die Meinungsänderung der FDP war so bezeichnend wie die Erklärung des Grafen Lambsdorff erfrischend und deutlich: »Ich bestreite überhaupt nicht, daß uns das Wahlergebnis nachdenklich gemacht hat, daß die politische Haltung, die die Regierungsparteien eingenommen haben, aber überhaupt die großen Parteien eingenommen haben, Wasser auf die Mühlen von Leuten gelenkt hat, die wir nicht stärken wollen. Das hat uns auch zum Überprüfen von Positionen gebracht. Es ist nicht falsch, wenn Parteien aus Wahlergebnissen versuchen, Konsequenzen zu ziehen und zu lernen... Von Übernahme der politischen Forderungen der Republikaner ist keine Rede.«[15] Jene Wähler also, die den Stimmzettel als Denkzettel benutzten, um eine rechte Partei zu wählen, waren es, die der FDP mehr Einsicht in die Notwendigkeit einer Verfassungsänderung vermittelten. Folgt daraus, daß es für den Bürger notwendig ist, aus dem braven Stimmverhalten auszubrechen, um auf diese Weise Bewegung in die politische Landschaft zu bringen? Trefflicher hätte der Vorsitzende der Republikaner, Franz Schönhuber, keine Wahlkampfrede würzen können. Die etablierten Parteien können offenbar nur auf diese Weise auf Trab gebracht werden.

Das ist keine erfreuliche Erkenntnis. Und zum größeren Ansehen der Parteien und Politiker hat sie auch nicht beigetragen. Fehlende Glaubwürdigkeit sei der wichtigste Punkt in den Augen der Bürger, wenn es um das Ansehen der Politiker gehe, meint die Forschungsgruppe Wahlen in einer Analyse im Juni 1992: »Die Bürger wollen von den Politikern klare Standpunkte haben, sie wollen Konsequenzen sehen. Das Allerwichtigste ist Glaubwürdigkeit.«[16] Nun wäre die FDP nicht die FDP, wenn sie

---

[15] ARD, *Tagesthemen* vom 15. 6. 1992.

[16] »Unmut für die Politiker- Kaste steigt rapide«, in *Süddeutsche Zeitung* vom 12. 6. 1992.

nicht erneut den Umfall geprobt hätte. Einen Tag später – man schrieb den 16. Juni – beschäftigte sich die Fraktion mit dem Thema. Der Streit begann aufs neue. Der Beschluß des Bundesvorstandes wurde beachtlich modifiziert. Wieder einmal wußte keiner, wo es langgehen sollte. Fazit: Wenn Glaubwürdigkeit ein wichtiger Grund für die Wähler ist, einer Partei ihre Stimmen zu geben, dann gibt es keine Gründe, sie der FDP zu geben.

Unter anderen Vorzeichen stand die Haltung der Grünen in der Asyldebatte. Immerhin hatte diese Partei stets eine eindeutige Meinung, der sie treu blieb: Den Grünen waren die Ausländer im allgemeinen und die Asylbewerber im besonderen immer viel lieber und wichtiger als die eigenen Landsleute. Grüne Politiker boten Asylbewerbern Schutz vor rechtmäßiger Abschiebung, sie demonstrierten gegen die notwendige Verschärfung des Asylrechts, sie boten abgelehnten Asylbewerbern sozusagen Asyl vor deutschen Behörden.

Schließlich hatten sich die Grünen im Mai 1992 auf ihrer 14. Ordentlichen Bundesversammlung mit dem Thema der Flüchtlinge und Einwanderer beschäftigt und einen Beschluß gefaßt, der als Votum für »radikal offene Grenzen« verstanden werden mußte.[17]

In diesem Beschluß sprachen sich die Grünen gegen »jede Änderung des in Artikel 16 verankerten Grundrechts auf politisches Asyl«[18] aus. Sie lehnten europäische Lösungen ab und traten zugleich für eine »Erweiterung des Fluchtbegriffes ein«. Sie forderten die Anerkennung der Bundesrepublik als »Einwanderungsland« und die soziale und rechtliche Gleichstellung der in Deutschland lebenden Migranten. »Das bestehende Ausländergesetz und Ausländerrecht muß in diesem Sinne abgeschafft werden.« Menschen aus Bürgerkriegsregionen sollen ohne Asylantrag sofort ein »sicheres Bleiberecht« erhalten. Solche Forderungen wurden damit begründet, daß die Bundesrepublik und die anderen Industriestaaten maßgeblich für die Fluchtgründe verantwortlich seien: »Deutsche Waffen machen Kriege anders-

---

[17] Norbert Kostede, »Offene Grenzen«, in *Die Zeit* vom 22. 5. 1992.
[18] Beschluß der 14. Ordentlichen Bundesversammlung der Grünen, Berlin, 16. 5. 1992. Die folgenden Zitate sind Auszüge aus dem Beschluß.

wo erst möglich, Regimes, die Menschenrechte mit Füßen treten, werden unterstützt, und die BRD profitiert von einer ungerechten, ausbeuterischen Weltwirtschaftsordnung. Unser Wohlstand hier beruht auf Hunger und Armut anderswo!«[19] Dagegen kann man natürlich nicht viel sagen, sondern nur demütig verstummen. Daß die Grünen und Alternativen zum deutschen Wohlstand nicht viel beigetragen haben, ist klar. Sie haben allenfalls davon profitiert. Offenbar begriffen die Grünen nicht, daß der deutsche Wohlstand Ende des 19. Jahrhunderts begründet wurde, zu einer Zeit, da wir weder Asylbewerber kannten noch Flüchtlinge oder Einwanderer, sondern allenfalls Deutsche, die auswanderten. Was die deutschen Kolonien in Übersee betrifft: Keine Kolonie hat sich für das Deutsche Reich bezahlt gemacht, in sämtliche Territorien wurde mehr investiert, als an Geld und Waren nach Deutschland zurückfloß.

Die masochistischen Züge der grünen Nationalallergiker sind so unverkennbar wie ihre Entfernung von den Realitäten. Eine treffende Bewertung lieferte Norbert Kostede in der *Zeit*:»Je unkontrollierter die Einwanderung, um so schwerer fällt eine soziale und politisch gleichberechtigte Integration. Moralisierer haben nur selten die Moral auf ihrer Seite! Die Entscheidung ›offene Grenzen‹ deutet an, wie instinktsicher sich die Grünen auch in Zukunft aus dem Spiel katapultieren können.«[20]

Nicht nur die historische Schuld des Nationalsozialismus führt zur Abneigung gegen alles Deutsche, sondern offenbar auch die Tatsache, daß die Deutschen den linken Ideologen nicht oder nicht ausreichend gefolgt sind. Es sind der Frust und die Enttäuschung einer politischen Linken, denen sich das deutsche Volk entzog. Die Deutschen haben das sozialistische Experiment der Linken nicht mitgemacht. Da sie sich nicht als würdig genug erwiesen haben, sollen sie eben zugrunde gehen. Der Historiker Rainer Zitelmann analysiert die Ursachen des deutschen Selbsthasses:»Der linke deutsche Selbsthaß ist nicht nur ein Resultat der NS-Vergangenheit, sondern vor allem auch ein Ergebnis des frustrierten Aufklärungseifers und Sendungsbewußtseins. Die

---

[19] Ebenda.
[20] Kostede, aaO. (Anm. 17).

Linke fühlte sich als wahrhafte Vertreterin der ›objektiven Interessen‹ der ›Massen‹ des Volkes. Die Massen wollten und wollen aber nicht auf die Linke hören. Viele Bücher und Aufsätze in linken Zeitschriften sind zu der Frage erschienen, warum die ›Massen‹ ihre Interessen nicht erkennen und ihnen zuwiderhandeln. Diese Erfahrung war um so schmerzlicher, als sie mit einem enormen, höchst ›engagierten‹ Missions-Eifer korrespondierte. Aus der Frustration über dieses weitgehend ins Leere laufende Sendungsbewußtsein entwickelte sich bei vielen Linken eine Distanz zum eigenen Volk, bei einigen sogar eine massive Abneigung, die in Haß umschlagen konnte. Dies ist eine wesentliche Wurzel des Selbsthasses, der im Grunde kein Selbsthaß im eigentlichen Wortsinn ist, weil man nicht sich selbst haßt, sondern das ›Restvolk‹.«[21]

Was die Asyl- und Ausländerpolitik der Union betrifft, so vermißt man auch hier seit Jahren Geradlinigkeit und Konsequenz. In einem Diskussionspapier vom April 1987 vertraten einige Abgeordnete aus dem Umfeld der CDA (Christlich-Demokratische Arbeitnehmerschaft) Positionen, die an Großherzigkeit kaum noch zu überbieten waren. Eine Rückkehr von Flüchtlingen müsse auf der Basis »absoluter Freiwilligkeit« erfolgen, und »jeder politischer Flüchtling muß eine Chance haben, die Grenzen der Bundesrepublik Deutschland zu erreichen«[22]. Wenn wir in den zurückliegenden Jahren auf Abschiebungen und die Anwendung des Visarechts vollständig verzichtet hätten, wären die Zahlen der Asylbewerber ungleich höher, als sie es ohnehin schon sind. Der linke Flügel der CDU war in der Frage der Ausländerpolitik im allgemeinen und der Asylpolitik im besonderen viel näher bei den Sozialdemokraten und den Grünen als bei den Wählern der Union und den Arbeitnehmern in Deutschland.

Namhafte Vertreter der Union haben sich bis über die Mitte der achtziger Jahre hinaus immer wieder gegen eine Änderung

---

[21] Rainer Zitelmann, »Wiedervereinigung und deutscher Selbsthaß«, in Deutschland-Archiv 25 (1992), S. 819.

[22] Stiftung für Christlich-Soziale Politik und Bildung: Diskussionspapier: »Christlich-Soziale Position für eine rationale und ethisch verantwortbare Asylpolitik«, Bonn, April 1987.

des Grundgesetzes ausgesprochen. Im Oktober 1985 distanzierte sich der Regierende Berliner Bürgermeister, Diepgen, von einer Forderung seines Innensenators, der eine Grundgesetzänderung verlangte.[23] Noch im Juli 1986 bezeichnete die Berliner Schulsenatorin, Hanna-Renate Laurien, Forderungen nach einer Grundgesetzänderung als »Ablenkungsmanöver«.[24] Im August 1986, einen Monat später, meinte Diepgen, die Beschlüsse der Bundesregierung zur Eindämmung des Asylbewerberzustromes reichten aus. Er sei deshalb gegen eine Grundgesetzänderung. »So dramatisch ist die Lage nicht. Wir haben alles im Griff!«[25]

Solche gravierenden Fehleinschätzungen hatten in der CDU keinen Seltenheitswert. Auch der damalige Innenminister Niedersachsens, Wilfried Hasselmann, lehnte im September 1986 eine Änderung des Grundgesetzes ab. Und in einer Agenturmeldung vom 2. September 1986 heißt es: »Berlins Regierender Bürgermeister Eberhard Diepgen (CDU) und die SPD in Bonn unterstützten eine Erklärung des Rats der Evangelischen Kirche in Deutschland (EKD), in der eine Verfassungsänderung abgelehnt wurde.«

Als die Berliner Republikaner im Januar 1989 7,5 Prozent der Stimmen bekamen, sah dann plötzlich vieles anders aus. Die Asyldiskussion wurde schlagartig zum nationalen Thema. 103 000 Asylbewerber waren 1988 nach Deutschland gekommen, ein neuer Rekord. Eine hektische Debatte des Asylrechts setzte ein. Die FDP erklärte allerdings weiterhin unverdrossen und unbelehrbar, eine Grundrechtsänderung des Artikels 16 sei »mit ihr« nicht machbar, entsprechende Diskussionen seien dumm und überflüssig. In Berlin hatte die FDP-Fraktion noch kurz vor der Wahl eine Art Asylpolitik-Erfolgsliste präsentiert, in der sie sich mit der Verhinderung von Initiativen zur Einschränkung des Artikels 16 »von Berlin aus« brüstete.[26] Nach der Wahl fand sie sich in der Opposition wieder.

Obwohl die Union das Thema nun offensiver aufgriff, kam sie damit zu den hessischen Kommunalwahlen zu spät: In Frank-

---

[23] DDP-Meldung vom 5. 10. 1985.
[24] AP-Meldung vom 23. 7. 1986.
[25] DDP-Meldung vom 29. 8. 1986.
[26] Vgl. *Berliner Liberale Zeitung* vom 21. 9. 1988.

furt zog die rechtsextreme NPD ins Rathaus ein, der CDU-Ober-
bürgermeister wurde, wie in Berlin, von einem Sozialdemokraten abgelöst. Damit wurden die Christdemokraten für alte Versäumnisse bestraft. Sie hatten sich um das Thema Asyl erst ge-
kümmert, als das (Berliner) Kind schon im Brunnen lag. Man
war nicht mehr glaubwürdig. Schließlich brannte den Kommunen das Asylproblem seit zehn Jahren unter den Nägeln.
Aber die Eiertänze in Sachen Asyl sollten noch weitergehen.
Wirkungsvolle Maßnahmen blieben weiterhin aus; im Juni 1990
einigte sich die Koalition endlich auf ein neues Ausländergesetz.
Die Neufassung des alten Ausländerrechts hatte seit 1982 auf
dem Programm gestanden, war allerdings durch die FDP-Blok-
kadepolitik nicht möglich gewesen. Was dann 1990 verabschiedet wurde, stellte leider einen faulen Kompromiß mit liberalen
Einwanderungsvorstellungen dar: Das Gesetz sah die rechtliche
Aufenthaltsverfestigung von abgelehnten, nichtabgeschobenen
Asylbewerbern, raschen Familiennachzug zu dieser Gruppe und
wiederum ein eigenes Aufenthaltsrecht für die Nachgezogenen vor.

Die SPD auf Schlingerkurs

Kurioserweise griff der saarländische Ministerpräsident und
SPD-Kanzlerkandidat, Oskar Lafontaine, im August 1990 den
alten CDU-Vorschlag einer Grundgesetzänderung auf – um die
Sache alsbald wieder fallenzulassen.[27] Die SPD-Parteilinie sah
noch keine Grundgesetzänderung vor, noch klammerte man sich
an wohlklingende Phrasen und ›Prinzipien‹. Mit der Wahrnehmung der Wirklichkeit wollte sich die SPD-Baracke noch etwas
Zeit lassen. Am Ende des Jahres verzeichnete das Bundesamt
für Asyl in Zirndorf einen neuen Rekord: 193 000 Menschen be-
gehrten »Schutz vor politischer Verfolgung«, darunter zweifellos viele, die bereits erfolglose Asylanträge in Nachbarländern
gestellt hatten: Schweden, die Schweiz, Holland und Dänemark
hatten ihr Asylrecht verschärft.
Fast zwei Drittel der Westdeutschen zählten im Dezember 1990
den Asylkomplex zu den brennendsten politischen Problemen.

---

[27] In *Der Tagesspiegel* vom 5. 8. 1990.

Immer stärkere Proteste der Bürgermeister und der Kommunalverbände erreichten die Parteizentralen. Nun endlich stand auch in Bonn das Wasser ›Oberkante Unterlippe‹ und erreichte den Punkt, der Politikern keine Ausreden mehr läßt, sondern sie zum Handeln zwingt. Es dauerte dann noch bis zum 10. Oktober 1991, bis sich CDU, SPD und FDP auf die Grundlinien – also noch lange kein fertiges Gesetz – für eine erhebliche Beschleunigung des Asylverfahrens einigten. Und einen Tag später legte das Bundesinnenministerium endlich einen Vorschlag zur Änderung des Artikels 16 und des Artikels 24 GG vor – elf Jahre nach Erreichen einer ersten Hochwassermarke von mehr als hunderttausend Asylbewerbern im Jahr 1980.[28] Politiker, das wurde wieder einmal deutlich, reagieren erst auf Druck. Und erst, wenn es an der Basis lichterloh brennt, fängt auch die Parteiführung an, Rauch zu wittern. Der allmähliche Meinungsumschwung der SPD-Führung in Sachen Grundgesetzänderung war ein Beispiel dafür. Die FDP ließ sich mehr Zeit – weil sie keine Bürgermeister in den Gemeinden stellt, die die Parteizentrale unter Druck setzen können. Nähe zum Wähler war noch nie ein besonderes Attribut der FDP.

Vom alten Nein der SPD zur Grundgesetzänderung rückte bereits im Herbst 1991 eine Fraktionsarbeitsgruppe mit dem bezeichnenden Namen »Zuwanderung« ab. Die Arbeitsgruppe war zu dem Schluß gekommen, es sei über eine Einschränkung der Rechtswegegarantie im Grundgesetz für Asylbewerber »nachzudenken«. Das wäre auf eine Änderung des Artikels 19 GG hinausgelaufen. Deshalb beschloß das Parteipräsidium denn auch, den Mantel des Schweigens über den abweichlerischen Bericht zu decken. Er durfte nicht veröffentlicht werden. Es blieb, vereinfacht gesagt, beim stillen »Nachdenken«.[29] Was SPD-Politiker tatsächlich zum Thema Asyl äußerten, ließ an Deutlichkeit nichts zu wünschen übrig. Am 8. November 1991 erklärte die stellvertretende SPD-Fraktionsvorsitzende Herta Däubler-Gme-

---

[28] Papier des BMI vom 11. 10. 1991; CDU / CSU-Gesetzentwurf vom 18. 2. 1992 (*Bundestagsdrucksache* 12 / 2112).

[29] Günther Bannas, »Langsam verschieben sich Sprachregelungen«, in *Frankfurter Allgemeine Zeitung* vom 7. 3. 1992.

lin:»Wer den Artikel 16 ändert, macht einen Kniefall vor Rechtsextremisten.« Auch der frühere Partei- und Fraktionsvorsitzende der SPD, Hans-Jochen Vogel, blieb noch Monate später bei der alten Linie. Am 1. März 1992 verkündete er: Für die Sozialdemokratie sei das Asylrecht des Grundgesetzes »ein Stück ihrer eigenen Identität«. Wer es antasten wolle, würde auch in Zukunft auf ihren entschiedenen Widerstand stoßen.[30] Ganz anders sah dies Hannsheinz Bauer, ein alter Sozialdemokrat, der zu den Vätern des Grundgesetzes zählt. Schon 1986 sagte er in einem Gespräch mit dem *Deutschen Depeschendienst,* der Artikel 16 sei »überwiegend gefühlsmäßig« formuliert worden. Durch die Realitäten sei er »auf den Kopf gestellt worden«. Deshalb sei er im Gegensatz zu seiner Partei für eine Änderung des Grundgesetzes.[31] Einstweilen kam auch die Regierungspolitik nicht voran. Was hatte es mit der vielbeschworenen ›Europäisierung‹ der Asylpolitik auf sich? In Maastricht erlebte Bundeskanzler Kohl damit ein Fiasko. Die EG-Regierungschefs kamen überein, daß die Asylpolitik nicht von europäischen Organen gestaltet werden solle. Das tat dem Ruf der Deutschen nach europaeinheitlicher Harmonisierung in Deutschland keinen Abbruch. Freilich gilt es zu erkennen, daß es den Nachbarländern schwerfällt, sich ›von Europa‹ sagen zu lassen, wem sie Asyl zu geben haben und wem nicht. Vorhandene Skrupel könnten von deutscher Seite vor allem damit abgebaut werden, daß deutsche Parteien aufhören, nach einem Individualrecht auf Asyl auf europäischer Ebene zu rufen. Genau das schreckt die anderen europäischen Länder.

Im November 1991 – einen Monat, nachdem der Innenminister einen Entwurf für eine Grundgesetzänderung vorlegte – sprachen sich in einer Allensbach-Umfrage 69 Prozent der Westdeutschen und 64 Prozent der Mitteldeutschen für eine Grundgesetzänderung aus.[32] So kam es, daß der SPD-Fraktionsvorsit-

[30] In *Pressemitteilung der CDU/CSU-Bundestagsfraktion* vom 11. 3. 1992: »Argumente – Die SPD und das Asylrecht.« Beide Zitate gehen auf dpa-Meldungen zurück.

[31] Zitiert nach *Süddeutsche Zeitung* vom 29. 7. 1986.

[32] »Mehrheit der Deutschen will Asylrecht ändern«, in *Kölnische Rundschau* vom 14. 11. 1991

zende Hans-Ulrich Klose am 12. März 1992 erklärte, eine Verfassungsänderung sei »kein Tabu«. Diese Feststellung traf er allerdings nicht, um den Asylbewerberansturm in Deutschland zu verringern, sondern um das Asylrecht innerhalb Europas zu harmonisieren. Gleichzeitig sollte – schließlich erfolgt ein geordneter Rückzug etappenweise – das »Individualrecht auf Asyl europäisch abgesichert« werden.[33] Diese Forderung lief im Kern darauf hinaus, daß die anderen sich an unserem großzügigen Asylrecht orientieren. Daß es das Individualrecht auf Asyl nur in Deutschland gibt, eben dieses Recht die Wurzel des deutschen Asylübels ist – das zeigt nur, wie irrational die asylpolitischen Argumente der SPD waren.

Diese Nebelpatronen sollten die Aufgabe der alten Position, »Das Asylrecht kann nicht angetastet werden«, tarnen. Auch auf seiten der FDP wurden Zeichen der Nervosität sichtbar. Die Partei, bisher mit ihrem Dauer-Nein zu einer Asylrechtsänderung mit der Phantasie eines Betonmischers auftretend, befand nun, daß »eine Grundgesetzänderung zu prüfen« sei.[34] Ganz allmählich holten die Parteien die Realität ein. Die im Grundgesetz festgelegte Mitwirkung der Parteien bei der politischen Willensbildung des Volkes scheinen Politiker gelegentlich zu vergessen. Leider sagt das Grundgesetz nichts darüber aus, wie lange die Parteien der politischen Willensbildung im Volk hinterherhinken dürfen.

Die Strafe für das Ignorieren der Wählermeinung bleibt in einer Demokratie aber nicht aus. Der Wähler gibt Radikalen seine Stimme oder bleibt gleich zu Hause. Das führt dann, wie die Landtagswahlen 1992 in Schleswig-Holstein und Baden-Württemberg zeigten, zu einem Erstarken rechter Parteien und einer beachtlichen Schwächung der Etablierten. Die Umfragen vor den Wahlen waren eindeutig: Die Asylproblematik galt den Westdeutschen im Februar 1992 neben den Preissteigerungen als wichtigstes politisches Thema. 46 Prozent aller Befragten äußerten

---

[33] »SPD öffnet sich bei Asyl für Grundgesetzänderung«, in *Die Welt* vom 13. 3. 1992.

[34] Ebenda. Wiedergegeben ist ein Zitat des stellvertretenden FDP-Bundesvorsitzenden Wolfgang Gerhardt.

sich »sehr besorgt« über den Zustrom von Flüchtlingen.[35] Um so alarmierender war, daß kaum noch jemand den Volksparteien eine Lösung des Problems zutraute: 57 Prozent der Baden-Württemberger und sogar 60 Prozent der Schleswig-Holsteiner hatten »nicht den Eindruck«, daß sich »die Politiker ernsthaft um eine Lösung des Asylantenproblems bemühen«.[36] Und 17 bzw. 15 Prozent waren in dieser Frage »unentschieden«. Nach dem Bekanntwerden dieser Zahlen ging freilich kein Ruck durch die Parteien. Eine Alarmierung fand nicht statt, Gleichgültigkeit oder gar Resignation waren die vorherrschenden Stimmungen. So äußerte der innenpolitische Sprecher der CDU/CSU-Bundestagsfraktion, Gerster, »Verständnis« für die Ansicht der Bürger, die Parteien seien unfähig.[37] Durfte man sich angesichts dieser Entwicklung noch über die ›Rebellion der Wähler‹ wundern? Die mehr als zehn Prozent der Bürger, die im Norden und Südwesten der Republik am 5. April einer Rechtspartei ihre Stimme gaben, rebellierten vor allem auch gegen einen Asyl-Konsens des Zögerns und Abwartens. Aus der Sicht vieler Wähler und Nichtwähler hob sich die CDU in dieser Frage nicht stark genug vom SPD/FDP-Kurs des Verschleppens und nicht endenden ›Nachdenkens‹ ab. Was war aus dem Schäuble-Entwurf einer Grundgesetzänderung geworden? Nichts. Nachdem Schäuble noch 1991 Vorsitzender der CDU/CSU-Fraktion geworden war, nahm er von seinem Werk als Innenminister Abstand. Die ursprünglich vor den Landtagswahlen vorgesehene Bundestagsabstimmung über Artikel 16 und Artikel 24 GG sollte plötzlich doch erst zusammen mit der Ratifizierung des Schengener und Dubliner Abkommens nach den Wahlen stattfinden, hieß es Ende Januar. Bezeichnenderweise protestierte der baden-württembergische Ministerpräsident Teufel gegen Schäubles Einlenken. Teu-

---

[35] »Sorgen der Bürger«, in *Frankfurter Allgemeine Zeitung* vom 7. 4. 1992. Quelle: Allensbach.

[36] »In Baden-Württemberg ist alles noch offen«, in *Frankfurter Allgemeine Zeitung* vom 2. 4. 1992.

[37] »Zwei Drittel mit Parteien beim Asyl unzufrieden«, in *Welt am Sonntag* vom 16. 3. 1992.

fel bedurfte dringend der Unterstützung aus der Bonner Zentrale, wie die oben zitierten Umfrageergebnisse zeigen. Eine Abstimmung im Bundestag hätte dem Bürger die Asyl-Fronten sehr deutlich vorgeführt: CDU für eine Änderung des Grundgesetzes, SPD und FDP (höchstwahrscheinlich) dagegen. Die SPD, für die erforderliche Zweidrittelmehrheit nötig, wäre als Blockierer gebrandmarkt worden. Die CDU hätte zumindest als treibende Kraft bei der vom Wähler befürworteten Verfassungsänderung dagestanden. Doch die Abstimmung blieb aus. Teufel warf Schäuble zwar unter Ausschluß der Öffentlichkeit »ehrenrühriges Verhalten« vor; nachdem die Bundestagsfraktion die Verschiebung gebilligt hatte, mußte Teufel allerdings einwilligen, dies nicht in der Öffentlichkeit zu kritisieren.[38] Teufel mußte also erleben, wie seine Partei in der für ihn wichtigsten Wahlkampffrage einen Rückzieher machte. Schäuble brauchte, was er vielleicht fürchtete, den Koalitionspartner FDP nicht vorzuführen. Wendete der Fraktionsvorsitzende damit auch möglichen Schaden für die weitere Zusammenarbeit der Koalition ab, seiner eigenen Partei erwies er keinen guten Dienst: In Stuttgart büßte die CDU 9,4 Prozent ein, sie verlor die absolute Mehrheit und mußte fortan mit einem Koalitionspartner regieren. Ironie am Rande: Die FDP konnte ihre 5,9 Prozent halten.

Nach den Wahlen setzte bei CDU und SPD der große Katzenjammer ein. Denn im Kieler und Stuttgarter Landtag hatten sich rechte Parteien eingefunden. Die Rechts-Wähler zu beschimpfen ist falsch. CDU, SPD und FDP haben sich das Wahlergebnis selbst eingebrockt. Die abspenstigen Wähler lassen sich – wenn überhaupt – nur durch konsequentes Handeln in der Asylpolitik gewinnen. Ankündigungen und halbherzige Kompromisse reichen nicht aus. Die Wähler belohnen nur Taten; bleiben sie aus, kommt es zu Bestrafungsaktionen per Stimmzettel.

So groß waren die Versäumnisse in der Asylpolitik, daß es selbst bei einer überparteilichen Kraftanstrengung schwierig gewesen wäre, eine Besserung der Zustände herbeizuführen. Zu lange sind offensichtliche Probleme ignoriert worden. 1982 sag-

---

[38] »Die Union verzichtet auf eine Abstimmung noch vor dem 5. April«, in *Frankfurter Allgemeine Zeitung* vom 25. 1. 1992.

te ich in einer Rede vor dem Bundestag, daß die Halbheiten der Asylpolitik zu einer Gefährdung des inneren Friedens im Lande führen könnten.[39] Daß es tatsächlich so kam, ist bitter. Notwendig war das nicht.

Anfang Dezember 1992 einigten sich CDU, CSU, FDP und SPD endlich auf eine Änderung des Grundrechts auf Asyl. Die Parteien kamen überein, den Satz »Politisch Verfolgte genießen Asylrecht« des Artikels 16 im Grundgesetz nicht zu streichen, sondern so zu ergänzen, daß bestimmte Gruppen von Asylbewerbern keinen Anspruch auf ein Verfahren in Deutschland haben. Die eigentliche Gefahr hatte darin bestanden, daß die Verhandlungspartner sich mehr an einem Kompromiß orientieren würden, der den Parteienstreit beendete, als an einer wirklichen Lösung des Problems. Manchmal schien in Vergessenheit zu geraten, daß nicht der Parteienstreit, sondern die Masseneinwanderung das Problem war.

Der vereinbarte Kompromiß, der noch durch eine Reihe gesetzlicher Regelungen im einzelnen ausgestaltet werden mußte, konnte nicht als befriedigend bezeichnet werden. So schien es bedenklich, daß Einzelregelungen Verfassungsrang bekamen, obwohl sie für eine Änderung offen sein sollten – spätestens bei der angestrebten europäischen Harmonisierung des Asylrechts. Dazu bedarf es dann abermals einer Zweidrittelmehrheit des Bundestages. Damit bleibt das deutsche Asylrecht auch in Zukunft einzigartig in seiner Schwerfälligkeit. Kein anderer Staat hat sich in seiner Gesetzgebung freiwillig so eingeengt. Bei dem nunmehr formulierten Kompromiß handelt es sich um einen Minimalkonsens, der dem einfachen Gesetzgeber keine Möglichkeit zu schnellen, flexiblen Lösungen in der Zukunft gibt. Wir verlassen uns auf das Prinzip Hoffnung.

Tatsächlich gaben manche Elemente des Asylkompromisses Anlaß zur Hoffnung auf eine Einschränkung des Asylmißbrauchs. Die Parteien kamen überein, die Nachbarstaaten Deutschlands einschließlich Polens und der Tschechei als siche-

---

[39] »Ich bitte zu sehen, daß Versäumnisse heute morgen Gefährdungen des inneren Friedens bedeuten könnten.« Deutscher Bundestag, 9. Wahlperiode, 101. Sitzung am 14.5.1982, Stenographischer Bericht, S. 6108.

re Drittstaaten einzustufen, aus denen keine einreisenden Asylbewerber mehr aufgenommen werden. Ferner wurde eine vom Bundestag mit Zustimmung des Bundesrates zu beschließende Liste mit verfolgungssicheren Ländern vorgesehen. Der Asylkompromiß hat sich insgesamt bewährt. Dies gilt insbesondere für die sogenannte Drittstaatenregelung. Da Deutschland nur von sicheren Drittstaaten umgeben ist, hat ein Asylantrag nur dann Aussicht auf Erfolg, wenn der Betreffende deutschen Boden ohne den Weg durch die Deutschland umgebenden Länder erreicht. Er müßte also den Luftweg benutzen. Dafür wurde die sogenannte Flughafenregelung entwickelt, die zunächst zu heftigen Auseinandersetzungen führte. Inzwischen ist sie erprobte Praxis. Die Asylbewerber werden im Transitbereich des Flughafens festgehalten. Innerhalb von 19 Tagen wird von den zuständigen Behörden und einem Gericht entschieden.

Die Drittstaatenregelung kann allerdings derjenige umgehen, der illegal nach Deutschland kommt und seine Reiseroute verheimlichen kann. Deshalb mußte an unseren Ostgrenzen ein beachtlicher Polizeiapparat aufgebaut werden, um illegale Einreisen, die weitgehend durch professionelle Schlepperbanden organisiert werden, möglichst zu verhindern. 1998 sind an den Grenzen zu Polen und Tschechien etwa 24 000 Personen aufgegriffen worden, die illegal nach Deutschland kommen wollten. Die Dunkelziffer ist groß. Auch die Zahlen signalisieren den Erfolg des damaligen Kompromisses (vgl. Tabelle im Anhang).

Dennoch bleibt der umfangreiche ›Mißbrauch‹ des Asylrechts offenkundig. Die Anerkennungsquote liegt ständig unter 10 %. 1998 betrug sie 4 %. Vor diesem Hintergrund wird derzeit die Einführung einer vergleichbaren Regelung in der Schweiz diskutiert.[40] Dieser Erfolg wäre ohne die konsequente Politik des Innenministers Kanther kaum zu erwarten gewesen. Allerdings kann man das Problem nicht als gelöst betrachten. Nun hat man sich an die jährlichen 100 000 Asylbewerber, die 1980 noch zu einem Aufschrei und hektischen Aktionen führten, gewöhnt. Schließlich war der Höhepunkt im Jahre 1992 eine Zahl von 438 191 Asylbewerbern.

---

[40] »Die deutsche Asylpolitik – ein Vorbild?« in *Neue Zürcher Zeitung* vom 14. 5. 1999.

Auch dieses Problem also wartet auf eine Harmonisierung nebst Lastenverteilung im Rahmen der Europäischen Union. Das Warten dauert schon mehr als ein Jahrzehnt. Ein Jahrzehnt dauerte es auch, ehe die Politik unter dem Druck der Ereignisse zum unzulänglichen Handeln bereit war. Von Politikern sollte man Voraussicht und Weitsicht und Folgenabschätzung erwarten. Im Feld der Ausländer- und Asylpolitik haben sie den Beweis dafür nicht erbringen können. Das Land und das Volk müssen den Schaden für diese Versäumnisse tragen. Wie üblich.

Integration – aber wie?

Während man in der Vergangenheit Abschnitte in der Ausländerpolitik erkennen konnte, fällt eine solche Abgrenzung heute schwer. Die erste Phase bis zum Anwerbestopp 1973 war von dem zeitweiligen Aufenthalt von ausländischen Arbeitnehmern ausgegangen und insgesamt von einem befristeten Problem. Die Orientierung erfolgte von den Bedingungen des Arbeitsmarktes her.

Nach 1973 kam mit dem Beginn der Massenarbeitslosigkeit das Ende der Anwerbung. Da es unter anderem infolge des Familiennachzuges zu einer Masseneinwanderung nach Deutschland kam, stellte sich die Frage der Integration. Und mit der Frage der Integration stellte sich das Problem einer Begrenzung der Zuwanderung. Nun aber stellt sich die Frage, ob ein Integrationsprozeß überhaupt noch funktionieren kann. Und da die Ansichten über das, was Integration bedeutet, durchaus unterschiedlich sind, hier einige Definitionsversuche.

Nach Auffassung von Professor Friedrich Heckmann ist ›Integration‹ wie folgt zu beschreiben:»Integration ist Eingliederung, Eingliederung in Beziehungen und Gruppen. Es gibt die Eingliederung von Einzelnen in eine Gruppe, aber auch die Eingliederung neu hinzukommender Gruppen in vorhandene Großgruppen oder in die Gesellschaft. Integration von Zuwanderern ist die Eingliederung von Gruppen in die Gesellschaft. Integration muß dabei als Prozeß verstanden werden, der zumeist länger als eine Generation dauert.

Integration ist die stabile und gleichberechtigte Eingliederung hinzukommender Gruppen in die gesellschaftlichen Kerninsti-

43

tutionen: in Arbeitsmarkt, Bildungs- und Qualifikationssystem, Wohnungsmarkt und politisch-staatliche Gemeinschaft; aber auch Eingliederung in weitere gesellschaftlich-kulturelle Beziehungssysteme wie private und soziale Verkehrskreise und Vereine. Integration bedeutet Veränderungen und Lernprozesse bei Migranten und Einheimischen, sie ist ein wechselseitiger Prozeß, wenngleich kein gleichgewichtiger: wer hinzukommt, muß sich mehr verändern und mehr lernen.«[41]

Laut Professor Josef Schmid aus Bamberg läßt sich ›Integration‹ wie folgt beschreiben:»Integration heißt, daß sich die Leitkultur des Aufnahmelandes im Dasein der Zuwanderer durchsetzt: Sie nehmen seine Lebensformen an und tragen die Staatsziele mit. Integration ist ein Vorgang, der sich günstigenfalls über zwei Generationen erstreckt und mehrere Stufen kennt.

Soziale und ökonomische Integration ins Staatsvolk heißt, sich sichtbar mit Leistungen im Staatswesen behaupten, seine Arbeits- und Aufwandsnormen übernehmen.

Kulturelle Integration (Akkulturation) bedeutet den vollendeten Identitätswandel des einzelnen, die Übernahme der geistigen Kultur, eines Geschichtsbewußtseins, eines Wir-Gefühls innerhalb der Aufnahmenation. Sie ist die Fügung in das Nichthinterfragte, Selbstverständliche, das die Nation macht.«[42]

Die Integration setzt eine Primär-, Leit- oder Dominanzkultur voraus. Es geht schließlich um die Anerkennung und Akzeptanz der Kultur des Gastlandes. Integration verlangt keine totale Unterwerfung unter diese Leitkultur, sondern ein bestimmtes Maß an Einordnung und Anpassung. Diese Einordnung bedeutet auch Übernahme der Sprache, aber eben nicht nur. Nation ist die durch gemeinsame Sprache und Kultur verbundene Kulturgemeinschaft. Wie viele bedeutende Begriffe (zum Beispiel Frei-

---

[41] Prof. Dr. Friedrich Heckmann,»Stellungnahme zu Gesetzentwürfen und Anträgen zur Reform des Staatsangehörigkeitsrechts«, Deutscher Bundestag, Innenausschuß, Ausschußdrucksache 14/14 vom 14. 4. 1999.

[42] Prof. Dr. Josef Schmid,»Auswirkungen der Gesetzgebungsvorhaben auf die Integration von hier lebenden Menschen ausländischer Herkunft«, vgl. Anm. 41.

heit oder Liebe) entzieht sich auch der Kulturbegriff einer klaren Definition. Eine Umschreibung ist indessen möglich, und gerade in der Abgrenzung und im Vergleich zu anderen Kulturen ist unschwer zu erkennen, worum es geht. Da die Nation Träger der Kultur ist, will der, der die Integration der Ausländer als Ziel aufgibt, die Nation zerstören oder überwinden. Wer die Integration auf die Gemeinsamkeit einer *lingua franca* reduziert, verschleiert nur die Bereitschaft zur Aufgabe der Nation. Die Anhänger der multikulturellen Gesellschaft wollen mit der Aufgabe einer Leitkultur auch die Nation aufgeben. Wir befinden uns derzeit in einer Phase der Ausländerpolitik, in der die widerstreitenden Ziele der Integration auf der einen und der multikulturellen Gesellschaft auf der anderen Seite miteinander konkurrieren. Die Konkurrenz wird getragen durch gesellschaftliche Kräfte in unserem Land, die jedem erkennbar sind. Hier kommt es in der Tat auf die Unterscheidung der Geister an. Mancher Scharlatan verbirgt sich hinter schönen Worten.

Wenn Integrationsfähigkeit auch von der Zahl der Zuwanderer abhängt, dann sind diejenigen, die eine mehr oder weniger offene Republik mit massiv ausgedehnten Zuwanderungsmöglichkeiten wollen (wie Grüne, PDS, Teile der SPD und Kirchen), gegen die Integration, für die Ablösung des Nationalstaates und damit für eine multikulturelle Gesellschaft.

Wenn Integration auch vom Integrationswillen der Zugezogenen abhängt, dann sind diejenigen, die für eine generelle doppelte Staatsangehörigkeit sind, gegen die Integration, weil das Festhalten an der Staatsangehörigkeit des Heimatlandes mangelnden Integrationswillen signalisiert.

Wenn Integration entscheidend vom Willen der zugezogenen Ausländer abhängt, dann wird die Integration verhindert, wenn die Zugezogenen sich nicht von der Herkunftskultur lösen. Auch wenn das Herkunftsland Anstrengungen unternimmt, die Zugezogenen nicht aus der Herkunftskultur zu entlassen, wird Integration verhindert.

Wenn Integration auch von der Integrationskraft des Aufnahmelandes abhängt, dann sind diejenigen gegen Integration, die diese Aufnahmekraft durch masochistisch anmutende Deutschfeindlichkeit zerstören.

Alles das können wir derzeit beobachten. Deshalb ist das Ziel der Integration fragwürdig geworden, und damit wird auch die Fortexistenz der deutschen Nation zu einem Problem.

Integration ist auch eine Leistung, die der Zugewanderte erbringen muß. Das Gastland soll Möglichkeiten schaffen, den Integrationsprozeß zu erleichtern. Aber die Erleichterung des Ausländerlebens in Deutschland kann nicht das Ziel deutscher Politik sein. Deshalb mutet es einigermaßen befremdlich an, wenn das Kommissariat der Deutschen Bischöfe das Ziel der Ausländerpolitik mit dem lapidaren Satz beschreibt:»Im Blick auf die ausländischen Mitbürgerinnen und Mitbürger geht es darum, ihnen zu helfen, in Deutschland zu leben.« Die gesetzlichen Regelungen müßten sich daran messen lassen,»wie sehr sie eine Hilfe zum Leben in Deutschland bieten«, und die Hinnahme der Mehrstaatigkeit»habe den Menschen zu dienen«[43]. Wer primär das Wohl der Ausländer im Auge hat, muß ihre Wünsche erfüllen. Wer ihre Wünsche nach Mehrstaatigkeit und einige andere erfüllen will, nimmt in Kauf, das friedenstiftende Ziel der Integration aufzugeben.

Auch der inzwischen deutlich gewordene Streit zwischen denen, die die Staatsangehörigkeit als Mittel zur Integration auffassen, und denen, die die Integration als Voraussetzung für die Einbürgerung ansehen, signalisiert bei den Ersteren den Abschied vom Ziel der Integration.

Wir leben in einer Phase der Ausländerpolitik, da das Ziel der Integration durch die Lage der Fakten und den fehlenden Willen bestimmter politischer Kräfte in Frage gestellt ist. Schon dann, wenn keine ernsthaften Bemühungen stattfinden, den Zustrom zu kontrollieren und zu reduzieren, wird das Ziel der Integration scheitern. Damit befinden wir uns derzeit auf dem Weg von der Rotation über die Integration zur Aufgabe der Nation. Wer das Ende des Weges im Sinne einer Aufgabe der Nation verhindern will, muß die multikulturelle Gesellschaft und die generelle doppelte Staatsangehörigkeit verhindern.

---

[43] Kommissariat der Deutschen Bischöfe,»Stellungnahme zu dem Gesetzentwurf der SPD, der FDP und Bündnis 90/Die Grünen zur Reform des Staatsangehörigkeitsrechts«, vgl. Anm. 41.

2. KAPITEL

Probleme schaffen ohne Waffen – die multikulturelle Gesellschaft

In den letzten Jahrhunderten hat es Gesellschaften gegeben, die sich konsequent gegen äußere Einflüsse abschotteten. Die Geschichte Japans bis zum Ende des 19. Jahrhunderts ist dafür ein Beispiel. Bis heute haben sich die Japaner durch einen Verzicht auf Einwanderung alle die Probleme erspart, mit denen sich besonders die Mitteleuropäer herumschlagen müssen. Sieht man von den wenigen hunderttausend koreanischen Gastarbeitern in Japan einmal ab, hat das Land auch ohne ausländische Zuwanderung einen beachtlichen Wohlstand erreicht. Das stellt die bei uns beliebte Behauptung in Frage, daß wir ›unseren Wohlstand‹ nicht ohne die Zuwanderung von Ausländern hätten erreichen können. Erinnern wir uns: Die Anwerbung von Gastarbeitern war die Folge, nicht die Ursache des sogenannten Wirtschaftswunders.

In Europa hat es eine ›japanische‹ Abschottung zu keinem Zeitpunkt gegeben. Durch Wanderungen und Begegnungen kam es immer wieder zu einem fruchtbaren kulturellen Austausch zwischen verschiedenen Ethnien. Das hat nichts daran geändert, daß sich Völker und Staatsnationen entwickelten. Auf welche Weise auch immer – sei es durch gemeinsame Geschichte, Wertvorstellungen, Sprache, Konfession oder politische Überzeugungen – sind eigene Identitäten entstanden.

Heute, im Zeitalter der billigen, schnellen Verkehrsmittel, besteht die Problematik darin, daß ein Volk durch die Masseneinwanderung Fremder seine Identität innerhalb kurzer Zeit verlieren kann. Man darf sich nicht wundern, daß manche der betroffenen Menschen solch einen Überfremdungsprozeß als Bedrohung empfinden und sich zur Wehr setzen. Es geht deshalb darum, zwischen totaler Abschottung und gänzlicher Öffnung einen sinnvollen Weg zu finden.

47

Die Bundesrepublik Deutschland ist dem Migrationsproblem in der Vergangenheit mit einer gewissen Naivität begegnet. Die jeweiligen Regierungen gingen einfach davon aus, daß die Gastarbeiter nur begrenzte Zeit in Deutschland bleiben und dann wieder in ihre Heimat zurückkehren würden. Man hatte ein Rotationsprinzip vor Augen, das jede Einwanderung vermied. Die Durchsetzung dieses Prinzips ist an den Deutschen selbst gescheitert. Arbeitgeber wollten nicht immer wieder neue Arbeiter anlernen, die Gewerkschaften keine Mitglieder verlieren. So sorgte die Einheitsfront der Tarifpartner dafür, daß die Rotation nicht zustande kam. Das Ergebnis war der Familiennachzug für Gastarbeiter und damit faktisch eine Einwanderung.

Wenn nun verschiedene Kulturen durch Einwanderung aufeinandertreffen, gibt es unterschiedliche Arten der Reaktion. Da ist zum einen der Begriff der *Assimilierung*: Die Einwanderer passen sich der Kultur und Lebensform des Aufnahmelandes an, gehen früher oder später in der angestammten Bevölkerung auf. Wer sich heute in Deutschland umsieht, weiß: Ein erheblicher Teil der Einwanderer, insbesondere der Nicht-EU-Bürger, hat sich nicht assimiliert, sie bleiben in ihrer Herkunft und nationalen Tradition verwurzelt. Einmal wollen sie das, weil sie die Anstrengung einer anderen Sprache vermeiden wollen. Deshalb suchen sie das Getto. Dann wollen sie das, weil sie die eigene Kultur für überlegen halten und zudem von missionarischem Geiste erfüllt sind. Es hat wohl auch von staatlicher Seite nie eine Ermutigung zur Assimilation gegeben.

Das entsprechende Stichwort hieß schlicht: *Integration*. Die Fremden waren in ihrer Andersartigkeit zu ›integrieren‹, also so gut wie möglich in die Gesellschaft der deutschen Staatsbürger aufzunehmen. Dieser Gedanke liegt dem Ausländerrecht in Deutschland zugrunde und findet sich im Programm zum Beispiel der CDU. Integration ist die Erwartung, daß sich einwandernde Ausländer in das gesellschaftliche, wirtschaftliche und geistige Gefüge des Gastlandes einordnen, ohne ihre individuelle kulturelle Identität aufzugeben. Allerdings wird das Zusammenleben in Frage gestellt, wenn diese Identität mit wichtigen Grundüberzeugungen des Gastlandes in Widerspruch steht: Ist Integration bei einer zu großen kulturellen Distanz reibungslos möglich, ja, ist sie überhaupt noch möglich? Ob Christen in einem islamischen Land integriert werden können, ist sicher noch problematischer als die Frage, ob überzeugte Muslime in großer Zahl in einen demokratisch-pluralistischen Staat integriert werden können.

Unbeschadet dieser Fragen ist das Ziel der Integration eine mögliche Antwort auf Wanderungen. Als eine andere Möglichkeit gilt seit geraumer Zeit die ›multikulturelle Gesellschaft‹. Was unter diesem schillernden Begriff eigentlich zu verstehen ist, bleibt oftmals unklar. Manche denken an die Vielfalt, die uns heute in jeder großen Stadt begegnet: Das griechische Restaurant, der türkische Gemüsehändler, die Pizzeria, die chinesische Küche, Volkstänze aus fernen Ländern und manches mehr. Solch eine ›multikulturelle‹, friedlich-folkloristische Vielfalt könnte man als ausgemachte Bereicherung empfinden. Aber genau dies ist nicht gemeint, wenn von bestimmten Politikern und gesellschaftlichen Gruppen eine ›multikulturelle Gesellschaft‹ gefordert wird. Ihre Befürworter verstehen darunter vielmehr die volle Gleichberechtigung der eingewanderten Kultur. Die Kultur des Gastlandes als Dominanz-Kultur wird abgelehnt. Auch als Kollektiv soll die eingewanderte Kultur Autonomie besitzen. Je nach Stärke der Einwanderung verkümmert die Kultur des Gastlandes dann zu einer unter vielen. Sie hat jedenfalls keine besondere hervorgehobene Bedeutung mehr. Allenfalls dient ihre Sprache als *lingua franca,* als Klammer der Verständigung. Auch das freilich muß nicht lange so bleiben. In Florida gibt es heute Bezirke, die als offizielle Sprache neben Englisch das Spanische haben.

Seit Beginn der achtziger Jahre findet sich der Begriff der ›multikulturellen Gesellschaft‹ in der politischen Diskussion der Bundesrepublik. Wie auch der Begriff ›political correctness‹ kommt er aus Nordamerika. In Kanada tauchte er neben dem Begriff ›Bikulturalismus‹, der für die teils englisch-, teils französischsprachige Bevölkerung verwendet wurde, auf. Schon in den siebziger Jahren erreichte er die klassischen Einwanderungsländer USA, Australien und Neuseeland. Es soll sich um ein Konzept für das Zusammenleben von einheimischer Bevölkerung und den zugewanderten Gruppen handeln. Der entscheidende Punkt ist das Postulat einer prinzipiellen Gleichwertigkeit aller Kulturen. Damit wird der Begriff einer Leit- oder Dominanzkultur ebenso aufgegeben wie das Ziel einer Integration. Integration wird eher als zwanghafte Anpassung oder gar Diskriminierung verstanden. Im Hintergrund steht die Überzeugung der positiven Wirkung eines ›soziokulturellen Pluralismus‹. In jenen Ländern, wo die Diskussion bereits in den sechziger oder siebziger Jahren begonnen hat, findet sich nach den negativen Erfahrungen eher Skepsis und Ernüchterung. Nicht so in Deutschland. In den einschlägigen linken Kreisen hat der Begriff nach wie vor eine gewisse Faszination. Diese wird vor allem mit der positiv gemeinten Umschreibung ›Buntheit‹ angedeutet. Bunt sei eben mehr, besser und schöner als homogen und uniform. Barbara John will in der Buntheit den »entscheidenden Wert des Humanen« erkennen.[44] Der Herausgeber des Buches *Multikultopia*, Stefan Ulbrich, sieht das so: »Multikulturalität ist wie Mikado. Ein Ineinanderverschachteltsein unterschiedlichster Farben und Hierarchien, Werte und Subkulturen. Kein Glied kann sich bewegen, ohne die anderen mitzubewegen oder zu beeinflussen. Die Deutschen werden akzeptieren müssen, daß auf dem Boden der Bundesrepublik künftig eine noch größere Pluralität der Kulturen, Sprachen, Sitten und Werte anzutreffen sein wird... Deutschland geographisch zu orten, wird in Zukunft schwerfallen.«[45] Genau das trifft den Punkt. Die multikulturelle Gesellschaft wird Deutschland zum Verschwinden bringen, weil das (typisch) Deutsche nur noch ein Farbton unter anderen sein wird. Schillernd wie das Produkt multikultureller Gesellschaft erscheint auch der Begriff selbst. Die Befürworter und Bekenner mögen zum Teil unterschiedliche Vorstellungen über ihre Utopie haben. Im Ergebnis läuft alles auf das Verschwinden der deutschen Kultur als Dominanzkultur hinaus. Claus Leggewie, ein Soziologe, sieht die multikulturelle Gesellschaft als »eine Gesellschaft ohne Zentralperspektive, also ohne einheitliches kulturelles und

---

[44] Barbara John, zitiert nach: Stefan Ulbrich (Hg.), *Multikultopia*, Vilsbiburg 1991, S. 10.
[45] Stefan Ulbrich, »Verdammt viele Thesen«, in ebenda, S. 304 f.

weltanschauliches Muster, in der ethnische Minderheiten, in aller Regel Immigranten und deren Familien und Abkömmlinge, an ihrer spezifischen kulturellen Prägung festhalten, vor allem also Sprache, Religion, Brauchtum und Gesellungsformen pflegen, ohne daß ihnen Assimilation an ein bestimmtes kulturelles Muster vorgeschrieben wird. (...) Multikulturell ist in letzter Konsequenz nur die Gesellschaft ohne kulturelles Zentrum und ohne hegemoniale Mehrheit«.[46]

In soziologischem Kauderwelsch erscheint die Definition von H.-J. Hoffmann-Nowotny. Eine Einwanderungsgesellschaft sei dann multikulturell, »wenn als soziale Aggregate abgrenzbare Einwanderer sich bei der symbolischen Konstruktion von Realität in mindestens einem gesellschaftlichen Teilsystem aus einem von dem Einheimischen verschiedenen ›Wissensvorrat‹ versorgen«.[47]

Für Heiner Geißler, der hier unter dem Einfluß von Dieter Oberndörfer steht, geht es zentral um die Überwindung des Nationalstaates. Auch er sieht die multikulturelle Gesellschaft im Gegensatz zu einem homogenen Nationalstaat. Und die Deutschen müßten mit den Menschen anderer Herkunft gleichberechtigt und tolerant zusammenleben. Er betont immerhin, daß die Zugewanderten die Verfassungsgrundsätze Deutschlands im Sinne eines sogenannten Verfassungspatriotismus annehmen müßten.

Möglicherweise handelt es sich beim Oberkirchenrat Jürgen Micksch um denjenigen, der den Begriff in Deutschland als erster in Umlauf brachte. Er definiert wie folgt: »Im Sinne von Artikel 3 des Grundgesetzes wird von einer multikulturellen Gesellschaft gesprochen, wenn Menschen mit verschiedener Abstammung, Sprache, Herkunft, Religion oder politischer An-

---

[46] Klaus Leggewie,» Multikulturelle Gesellschaft und Rechtspluralismus – eine Herausforderung für Politik und Rechtswissenschaft«, in: Peter Nahomowitz / Stefan Breuer (Hg.), *Politik – Verfassung – Gesellschaft. Traditionslinien und Entwicklungsperspektiven*, Baden-Baden 1995, S. 257–269.

[47] Hans-Joachim Hoffmann-Nowotny, *Chancen und Risiken multikultureller Einwanderungsgesellschaften*, Bern 1992.

schauung so zusammenleben, daß sie deswegen weder benachteiligt noch bevorzugt werden. Der Begriff der multikulturellen Gesellschaft geht davon aus, daß es zwischen verschiedenen kulturellen Prägungen Konflikte gibt, die nicht durch Ausgrenzung und Benachteiligung, sondern durch dialogische Formen des Umgangs miteinander gelöst werden. Voraussetzung für eine multikulturelle Gesellschaft ist daher die Gleichberechtigung.«[48] Auch er sieht den wesentlichen Punkt in der Gleichberechtigung der Kulturen des Aufnahmelandes und der Zugewanderten.

Da die staatliche Ausländerpolitik offiziell immer noch auf Integration eingestellt ist, muß das Konzept einer ›multikulturellen Gesellschaft‹ als Alternativprogramm verstanden werden. Auch hier soll, wie an anderen Beispielen ersichtlich, durch die positiv klingenden Begriffe wie ›bunt‹, ›dialogisch‹, ›tolerant‹, ›Bereicherung‹ nur verbrämt werden, daß es schließlich um die Verfremdung und Überwindung der deutschen Kultur geht. Dieser Aspekt wird auch von den Kritikern stets in den Vordergrund gerückt. Besonders betont wird dies etwa durch Professor Schmid formuliert:»Was Europa in so einer Weltlage an Austausch und Wirtschaftsbeziehungen gewinnen kann, läuft es Gefahr, an ethnischen Spaltungen und Zerfall seiner Gesellschaften zu verlieren, und zwar wenn Volksgruppenführer oder religiöse ›Räte‹ Minderheitenrechte und Territorien einklagen oder Kämpfe um Quoten in der politischen Repräsentanz kämpfen. Mit dem Aufstieg ihrer Herkunftsnation, der schon vom Bevölkerungswachstum her vorgegeben ist, dürfte eine Erweckung des Herkunftsbewußtseins einhergehen, wie wir es im eigenen Lande bei jugendlichen Orientalen jetzt schon merken. Die Europäer werden dann einer Situation gegenüberstehen, die sie von ihrer eigenen Entwicklung her nicht kennen und wofür es auch keine Entspannungsmodelle gibt: Bevölkerungen zwischen 100 Millionen und mehr Menschen, die in vorindustriellen Armutsverhältnissen leben, deren nationale Eliten über Atombomben oder ein sonstiges imponierendes Waffenarsenal gebieten. Die Abkömmlinge der neuen Mächte im Westen dürften – mit

---

[48] Jürgen Micksch, zitiert nach: S. Ulbrich (Hg.), *Multikultopia*, aaO. (Anm. 44), S. 10.

oder ohne Staatsangehörigkeit eines westlichen Staates – davon stark betroffen werden und auf einen Sonderstatus pochen.«[49] Der Verdacht drängt sich auf, daß die als ›Modell‹, als ein zu erreichendes Ziel gepriesene ›Multikultur‹ nichts weiter als eine Endstation sein könnte – nach dem endgültigen Scheitern des Integrationskonzepts. Dazu kann es kommen, wenn die Zahl der Einwanderer zu groß wird, homogene Minderheiten entstehen – in Deutschland gibt es heute mehr als zwei Millionen Türken – und somit die Notwendigkeit der Anpassung an deutsche Verhältnisse immer geringer wird. Den dann gegen den Willen des Aufnahmelandes entstehenden Vielvölkerstaat stilisieren die ›Multi-Kulti‹-Ideologen zum fröhlich-freundlichen Menschengemisch, das Scheitern der Integration wird zum ›Erfolg‹ des Ethno-Pluralismus umgedeutet.

Grenzen der Bereicherung

Als die CDU sich unter heftigen Geburtswehen, sprich Meinungsverschiedenheiten in den eigenen Reihen, dazu entschloß, eine Unterschriftensammlung gegen die doppelte Staatsangehörigkeit zu veranstalten, wollte sie nicht darauf verzichten, auch etwas Positives zu den Ausländern zu sagen. Sie bekannte sich zur Integration und meinte, generell seien die Ausländer eine Bereicherung für Deutschland. Dies wird heute so dahin gesagt, als sei es eine Selbstverständlichkeit, als sei dies geradezu offenkundig. Wieso eigentlich? Ist der Autodieb aus Polen und der Räuber aus dem Kosovo eine Bereicherung? Macht uns der libanesische Sozialhilfeempfänger mit zehn Kindern und zwei Frauen reicher? Ist es nicht so, daß die Zahl der Sozialhilfeempfänger und der Arbeitslosen und der Kriminellen unter den Ausländern überproportional hoch ist? In der *FAZ* vom 25. Juni 1998 hieß es in einem Beitrag von Konrad Schuller:»Kreuzberger Schulen sahen sich am Rande der Funktionsunfähigkeit, weil plötzlich ganze Jahrgänge kein Deutsch mehr verstanden. Teile der alten Einwohnerschaft empfanden die Veränderung ihrer Kieze durch die Zuwanderer als Verlust der Heimat.« Ist das eine Bereicherung? Es ist eine verdammt kostspielige Verarmung.

---

[49] Josef Schmid, aaO. (Anm. 42).

Gewiß, wenn man die Begegnung mit bestimmten Elementen aus ihrer Herkunftskultur nimmt wie Musik, Literatur, Tanz und Gastronomie, dann kann in der Begegnung mit den folkloristischen Seiten der Zuwanderung eine Bereicherung gesehen werden. Aber auch dies kann sich durch eine zu große Zahl in das Gegenteil verkehren – dann zum Beispiel, wenn ich in meinem Wohnbezirk Mühe habe, noch ein Lokal mit deutscher Gastronomie zu finden. So kann der übermäßige ›Reichtum‹ zu Verkümmerung und Verarmung führen. Deutsch ist *out* und verdrängt. Wo ist also die Bereicherung?

Die türkischen Medien und Verbände meinen oft, die Ausländer und insbesondere die Türken hätten Deutschland zur Blüte gebracht und das Wirtschaftswunder bewirkt. Und das sei ja eine beachtliche Bereicherung. Aber das ist schlicht und einfach die Unwahrheit. Das sogenannte Wirtschaftswunder war nicht die Folge ausländischer Zuwanderer durch entsprechende Anwerbung, das Wirtschaftswunder war vielmehr die Voraussetzung für den Mangel an Arbeitskräften in Deutschland.

Ebenso töricht ist die Behauptung, wir bräuchten eine ständige beachtliche Zuwanderung, weil die Ausländer unsere Renten finanzieren müßten. Dazu ist nur zu sagen, ein arbeitsloser Ausländer trägt zur Finanzierung der Renten nichts bei. Und schon seit Jahren ist jeder zugewanderte Ausländer ein zusätzlicher Arbeitsloser, oder er macht einen anderen Deutschen arbeitslos. Ob Deutschland wegen der demographischen Entwicklung im Jahre 2050 eine große Zahl von Zuwanderern benötigt, sei dahingestellt. Heute bei mehr als vier Millionen Arbeitslosen brauchen wir eine Begrenzung der Zuwanderung, und nicht eine Förderung.

Zuweilen wird die Notwendigkeit einer massiven Zuwanderung auch damit begründet, weil nur so eine Überalterung Deutschlands verhindert werden könne. Wieso wird eigentlich die Gunst, länger zu leben, als eine Überalterung bezeichnet? Wenn Entwicklungsländer – besser vielleicht unterentwickelte Länder – ein so niedriges Durchschnittsalter haben, dann liegt das am Kinderreichtum, aber auch am frühen Tod der Bewohner. Die Chance, länger zu leben, ist ein Merkmal fortgeschrittener Länder. Dies als Mangel zu erkennen, bleibt fragwürdig. Wer verlangt, daß die längere Lebenserwartung mit einer wachsenden Kinderzahl korrespondieren müsse, um die Gesellschaft jung zu erhalten, fordert schließlich die Bevölkerungsexplosion. Gerade auch wegen der drohenden Überbevölkerung der Erde ist die Forderung nach einer möglichst jungen Bevölkerung eine ausgemachte Schnapsidee. Wer bei ständig wachsender Lebenserwartung den Anteil der Jungen stabil halten will, zerstört den Globus gründlich und global. Auch ist es hier und heute keineswegs so, daß die Jüngeren die Älteren ernähren und haushalten müssen. Oft genug trifft das Gegenteil zu. Genauso problematisch ist der Fetisch einer Stabilisierung der Bevölkerungszahl durch Zuwanderer. Die Erhaltung einer bestimmten Bevölkerungszahl in einem der am dichtesten besiedelten Länder der Welt kann nicht als Dogma gesetzt werden.

Der technische Fortschritt in den Industrieländern hat zu einer erheblichen Steigerung der Produktivität und damit zu einem Rückgang von Arbeitsplätzen geführt. Dieser Prozeß wird sich vermutlich noch fortsetzen. Wenn dieser Prozeß auch von einem Rückgang der Bevölkerung durch Geburtenrückgang und einer Reduzierung der Lebensarbeitszeit gekennzeichnet war, dann könnte man in diesen unabhängig voneinander verlaufenden Entwicklungen einen höheren Ratschluß erkennen.»Der durch den verschärften Wettbewerb forcierte technische Fortschritt und die demographisch bedingte Abnahme der Zahl erwerbsfähiger Personen korrespondieren in idealer Weise. Eine Beibehaltung oder gar Steigerung der Zuwanderung würde also für die Zukunft lediglich mehr Arbeitslosigkeit produzieren und den ohnehin überstrapazierten deutschen Sozialstaat zusätzlich belasten.«[50]

Gleichzeitig verlangt der technische Fortschritt eher hochqualifizierte Arbeitskräfte, die durch Zuwanderer eben nicht zu dekken sind. Dem strukturellen Rückgang von Arbeitsplätzen steht also ein wachsender Migrationsdruck entgegen. Wenn man also Arbeitslosigkeit auf Dauer vermeiden will, gilt es, die Zuzugszahlen zu begrenzen.

---

[50] Thomas Brandis, »Der soziale Bluff der Zuwanderung«, in *Junge Freiheit* vom 23. 10. 1998.

Manchmal wird im Hinblick auf die angebliche Bereicherung durch Ausländer auch auf die Zuwanderung der Hugenotten aus Frankreich oder der Protestanten aus Salzburg nach Preußen verwiesen. »Das waren alles Zuwanderer, die in Preußens provinzieller Residenz Berlin zur herausgehobenen, zur führenden Schicht zählten, auch wo sie nicht, wie Adalbert von Chamisso, dem alten französischen Adel entstammten... Menschenfreundlichkeit darf nicht übersehen, daß damals eine niederländische oder französische Oberschicht in die geistig bescheidene und sozial ärmliche Landarbeiterwelt zwischen der Prignitz und der Uckermark gekommen war.«[51]

Das war in der Tat die Bereicherung des Landes ohne Volk. Wer hier Vergleiche anstellt, will den Leuten ein X für ein U vormachen. Deutschland muß heute nicht ›peupliert‹ (bevölkert) werden. Wir haben eine Bevölkerungsdichte wie kaum sonst auf der Welt. Deutschland braucht keine zusätzlichen Erwerbspersonen. Wir haben über vier Millionen Arbeitslose. Und Deutschland braucht keine Analphabeten aus Anatolien. Warum wohl ist der Anteil der Analphabeten in der Zuwanderungswelle größer als in dem jeweiligen Heimatland? Es mag eine Zeit gegeben haben, da benötigte Deutschland billige Arbeitskräfte ohne eine besondere Qualifikation. Diese Zeit ist längst vorbei. Seit 1973 gibt es einen Anwerbestopp. Bis heute haben wir nicht den Versuch gemacht, bei der Zuwanderung darauf zu achten, welche Qualifikationen jeweils und insbesondere heute benötigt werden. Deshalb erscheint es oberflächlich und kurzsichtig, allgemein von einer Bereicherung Deutschlands durch die Zuwanderung zu sprechen. Mit der gegenwärtigen Zuwanderung, so meint Wolf Jobst Siedler, »aus dem Osten und aus der dritten Welt kommt zum ersten Mal ein Element, das, in absehbarer Zeit zumindest, keine Bereicherung der Bevölkerungsstruktur darstellt«.[52] Wenn es also zuzeiten eine Bereicherung durch Zuwanderer gegeben hat, dann ist dies durch die große Zahl und mangelnde Qualifikation längst ins Gegenteil verkehrt. Der kritische

---

[51] Wolf Jobst Siedler, »Macht hoch die Tür«, in *Frankfurter Allgemeine Zeitung* vom 2. 12. 1996.
[52] Ebenda.

Zeitgenosse könnte sagen: Wenn Ausländer eine Bereicherung sind, dann können wir jetzt getrost sagen, wir sind nun reich genug und können den Laden wegen Reichtum geschlossen halten.

Die Utopie der ›offenen Republik‹

Daß es in solch einer ›Idylle‹ der nebeneinander in durchaus normaler Konfliktbereitschaft verharrenden Ethnien zu Gewaltausbrüchen kommt, wird von Politikern wie Heiner Geißler nicht als Fehlschlag der ›Multikultur‹ gewertet. Vielmehr dienen sie als Anlaß, die ›Erziehung‹ des (deutschen) Volkes zu mehr ›Toleranz‹ zu verstärken. Daß die penetrante Geißelung vermeintlich ›deutscher‹ Unduldsamkeit und angeblich ›weitverbreiteter‹ Ausländerfeindlichkeit durch die öffentlich-rechtlichen Erziehungsanstalten, sprich Medien, allmählich mehr Antireaktionen als ›Einsicht‹ auslöst, wird von Chefredakteuren wie Politikern geflissentlich übersehen.

Vollends ungemütlich wird es für das ursprüngliche Staatsvolk in einer ›Multikultur‹, wenn es durch zu hohe Einwanderungszahlen und eine höhere Geburtenhäufigkeit der Einwanderer in die Minderheit zu geraten droht. Früher oder später wird das neue Staatsvolk dann nach Meinung der Ideologen durch verschiedene ›gleichberechtigte‹ ethnische Gruppen gebildet, die nicht mehr durch das Band des Volkes oder der Nation zusammengehalten werden. Insofern geht die Idee der multikulturellen Gesellschaft mit der Ablehnung des ›völkischen Nationalstaates‹ einher. Statt dessen wird die ›offene Republik‹ gefordert, die Dieter Oberndörfer so beschreibt:

»Die Idee der Republik hat ein weltbürgerliches Wertfundament. Sie leitet die Rechte, die den Bürgern gewährt werden, aus universal gültigen Menschenrechten ab. . . Bürger einer Republik können prinzipiell alle Menschen werden, die sich zur republikanischen Verfassung bekennen. Die weltbürgerliche Wertsubstanz der Republiken verlangt daher die Offenheit nach außen. . . Im Unterschied zum Nationalstaatsgedanken fordert die Idee der Republik zur Überwindung der provinziellen, stammesförmigen Aufsplitterung der Menschheit in Nationalstaaten auf. . . Nicht mehr der Frondienst für die Nation oder die Befragung ihrer angeblichen eigentlichen nationalen Geschichte, sondern die Mitwirkung am Bau einer freien und gerechten Ordnung können für das politische Handeln bestimmend werden. Das einheitsstiftende Fundament der Republiken sind der Verfassungspatriotismus und seine Verfassungsmythen. . . . Ein multiethnisches und multikulturelles Europa, das allen seinen Bürgern Freizügigkeit gewährt, ist nur auf der Grundlage eines neuen republikanischen Verfassungspatriotismus Europas stabilisierbar. . . Dabei gewinnt die Offenheit des künftigen Europas für Einwanderer und Asylgewährung eine grundlegende Bedeutung für seine republikanische Legitimierung. Wie die amerikanische Republik muß jetzt auch die europäische Republik der Zukunft eine nach außen offene, kosmopolitische Republik sein.«[53]

Die ›offene Republik‹ als Voraussetzung für eine multikulturelle Gesellschaft entspringt also der Kritik an der Nationalstaatsidee. Sie führt zu einer Auflösung des Staatsvolkes im Sinne einer Nation zugunsten eines Vielvölkerstaates. Solche Ideen lesen sich sehr gut: Offene Grenzen, universale Rechte, Weltbürgertum, Verfassungspatriotismus. Das sind Worte mit positivem Beigeschmack. Wer möchte einer solchen Idee nicht folgen?

Leider handelt es sich dabei um eine Utopie. Ähnlich den kommunistischen Visionen gebricht es dieser Idee an dem, was sie möglich machen würde: den Menschen, die so empfinden, denken und wollen. Wenn die Menschen Engel wären, hätte sogar der Sozialismus funktioniert. Da sie es nicht sind, wird auch die multikulturelle Gesellschaft nicht funktionieren. Utopien werden in der Regel durch die Wirklichkeit widerlegt. Das gilt es rechtzeitig zu erkennen. Die Frage, ob die Menschen in ferner Zukunft – wieder – paradiesfähig sind, braucht hier nicht beantwortet zu werden. Hier und heute muß die Politik die Menschen nehmen, wie sie sind: als unfähig für paradiesische Zustände.

Auf die Unverwirklichbarkeit einer Utopie zu verweisen, soll sie keinesfalls herabsetzen. Man muß nicht darauf verzichten,

---

[53] Die Zitate stammen aus: Dieter Oberndörfer: »Wohin entwickelt sich Europa? Nationalstaatsidee und europäischer Verfassungspatriotismus«, in *Zeitschrift zur politischen Bildung* 1 / 1993, S. 11–17.

die Menschen durch Erziehung dahin zu bringen, daß sie sich primär als Weltbürger erleben, keine Ängste vor zu vielen Fremden haben und sich ihre Solidaritätsbereitschaft auf die ganze Menschheit erstreckt. Nur sollten wir im Auge behalten, daß bloß ein sehr kleiner Teil der Menschheit zu solch einem Empfinden gebracht werden kann. Ein Blick auf die Geschichte der Kirche sollte für eine gewisse Skepsis sorgen: Gerade von ihrer Seite ist heute oft zu hören, man kenne keine Ausländer, nur Menschen. An sich hätten die Kirchen seit zweitausend Jahren den Versuch unternehmen müssen, die Menschen zu diesem Standpunkt hin zu erziehen. Genau das haben sie aber nicht getan, sie haben sich vielmehr zuweilen massiv mit der nationalen Idee identifiziert. Dies gilt für die serbische orthodoxe Kirche wie für die polnische katholische Kirche. Dies galt auch für die protestantische Kirche im Preußen des 19. Jahrhunderts. Diese und andere Traditionen sollten kirchlichen Vertretern Zurückhaltung bei der Kritik am Nationalstaat auferlegen. Die Idee des Nationalstaates und das Denken und Fühlen in nationalen Kategorien haben in der europäischen Welt von heute durchaus noch Bedeutung. Daran kann kein Politiker vorbeigehen.

Das gebrochene Verhältnis der Deutschen zur Nation bis hin zu der Frage, ob sie nach Auschwitz noch ein Recht auf den Nationalstaat haben, mag Grund dafür zu sein, daß die Fragen einer offenen Republik und einer multikulturellen Gesellschaft gerade in Deutschland besonders heftig diskutiert werden. Dabei konnten bisher weder Notwendigkeit noch Berechtigung solcher Ideen wirklich dargelegt werden. Leichter fällt es, Gegenargumente zu finden. Gegen die ›multikulturelle Gesellschaft‹ und eine ›offene Republik‹ sprechen im einzelnen folgende Überlegungen.

Das Recht auf Heimat

Wer die Menschen kennt, weiß, daß sie eine Heimat brauchen. Herder meinte, Heimat sei da, wo man sich nicht erklären muß. Das ist der Ort der Geborgenheit, wo man sich anlehnen kann, wo man ohne viele Worte verstanden wird, wo es Selbstverständlichkeiten, vielleicht sogar Tabus gibt. Die Heimat zu verlieren heißt auch, einen Identitätsverlust zu erleiden. Heimat ist der Ort, wo ich gelebt, geliebt, gelitten und kultiviert habe. Kultiviert, das ist auch in dem Sinne gemeint, wie der kleine Prinz seine Rose pflegt, um sie zu besitzen. Dieses Recht auf Heimat hat auch völkerrechtlich seine Anerkennung gefunden. Trotzdem haben viele Menschen ihre Heimat durch Vertreibung verloren. ›Ethnische Säuberung‹ ist nur eine vornehme Umschreibung dessen, was heute im ehemaligen Jugoslawien geschieht.

Man kann seine Heimat freilich auch durch eine Masseneinwanderung verlieren, die die Umwelt und die Lebensbedingungen eines Menschen so verändert, daß dies einem Verlust an Heimat gleichkommt. Dagegen wehren sich die Menschen mit Recht. Ein Kreuzberger, der diesen Berliner Bezirk als seine Heimat empfand, ist vielleicht eines Tages aufgewacht, hat sich die Augen gerieben und erkannt, daß dies nicht mehr sein Kreuzberg ist.

In der Praxis kollidiert das Recht auf Heimat mit dem von Verfechtern der ›offenen Republik‹ geforderten Recht auf Freizügigkeit, ebenso wie es mit dem unbeschränkten Asylrecht kollidiert, wenn dieses zur Massenimmigration führt. Daß letzteres in Deutschland der Fall ist, kann kaum bestritten werden. Schließlich nimmt Deutschland derzeit mehr Menschen auf als Australien und Kanada zusammen. Kaum bekannt ist hierzulande, daß die Vollversammlung der Vereinten Nationen zur Verhinderung von unerwünschten Masseneinwanderungen im Jahre 1967 beschlossen hat, daß der Schutz der Identität, das Recht auf Heimat dem Asylanspruch vorgeht.[54]

Die Bibel und die Fremden

Von den Befürwortern einer offenen Republik und einer multikulturellen Gesellschaft wird immer wieder die Bibel in Anspruch genommen, um Kritiker derselben mundtot zu machen. Was soll man auch gegen Gottes Wort ausrichten? Dabei wird stets jene Stelle angezogen, die mit vermeintlich schöner Eindeutigkeit die Aufnahmebereitschaft der Fremden begründen soll und die wie manche Passage der Bergpredigt keine Alter-

---

[54] Artikel 3 der Resolution 2312 (XXII) vom 14. 12. 1967.

native zuzulassen scheint. Dort heißt es einfach:»Die Fremdlinge sollst du nicht bedrängen und bedrücken; denn ihr seid auch Fremdlinge im Ägyptenland gewesen.« (2 Moses 22.20) Nun ist hier zunächst einmal nichts über die Zahl ausgesagt. Ob das auch noch gilt, wenn die Zahl der Fremden die Einheimischen zu Fremden im eigenen Lande macht, ist eine ganz offene Frage. Andere Stellen der Bibel belegen nun durchaus bemerkenswerte Einschränkungen dieses Postulats, und das in doppelter Hinsicht. Einmal haben sich die Fremden dem Gesetz der Einheimischen zu unterwerfen. Zum anderen sollen sich die Einheimischen hüten, die Gesetze und Kultur der Fremden zu übernehmen. Sie haben ihre Kultur in Reinheit zu bewahren. So heißt es:»Und der Herr sprach zu Mose und Aron: Dies ist die Ordnung für das Passa: Kein Ausländer soll davon essen. Ist er ein gekaufter Sklave, so beschneide man ihn, dann darf er davon essen.« (2 Moses 12.43) Und weiter:»Ein und dasselbe Gesetz gelte für den Einheimischen und den Fremdling, der unter euch wohnt.« (2 Moses 12.49)

Dies kann auch heute Bedeutung haben. Denn die Angehörigen der multikulturellen Gesellschaft wollen ja gerade die fremde Kultur in ihrer Andersartigkeit akzeptieren. Hier aber wird nicht mehr und nicht weniger als Assimilierung verlangt. So erscheint die folgende Auslegung durchaus zutreffend:»Die Aussage ist, wie manches im Alten Testament, doppeldeutig, um nicht zu sagen zweischneidig. Soweit sie auffordert, Fremde aufzunehmen und zu achten wie unseresgleichen, appelliert sie schlicht an die Gastfreundschaft. Das hört der Fremde gern. Aber er braucht nicht sehr genau zu lauschen, um auch die Untertöne der gastlichen Eingemeindung herauszuhören. Wie ein Einheimischer habe er zu gelten. Das klingt wie eine Drohung. Was dir auch immer als heimatlicher Gebrauch in Fleisch und Blut übergegangen sein mag, bei uns gilt das Sittengesetz des Hausherrn.«[55]

Daraus können sich durchaus praktische juristische Probleme ergeben. Wenn der Fremde bestimmte Eigenheiten seiner Kul-

---

[55] Andreas Zielcke,»Fremde Betten«, in *Frankfurter Allgemeine Zeitung* vom 17. 5. 1996.

tur in der neuen Heimat bewahrt, wird er Fremder bleiben. Wenn er sie jedoch ablegt, entfremdet er sich von seiner eigenen Kultur. Nun gibt es einen Fall, den deutsche Gerichte zu entscheiden haben. Da ist ein Angeklagter aus dem Senegal. Er wohnt hier mit einem minderjährigen Mädchen aus seiner Heimat zusammen. Mit deren Eltern hatte er die Mitnahme des Kindes nach Deutschland und die Betreuung vereinbart. Die Betreuung schloß schließlich den Geschlechtsverkehr ein. Das verletzt deutsches Recht. Zu den Bräuchen des Senegals gehöre es nun aber, daß der Versorger seine Schutzbefohlenen, dessen Versorgung er bestreitet, sexuell in Anspruch nimmt. Das eben sei des Landes so der Brauch. Das Landgericht hatte sich für die Ausnahme entschieden und die Bräuche des Senegal berücksichtigt. Das zuständige Oberlandesgericht entschied sich für das Gegenteil, nämlich Strafe aus der Anwendung deutschen Rechts – so wie die Bibel das auch sieht. Aber wie kann man bestrafen, wenn aufgrund der Kultur des Fremden kein Schuldbewußtsein vorliegt?

Wie wiederum soll unsere Zukunft aussehen, wenn wir die Sitten und Gebräuche aller jener Länder, deren Leute hier sind oder noch kommen, in der Rechtsprechung berücksichtigen? Es müßte dann ein unglaublich vielfältiges Recht in Deutschland geben, das nicht nur die Gerichte überfordern könnte. Es wäre ja dann im Hinblick auf die große Zahl nicht mehr nur Ausnahme, sondern könnte zur Regel neigen. Möglicherweise könnte es auch zu einer Zersplitterung des Rechtswesens führen, in dem für Angehörige der jeweils anderen Kulturen Spezialgerichte eingeführt würden. Einer der Autoren des Buches *Multikultopia* kann sich in der Zukunft einen Zentralrat der Kurden und der Türken vorstellen. Zur Institutionalisierung der multikulturellen Gesellschaft gehört dann auch die Selbstorganisation der Minderheiten in ›Nationen‹«. Diesen sei »eine möglichst weitreichende, eigene Gerichtsbarkeit zu übertragen«.[56] Möglicherweise werden dann die Scharia und der Koran neben dem Strafgesetzbuch eine Rechtsgrundlage für in Deutschland lebende Ira-

---

[56] Marcus Bauer, »Vielfalt gestalten«, in: S. Ulbrich (Hg.), *Multikultopia*, aaO. (Anm. 44), S. 149.

ner zu sein haben. Jene Länder allerdings, aus denen die Fremden kommen, machen es in der Regel ganz einfach. Wer im Iran mit einer Iranerin schläft, muß prinzipiell sterben, auch wenn dieselbe einverstanden war. Keiner denkt daran, die deutschen Rechtsgewohnheiten bei der Rechtsprechung im Iran zu berücksichtigen. In Saudi-Arabien wird der Deutsche, der im Hotel mit seiner Freundin im Doppelzimmer übernachtet, mit Strafe rechnen müssen usw. Wer jedenfalls in Sachen Fremdlinge die Bibel ins Feld führt, soll sie ganz, das heißt auch mit ihren Widersprüchen und Doppeldeutigkeiten, berücksichtigen. Und das eben heißt: Es gilt das Recht des Hausherrn. So steht es geschrieben. Nun die andere Seite der Medaille: die Verpflichtung zur Wahrung der eigenen Religion und Kultur. Nachdem der Herr wissen läßt, daß er die Ammoniter, Kanaaniter und andere Volksstämme ausstoßen wolle, verlangt er von seinem Volk:»Hüte dich, einen Bund zu schließen mit den Bewohnern des Landes, in das du kommst, damit sie dir nicht zum Fallstrick werden in deiner Mitte; sondern ihre Altäre sollst du umstürzen und ihre Steinmale zerbrechen und ihre heiligen Pfähle umhauen.« Auch solle man die fremden Töchter nicht zu Frauen nehmen. (2. Moses 34.11–16) Das ist nun wirklich keine Apologie für die multikulturelle Gesellschaft, sondern eine massive Aufforderung, die eigene – gottgewollte – Kultur zu bewahren und sogar in diesem Sinne zu missionieren.

Mit der Bibel ist das eben so eine Sache. Nun soll hier nicht der Missionierung und Ausrottung der zu uns kommenden Kulturen das Wort geredet werden. Wer aber die Bibel als Beweis für die großzügige Aufnahme von Fremden propagandistisch nützen will, der soll wissen, daß er auf einem Holzweg ist. Denjenigen, die dauernd 2. Moses 22.20 oder 3. Moses 19.33 im Munde führen, sollte gesagt sein:»o si tacuisses«(›Wenn du doch geschwiegen hättest‹).

In einer ›offenen Republik‹, in einer ›multikulturellen Gesellschaft‹ kann der Mensch, wie gesagt, seine Heimat schnell verlieren. Günther Nenning hat diesen Zusammenhang in der ihm eigenen Sprache treffend ausgedrückt:»Ja, das Menschenrecht auf Freizügigkeit gibt es, laßt es uns hochhalten. Das Recht, bei sich daheim zu sein, in seinem eigenen Land, mit Wurzeln, die

hinunterreichen in alle Tiefen und Untiefen der eigenen Kultur
– dieses Menschenrecht gibt es auch. Hören wir auf, es zu ver-
stecken, in den Ritzen eines berechtigt schlechten Gewissens.«[57]
Und gewissermaßen als Mahnung an viele fügt er hinzu: »Das
Menschenrecht auf Freizügigkeit zu feiern als ›fortschrittlich‹;
das Menschenrecht auf Daheimsein in der eigenen Nation zu ver-
teufeln als ›faschistoid‹: Das ist demokratische Gedankenlosigkeit,
die nicht der Demokratie nützt, sondern neuem Faschismus.«[58]
Es geht also um nicht mehr und nicht weniger als um die Grenzen der Wanderung. Die Einwanderung darf nicht zum Identitätsverlust der Gastgeber führen. Der ehemalige Bundespräsi-
dent Richard von Weizsäcker hat das als Regierender Bürgermeister von Berlin in die Worte gefaßt:
»Nur wenn es gelingt, wirksame Maßnahmen gegen einen
weiteren Ausländerzuzug zu ergreifen, nur dann werden wir
mit denen, die hier verbleiben, zu einer menschenwürdigen Mit-
bürgerschaft kommen.«[59] Unter dem bezeichnenden Titel »Ist der
Mensch paradiesfähig« schreibt Irenäus Eibl-Eibesfeldt klar und
treffend: »Wir Menschen reagieren mit Abwehr, wenn wir unsere Identität bedroht meinen, und dieser Fall tritt ein, wenn sich
Menschen in großer Zahl in einem bereits dichtbesiedelten Gebiet niederlassen, ohne die Kultur und Lebensart der Ortsansäs-
sigen anzunehmen. Dann werden sie als Fremde und als um die
gleichen Ressourcen konkurrierende Eindringlinge empfunden.
Und diese Wahrnehmung ist nicht unbegründet, denn sich ab-
kapselnde Einwanderer bilden ja Solidargemeinschaften, die
zunächst ihr Eigeninteresse vertreten. Unterscheiden sie sich
überdies durch eine höhere Fortpflanzungsrate von der einge-
sessenen Bevölkerung, dann verschärft das die Probleme und
die daraus erwachsenden Gegensätze.«[60]

---

[57] Günther Nenning, *Die Nation kommt wieder*, Zürich–Osnabrück 1990,
S. 112.
[58] Ebenda.
[59] Regierungserklärung vom 2. 7. 1981. Plenarprotokoll des Berliner Ab-
geordnetenhauses, 9. Wahlperiode, 3. Sitzung.
[60] Irenäus Eibl-Eibesfeldt, »Ist der Mensch paradiesfähig? – Antworten«,
in *Berliner Debatte INITIAL*, 2/1992, S. 12 f.

Stimmen der Stimmführer

Dahinter steht die Einsicht, daß mit der Zahl der Fremden irgendwann auch die Fremdenfeindlichkeit der Einheimischen wächst. Die kritische Dosis oder die verkraftbare, integrierbare Zahl, die die Obergrenze bildet, kann keiner genau bestimmen. Denn es hängt eben nicht nur von der Zahl ab, sondern auch von der kulturellen Distanz der aufeinandertreffenden Ethnien. Bereits im Januar 1973, als es weniger als 2,5 Millionen Ausländer in der Bundesrepublik Deutschland gab, sagte der damalige Bundeskanzler Brandt:»Es ist aber notwendig geworden, daß wir sehr sorgsam überlegen, wo die Aufnahmefähigkeit unserer Gesellschaft erschöpft ist und wo soziale Vernunft und Verantwortung Halt gebieten. Wir dürfen das Problem nicht dem Gesetz des augenblicklichen Vorteils überlassen.«[61] Im November 1981 meinte Helmut Schmidt auf einer DGB-Veranstaltung in seinem Hamburger Wahlkreis:»Wir können nicht noch mehr Ausländer verdauen, das gibt Mord und Totschlag.« Schon im September 1980 hatte er festgestellt, Deutschland habe vier Millionen Ausländer aufgenommen, man wolle keine sechs Millionen. Der ehemalige Ausländerbeauftragte der Bundesregierung, der frühere Ministerpräsident von Nordrhein-Westfalen, Heinz Kühn, meinte einmal: Die Integration sei möglich bei einem Ausländeranteil im Gemeinwesen von bis zu 10 %. Am 11. November 1981 beschloß die damalige sozialliberale Bundesregierung:»Die Bundesrepublik Deutschland soll und will kein Einwanderungsland werden – es besteht in der Koalition Einigkeit darüber, daß Zuzug und Nachführung von Familienangehörigen von Ausländern außerhalb der EG mit allen rechtlichen Mitteln gestoppt werden.«[62] Am 10. November 1981 hatte Bundeskanzler Helmut Schmidt vor dem Bundesverband Deutscher Zeitungsverleger erklärt:»Mit weit über 4 Millionen (Ausländern) ist die Aufnahmefähigkeit der deutschen Gesellschaft erschöpft, wenn nicht ganz große Probleme entstehen sollen. . .

---

[61] Regierungserklärung vom 18. 1. 1973. Plenarprotokolle des Bundestages, 7. Wahlperiode, 7. Sitzung.
[62] *Die Welt* vom 12. 11. 1981.

Mehr als 4,5 Millionen können wir nicht mit Anstand verdauen. Und insbesondere können wir mit Anstand nicht die Scheinasylanten verdauen, die zu uns kommen, weil bei uns das Arbeitslosengeld sehr viel höher liegt als bei ihnen zu Hause der Spitzenlohn.«[63]

Von Herbert Wehner war folgendes zu hören:»Wenn wir uns weiterhin einer Steuerung des Asylproblems versagen, dann werden wir eines Tages von den Wählern, auch unseren eigenen, weggefegt. Dann werden wir zu Prügelknaben gemacht werden. Ich sage Euch – wir sind am Ende mitschuldig, wenn faschistische Organisationen aktiv werden. Es ist nicht genug, vor Ausländerfeindlichkeit zu warnen – wir müssen die Ursachen angehen, weil uns sonst die Bevölkerung die Absicht, den Willen und die Kraft abspricht, das Problem in den Griff zu bekommen.«[64]

Laut *Kölnischer Rundschau* äußerte sich Prof. Friedhelm Farthmann (SPD) wie folgt:»Wer sagt, daß wir Zuzug brauchen, der muß sich darüber klar sein, daß wir schon heute eines der dichtbesiedelsten Gebiete der Erde sind. Jede Zuwanderung bedeutet also noch mehr Energieverbrauch, mehr Wohnungsbedarf, mehr Autos, mehr Abfall. Das kann doch wohl vernünftigerweise niemand wollen.«[65]

Auch Helmut Kohl hatte sich zu Beginn der achtziger Jahre mehrfach in dem Sinne geäußert, die Zahl der Ausländer in Deutschland erheblich zu verringern:»Das Problem ist, daß wir offen aussprechen müssen, daß wir mit der Zahl der türkischen Gastarbeiter bei uns, wie wir sie jetzt haben, die Zukunft nicht erreichen können. Die Zahl kann so nicht bleiben. Sie muß verringert werden.«

Die kritische Grenze, wo die Zuwanderung zum Gift für die Integration wird, gibt es jedenfalls. Und wenn die Mehrzahl der Deutschen meint, diese Grenze sei erreicht, dann ist sie erreicht: Die Politik hat das zu beachten.

---

[63] Die Rede wurde nicht veröffentlicht.

[64] Herbert Wehner, vor dem SPD-Parteivorstand am 15. 2. 1982 (zitiert nach *Frankfurter Rundschau*).

[65] *Kölnische Rundschau* vom 16. 2. 1992.

Multikultur führt zu Multikonflikten

Es gilt heute im allgemeinen als erstrebenswert, daß ein Volk sein Geschick selbst bestimmen kann: in einem eigenen Nationalstaat oder mittels Autonomie und eigenem Gebiet in einem multiethnischen Staat. Die prinzipiell angestrebte Homogenität betrifft nicht nur die Lebensverhältnisse und das innerstaatliche Recht, sondern ebenso die Volkszugehörigkeit. Auch das Grundgesetz geht davon aus, daß die deutschen Staatsangehörigen im Grundsatz deutsche Volkszugehörige sind. Daraus ergibt sich einerseits die Verpflichtung, deutschen Volkszugehörigen, die aus dem Ausland zu uns kommen, die Staatsangehörigkeit zu verleihen. Auch ist es der Auftrag des Grundgesetzes, die nationale und staatliche Einheit zu wahren. Verfassungsgesetzgeber ist das deutsche Volk in seinen Ländern, und auch der Name Bundesrepublik Deutschland enthält eine Verpflichtung zur deutschen Identität. Gewiß kann sich mit der Wirklichkeit auch das Recht ändern, aber viele Gründe sprechen dafür, die rechtlichen Grundlagen, die keine ›multikulturelle‹ Gesellschaft kennen, beizubehalten, um Schaden von unserem Volk abzuwenden. Das Zusammenleben von Menschen unterschiedlicher Rasse, Nationalität, Hautfarbe und religiöser Bekenntnisse hat sich zu allen Zeiten und in allen Ländern als problematisch und konfliktträchtig erwiesen. Es vergeht kaum ein Tag, an dem die Medien nicht aus vielen Teilen der Welt über erbitterte und mit größter Grausamkeit geführte Auseinandersetzungen zwischen verschiedenen Volksgruppen berichten. Denn ›multikulturelle‹ oder multinationale Gesellschaften sind zumeist Konfliktgesellschaften. Zu denen, die die Wirklichkeit nicht zur Kenntnis nehmen wollen, gehörte die Ausländerbeauftragte Funcke. Sie meinte in banaler Eindeutigkeit:»Monokultur, wenn es sie je gab und gibt, führt zu Radikalismus. . . Vielfalt der Kulturen aber gleicht aus, gibt Anstöße zur Fortentwicklung der Kulturen, bewahrt vor Erstarrung und ist in diesem Sinne eine Bereicherung. Und sie lehrt uns Toleranz.«[66]

Ein Blick in die wirkliche Welt hätte sie belehren können. Staatliche Maßnahmen zur Gewährleistung eines geordneten Zusam-

---

[66] Zitiert nach: S. Ulbrich (Hg.), *Multikultopia*, aaO. (Anm. 44), S. 10.

menlebens müssen von einem hohen Maß an Sensibilität, Geschick, Realismus und Einsicht in psychologische Gesetzmäßigkeiten geprägt sein. Nur so kann die höchst labile und permanent gefährdete Balance zwischen den miteinander rivalisierenden oder einander feindselig gegenüberstehenden Volksgruppen gewahrt werden.

In der Regel läßt sich eine relativ homogene Staatsbevölkerung leichter regieren, weil sie eine größere Gewähr für die Bewahrung des inneren Friedens bietet. Es macht, wohlgemerkt, einen Unterschied, ob es sich bei den ethnischen Minderheiten um autochthone Bevölkerungsteile handelt wie die Basken in Spanien oder die Tiroler in Italien. In diesem Falle stellt sich die Frage besonderer Formen der Autonomie. Anders ist es, wenn multiethnische Strukturen aufgrund von Einwanderung zustande kommen. Auch dann wiederum macht es einen Unterschied, ob im 18. und 19. Jahrhundert Menschen nach Amerika wanderten, wo sie in einen fast menschenleeren Kontinent kamen, oder ob die Wanderung in ein bereits dichtbesiedeltes Land, wie die Bundesrepublik, erfolgt. Je dichter die schon vorhandene Besiedelung, desto größer ist das Konfliktpotential. In diesem Sinn noch einmal Eibl-Eibesfeldt:»Höchst problematisch ist dagegen Einwanderung Kulturferner und der Aufbau der von einigen Utopisten so eifrig propagierten multikulturellen Immigrationsgesellschaft. Sie führt ganz sicher zu Konflikten! Dafür gibt es genügend Beispiele und zwar aus aller Welt. Xenophobie und Territorialität gehören zu den Universalien.«[67]

Professor Schmid verwendet hier den Begriff »Ethnifizierung«. Er sieht darin eine allen Integrationsvorstellungen zuwiderlaufende Entwicklung.»Die Zugewanderten bilden ein Herkunftsbewußtsein und ein Zusammengehörigkeitsgefühl aus, die zum Mittelpunkt ihres Daseins und ihrer Lebensziele werden. Sie bekommen Vorrang vor den Staatszielen und der Grundordnung des Aufnahmelandes. Es geht hier nicht um europäische Nachbarvölker, sondern um die Gefahr einer Fragmentierung der Gesellschaft, durch das Entstehen fremdkultureller Inseln, wie sie der Ordnungsrahmen einer entwickelten Industriegesellschaft nicht verträgt.

---

[67] Eibl-Eibesfeldt, aaO. (Anm. 60), S. 13.

Die erkennbaren Formen einer Ethnifizierung sind die geschlossenen Subkulturen und Sonderquartiere in Städten und Kommunen, die sich dem üblichen modernen Verwaltungshandeln entziehen oder für ein solches längst zum Problemberg geworden sind. Die nicht sichtbaren Formen der Ethnifizierung sind die potentielle Energie, die Ethnien für ihre Selbstorganisation aufbringen, für Tätigkeit für die Herkunftsnation und die Durchsetzung von Eigeninteressen im Aufnahmeland.«[68]

Natürlich ist es keineswegs gleichgültig, aus welchem Kulturkreis die Einwandernden kommen. Handelt es sich um den Zuzug genetisch und kulturell nah Verwandter, dann pflegen sich Immigranten schnell zu integrieren, das heißt, sie übernehmen Sprache und Kultur des Volkes, das sie aufnahm. Dies gilt etwa für die französischen Hugenotten, die nach Deutschland kamen. Kommen die Einwandernden aber aus ganz anderen Kulturkreisen, dann kann es zu lang anhaltenden oder gar dauernden Abgrenzungen kommen. Dies wird sicher für nordafrikanische Muslime in Frankreich gelten, aber auch für Türken, die nach Deutschland kommen. Die blutigen Unruhen im Frühjahr 1992 in Los Angeles zeigten, wie explosiv sich eine latente Konfliktbereitschaft entladen kann. Es handelte sich nicht um eine ›Rebellion‹ von ›reich gegen arm‹, von ›schwarz gegen weiß‹, wie uns das deutsche Fernsehen einreden wollte. Nein, es war – von der großen Zahl beliebiger Plünderungen abgesehen – vor allem eine Auseinandersetzung zwischen Schwarzen und den wirtschaftlich im allgemeinen erfolgreicheren asiatischen (koreanischen) Einwanderern sowie zwischen süd- und mittelamerikanischen Latinos und anderen Bevölkerungsgruppen. Die Gewalt wurde zum nicht geringen Teil zwischen verschiedenen Einwanderergruppen ausgetragen. Es fällt nicht schwer, sich ähnliche Szenarios in Deutschland auszumalen, wo es zwischen Kurden und Türken leider immer stärker gärt. Die Lehre aus diesen türkisch-kurdischen Spannungen kann nur lauten: Eine ungesteuerte, wahllose Einwanderung führt schnell zum Import fremder Ethno-Konflikte, die um so schlimmer ausfallen, je weniger die Einwanderer bereit sind, im neuen Land ihre alte Identität auf-

---

[68] Josef Schmid, aaO. (Anm. 42).

zugeben. Und dieser Fall ist längst eingetreten. Ermuntert von Multi-Kulti-Utopisten verzichten viele Zuwanderer auf jegliche Integrationsbemühungen.

Der von ›Multi-Kulti‹-Ideologen unternommene Versuch, die Wanderung der Hugenotten nach Preußen mit den heutigen Wanderungsströmen zu vergleichen, ist absurd. Die protestantischen Franzosen wurden von einem menschenarmen Brandenburg aufgenommen, dem der Dreißigjährige Krieg schwere Wunden geschlagen hatte. Sie waren handwerklich gut ausgebildet und der heimischen Bevölkerung teils überlegen. Es handelte sich tatsächlich um eine Bereicherung.

Jetzt kommen Millionen Arme, die sprachunkundig, unausgebildet, ja teilweise Analphabeten sind. Sie kommen in ein Land, das allenfalls qualifizierte Arbeitskräfte benötigt, weil die lohnintensiven einfachen Tätigkeiten in Billiglohnländer verlagert wurden und werden: Fast jeden Tag berichtet der Wirtschaftsteil der Zeitung von Unternehmen, die einen heimischen Produktionsstandort schließen, um ihn nach Portugal, Polen oder in die Tschechische Republik zu verlegen.

In den deutschen Schulen wird das Unterrichtsniveau durch die Zuwandererkinder gedrückt, und die deutschen Kinder finden sich zum Teil als Minderheit in der Klasse wieder. Dies und manches andere schafft latente Konflikte. Man kann sie nur durch eine Kontrolle der Zuwanderung entschärfen. Im Schuljahr 1998/99 gab es an Berliner Schulen 55 000 ausländische Schüler. 27 200 davon waren Türken. Hinzu kommen 13 000 Schüler nichtdeutscher Herkunftssprache (Aussiedler). Das sind 17,2 % Schüler nichtdeutscher Herkunftssprache. Diese Zahl nennt einen Durchschnitt. Die Probleme ergeben sich aus der regionalen Schwerpunktbildung. Im Prenzlauer Berg betrug die Zahl solcher Schüler 4,6 %, in Zehlendorf 9,3 % und in Kreuzberg 48,5 %. In einzelnen Schulen in Kreuzberg, Neukölln oder dem Wedding kann die Zahl bis zu 70 % ansteigen. Neben dieser Zahl kommt entscheidend hinzu, daß eben viele dieser Kinder die deutsche Sprache nicht ausreichend oder gar nicht beherrschen. In einem Papier der Berliner Schulverwaltung vom Dezember 1998 heißt es: »Wir hatten erwartet, daß die dritte Generation sich besser integrieren würde als noch die zweite.

Diese Erwartung wurde nicht erfüllt. Wir beobachten, daß türkische Kinder, die in Berlin geboren sind, viele Jahre ganz ohne die deutsche Sprache auskommen. Sie leben in ihrem Kiez, gehen nicht in öffentliche Kitas, gehen in türkischen Läden einkaufen, haben keinerlei persönlichen Kontakt zu deutschen Kindern, sprechen ausschließlich Türkisch in ihren Familien, können auf ein breites Angebot der Medien in nichtdeutscher Sprache zurückgreifen (=>türkisches Fernsehen; türkische Zeitungen, außerdem hat die Medienanstalt soeben einen rein türkischen Radiosender ins Netz aufgenommen) etc. Dann kommen diese Kinder mit sechs Jahren in die Schule ohne jegliche Deutschkenntnisse. Hinzu kommt die große Anzahl von Flüchtlingen aus Krisengebieten als sog. Seiteneinsteiger. => Hier liegt das große Problem, mit dem die Berliner Schul- und Bildungspolitik umzugehen hat.«[69]

Genau das ist es: Ausländerzahlen mit steigender Tendenz und sinkenden Deutschkenntnissen. Was empfiehlt die Politik den deutschen Eltern? Sollen sich die Deutschen einfach mit dem Wort von Ecevit abfinden und aufgeben? Ecevit sagte zur Diskussion über den Doppelpaß: »Ich betrachte die Integration der Türken in Deutschland als einen gesunden Prozeß. Ihr Türkentum werden sie sowieso nie aufgeben.«[70]

Alles Lebendige zeichnet sich durch Wachstum und Vergehen aus. Deshalb bedarf es der Zeit. Konflikte lassen sich nur vermeiden, wenn Zeit für ein allmähliches Gewöhnen da ist und die Zuwanderung maßvoll erfolgt. Die Zahlen dürfen nicht zu hoch, die Gewöhnungszeit darf nicht zu kurz sein. Unser heutiges Problem ist kompliziert, weil es nicht mehr darum geht, im Laufe einer tausendjährigen Geschichte die verschiedensten europäischen Individuen in einen langsam sich wandelnden Volkskörper einzubeziehen, sondern weil in sich geschlossene fremde Volksgruppen auf ein Staatsvolk mit einer ausgeprägten Identität stoßen. Dynamik und Umfang dieser Zuwanderung sind kaum mit bisherigen Vermischungs- und Integrationsprozessen zu

---

[69] Senator für Schule, Jugend und Sport, Sprechzettel für Podiumsdiskussion vom 7. 12. 1998.
[70] Bülent Ecevit, zitiert nach Der Spiegel 13/1999, S. 17.

vergleichen. Es entwickeln sich in der Bundesrepublik Deutschland Phänomene, die selbst einen bekennenden Internationalisten an seinen Überzeugungen irre werden lassen müssen. Wenn multikulturelle Strukturen, die durch eine Masseneinwanderung in verhältnismäßig kurzer Zeit entstehen, besonders anfällig auch für eine höhere Kriminalität sind, so hat das gewiß verschiedene Gründe. Da können Arbeitslosigkeit und Entwurzelung aus gewachsenen Strukturen eine Rolle spielen. Ganz gewiß spielt immer auch mangelnde Integration eine Rolle. Dieses darf man feststellen, auch wenn es keine Möglichkeit gibt, diesen Faktor zu quantifizieren.

Es ist wohl eine altmodische Vorstellung, daß sich der Gast in besonderer Weise höflich und zurückhaltend benimmt, wenn er in der Fremde oder bei Fremden ist. Die fremden Gäste in Deutschland sind durch eine solche durch den Gaststatus bedingte Zurückhaltung nicht aufgefallen. Gerade die fehlende Zugehörigkeit zur Solidargemeinschaft scheint ein Grund zu sein, in vielfältiger Weise die andere, fremde Gesellschaft auszubeuten. Insofern ist offenbar gerade die fehlende Integration in die Verantwortungs- und Solidargemeinschaft des Aufnahmelandes ein Grund für höhere Kriminalitätsanfälligkeit. Dieser Sachverhalt spricht ebenso für verstärkte Integrationsbemühungen, wie er gegen die multikulturelle Gesellschaft spricht.

Tabu Ausländerkriminalität oder mehr Multi-Kulti – mehr Kriminalität

Die weit überdurchschnittliche Kriminalitätshäufigkeit unter Ausländern und Asylbewerbern im Vergleich zur Gesamtbevölkerung ist kein neues Phänomen. Allerdings war und ist diese Problematik bislang in Deutschland weitgehend tabuisiert. Von den größeren Zeitungen wurde nur selten, von Politikern fast nie offen darüber gesprochen. Die Angst vor dem Vorwurf, ›ausländerfeindlich‹ zu sein oder ›Ausländerfeindlichkeit‹ zu schüren, hat jede sachliche Debatte im Keim erstickt. Diese Tabuisierung hat auch dazu geführt, daß es nur wenige fundierte Untersuchungen und infolgedessen einen Mangel an aussagefähigen Zahlen gibt.

Jahrelang wurde in Deutschland von linken und liberalen Multikulturalisten versucht, die erhöhte Ausländerkriminalität schönzureden und schönzurechnen. Dabei haben sicher auch sehr ehrenwerte Motive eine Rolle gespielt. Aber nur wenige der dabei vorgebrachten Argumente sind wirklich stichhaltig und führen zu einer gewissen Relativierung der erschreckenden Zahlen. Einzelne Stimmen gingen gar so weit, mit absurden Rechenkunststücken die überhöhte Kriminalitätsbelastung unter Ausländern gänzlich aus der Welt zu rechnen und sie am Ende als ein »Artefakt der Kriminalstatistik« erscheinen zu lassen. Hier waren die Motive aber sicher nicht mehr so ehrenwert, standen doch am Ende Polizei und konservative Politiker als diejenigen da, die angeblich danach trachteten, mit unbegründeten Verdächtigungen und irreführenden Zahlen eine ganze Bevölkerungsgruppe ungerechtfertigt zu ›kriminalisieren‹.

Einige Zahlen mögen den Sachverhalt beleuchten. Da in den neuen Bundesländern der Ausländeranteil immer noch vergleichsweise gering ist, sei hier ein Blick auf die alten Bundesländer im Jahre 1991 gerichtet. In diesem Jahr waren 27,6 % aller von der Polizei ermittelten Tatverdächtigen Ausländer. Im Jahre 1998 gab es in Berlin 174 978 Tatverdächtige. Davon waren 57 129, das entspricht 32,6 %, Nichtdeutsche. Der Anteil an der Wohnbevölkerung betrug 13 %.

Spätestens seit Ende des Ost-West-Konfliktes, dem Wegfall der Mauer und der Transparenz der Grenzen gehört ein wesentlicher Teil der nichtdeutschen Straftäter zu den Touristen, Illegalen oder anderen nicht zur Wohnbevölkerung zählenden Personen.

Natürlich gibt es einen Teil von Delikten, die nur von Ausländern begangen werden können. Wenn man in der Berliner Statistik 1998 beide Gruppen unberücksichtigt läßt, ergibt sich immer noch ein Anteil der nichtdeutschen Tatverdächtigen von 24,6 %.

In den letzten Jahren (nach 1993) gab es insgesamt einen Rückgang der Kriminalitätsbelastung, der nicht zuletzt auf den Rückgang der Asylbewerberzahlen zurückzuführen ist. Denn gerade Asylbewerber waren in der Gruppe der Tatverdächtigen besonders auffällig. Auch der allgemeine Rückgang der Ausländerzuwanderung macht sich positiv in der Kriminalstatistik bemerkbar.

Eine wirksame Bekämpfung der Ausländerkriminalität liegt natürlich auch im Interesse der großen Mehrheit derjenigen Ausländer, die nie mit dem Gesetz in Konflikt kommen. Schließlich können auch sie jederzeit Opfer der Kriminalität werden, leiden im übrigen unter ausländerfeindlichen Stimmungen, die nicht zuletzt auch durch die hohe Ausländerkriminalität erzeugt werden. Eine ganze Reihe von Argumenten hat lange Zeit verhindert, daß das Problem ›Ausländerkriminalität‹ so ernst genommen wurde, wie es nötig gewesen wäre. Die meisten dieser Argumente halten einer näheren Überprüfung nicht stand. Zunächst wird immer wieder mit dem Hinweis operiert, ein großer Teil der Ausländerkriminalität bestünde in *Verstößen gegen das Ausländer- und Asylverfahrensgesetz*. Da Deutsche diese Gesetze nicht (oder nur als Beihelfer) verletzen können, müßte dieser Teil der Ausländerkriminalität bei der Analyse ausgeblendet werden. So richtig der Sachverhalt ist, so falsch ist doch die Folgerung: Es gibt ja auch eine ganze Reihe von Gesetzen, gegen die ausschließlich Deutsche verstoßen können. Zu nennen sind hier beispielsweise das Wehrrecht und das gesamte Beamtenrecht. Entsprechende Gesetzesverstöße durch Deutsche müßten dann beim Vergleich ebenfalls unbeachtet bleiben. Beides kann nicht sinnvoll sein. Deutsche und Ausländer sind zum Teil in einer anderen Situation, deshalb gelten auch partiell andere Gesetze für sie. An der Verbindlichkeit dieser Gesetze ändert das nichts. Wer als ausländischer Beschäftigter oder als politisch Verfolgter zu uns kommt, weil er hier bessere Verdienstmöglichkeiten oder Schutz sucht, von dem muß verlangt werden, daß er die entsprechenden Gesetze beachtet. Für Gäste, und um solche handelt es sich, sollte dies eine Selbstverständlichkeit sein.

Ein weiteres Argument ist die *spezifische Bevölkerungsstruktur* der in Deutschland lebenden Ausländer. Unter ihnen gibt es mehr junge Männer und weniger alte Frauen als unter der deutschen Bevölkerung. Aber auch unter den Deutschen begehen alte Frauen weniger Straftaten als junge Männer. Dieses Argument ist zutreffend. Es erklärt allerdings nur einen kleinen Teil der übermäßigen Verbrechenshäufigkeit, wie sich beim direkten Vergleich der entsprechenden Bevölkerungsgruppen schnell herausstellt: Auch dann noch sind Ausländer deutlich häufiger straffällig als Deutsche. Für die Opfer der Kriminalität ist es ohnehin keine

Beruhigung, daß in Deutschland vor allem solche ausländischen Bevölkerungsgruppen vertreten sind, die überproportional straffällig werden. Dies gilt auch für das nächste Argument: Immer wieder werden die Konzentration der Ausländer in den *Großstädten*, ihre im Durchschnitt *geringere Ausbildung* und die *höhere Arbeitslosigkeit* als verzerrende Elemente in der Kriminalstatistik angeführt. Denn alle diese Faktoren gehen auch bei der deutschen Bevölkerung mit erhöhter Kriminalität einher. Nun, so richtig diese Fakten sind, was folgt daraus? Es geht ja nicht um moralische Vorwürfe an irgend jemanden, sondern um möglichst viel Sicherheit für die Bevölkerung durch möglichst wenig Kriminalität. Zuwanderer ziehen überall auf der Welt eher in die großen Städte als aufs Land. Und wenn die ausländische Bevölkerung in Deutschland nach wie vor weniger gut ausgebildet ist, dann zeigt das allenfalls, daß die sprachliche und kulturelle Barriere als Hindernis bei der Ausbildung unterschätzt oder daß nicht die Richtigen angeworben worden oder zu uns geströmt sind. In allen diesen Fällen war unsere Zuwanderungspolitik falsch oder ist von unrichtigen Voraussetzungen ausgegangen. Gerade solange diese Felder fortgesetzt werden, kann dieses soziologische Argument niemanden beruhigen.

Schließlich hört man immer wieder, Ausländer und Asylbewerber gerieten schneller als Deutsche unter Tatverdacht. Die Tatverdächtigenzahlen seien deshalb *nicht aussagefähig*, vielmehr müßten die Zahlen der Verurteilten miteinander verglichen werden. Richtig ist, daß sich das beschriebene Mißverhältnis etwas reduziert, wenn die Verurteiltenzahlen verglichen werden. Viele Angeklagte werden aber nicht wegen erwiesener Unschuld freigesprochen, sondern mangels Beweisen oder wegen Geringfügigkeit. Außerdem ist mit der Dunkelziffer zu rechnen. Es kann davon ausgegangen werden, daß diejenigen Gruppen, die häufiger Straftaten begehen, auch einen größeren Anteil an den vielen nicht angezeigten oder nicht aufgeklärten Straftaten haben. Auch aus diesem Grund sind die Tatverdächtigenzahlen für eine Beurteilung der Problematik durchaus nicht belanglos. Dies hat auch der Wissenschaftliche Dienst des Deutschen Bundestages in einer Untersuchung vom 31. 10. 1997 festgestellt. Dort heißt es:»Die Verurteiltenstatistik macht aber ebenfalls den hohen Anteil der Kriminalität der Ausländer deutlich.« Deutlich wird es auch, wenn man die Belegung der Strafanstalten betrachtet. Laut Auskunft der Berliner Justiz-Pressestelle befanden sich in Berliner Haftanstalten 5105 nichtdeutsche Strafgefangene. Das entspricht einem Anteil von 34,55 %.

Die Argumente der ›Relativierer‹ vernebeln nach wie vor die Diskussion des Problems der Ausländerkriminalität. Eines können sie alle nicht erklären: den ernormen Anstieg dieser Kriminalität schon seit den siebziger Jahren. 1977 waren erst 12,1 Prozent aller Tatverdächtigen Ausländer, 1981 16,0 Prozent, 1987 waren es schon 20,0 Prozent, und inzwischen liegt dieser Anteil bei 27,1 Prozent (1998). Unter den jugendlichen Tatverdächtigen verdoppelte sich der Ausländeranteil seit 1984 sogar von 14,9 auf 31,6 Prozent. Der Ausländeranteil an der Bevölkerung stieg aber nur von 6,4 Prozent 1977 über 7,1 (1984) auf 9 Prozent im Jahr 1997. Siehe Statistik auf der nächsten Seite.

Der Bundesinnenminister vermerkte am 25. Mai 1999 bei der Veröffentlichung der Kriminalstatistik 1998 den Rückgang seit 1993. Dieser ist zu einem wesentlichen Teil eben auf den Rückgang der Asylbewerberzahlen zurückzuführen. Der Rückgang der Ausländerzahlen im allgemeinen und der Rückgang der Asylbewerberzahlen im besonderen führt faktisch zu einem überdurchschnittlichen Rückgang der Kriminalitätsraten, soweit er nicht durch einen besonderen Anstieg der Ausländerkriminalität aufgehoben wird. Natürlich ist auch die steigende Zahl der Einbürgerungen ein Grund, den statistischen Anteil der »Ausländer« an den Straftaten herabzusetzen.

Das zwangsläufige Bemühen zur Relativierung und Schönfärberei durch selbsternannte ›Ausländerfreunde‹ hat dazu geführt, daß ein ernstes Problem unserer Gesellschaft nicht erkannt, geschweige denn gelöst, sondern jahrelang verdrängt worden ist. Der massive Anstieg der Ausländerkriminalität während der letzten Jahre macht es dringend erforderlich, mit diesem Tabu endlich zu brechen und eine offene und sachliche Diskussion über dieses Thema zu führen.

Entwicklung der nichtdeutschen Tatverdächtigen

Bereich	Jahr	Nichtdeutsche Tatverdächtige	Anteil an allen Tatverdächtigen in v.H.
Bundesrepublik Deutschland (Gebietsstand vor 3.10.90)	1984	207.612	16,6
	1990	383.583	26,7
alte Länder mit Gesamt-Berlin	1991	405.545	27,6
	1992	509.395	32,2
Bundesrepublik Deutschland (Gebietsstand seit 3.10.90)	1993	689.920	33,6
	1994	612.988	30,1
	1995	603.496	28,5
	1996	625.585	28,3
	1997	633.480	27,9
	1998	628.477	27,1 [71]

[71] *Bulletin der Bundesregierung* vom 25.5.1999, S. 290.

Überraschende Details

Die Kriminalität unter Ausländern ist nicht einfach ›gleichmäßig um einen bestimmten Prozentsatz höher‹ als unter der deutschen Bevölkerung. Vielmehr gibt es eine ausgeprägte Konzentration auf bestimmte Delikte, auf bestimmte Nationalitäten und auf einzelne Städte. Wer heute auf offener Straße Opfer eines Raubüberfalls wird, wessen Konto mittels einer gefälschten Scheckkarte geplündert wurde oder wer seine Geldbörse im Besitz eines Taschendiebes weiß, kann mit ziemlich hoher Wahrscheinlichkeit davon ausgehen, daß der Täter keinen deutschen Paß hatte, zumindest keinen echten: Alle diese Delikte einschließlich Urkundenfälschung werden weit überdurchschnittlich oft von Ausländern begangen.

Im einzelnen sind in der Berliner Kriminalstatistik neben den verschiedenen Verstößen gegen das Ausländer- und Asylverfahrensgesetz 1998 vor allem die folgenden Delikte zu nennen:

Überdurchschnittliche Tatverdächtigenanteile von Nichtdeutschen (> 32,6 %)

Delikte	TV-Anzahl		Anteil in %	
	1997	1998	1997	1998
Erpresserischer Menschenraub	15	49	88,2	84,5
Taschendiebstahl	667	408	81,6	78,6
Sozialleistungsbetrug	1.583	2.408	74,0	74,6
Illegales Glücksspiel	140	150	67,3	69,4
Urkundenfälschung	3.076	3.128	56,4	56,4
Menschenhandel	101	80	51,3	54,1
Geld-/Wertzeichenfälschung	883	910	65,8	53,3
Laubeneinbruch	170	95	62,3	51,6
Mord	58	49	43,6	49,0
Illegaler Handel/Schmuggel mit/ von Rauschgiften	1.117	1.170	48,7	48,2
Diebstahl in/aus Kfz	895	756	39,9	42,3
Erschleichen von Leistungen	6.837	7.047	45,8	39,3
Vergewaltigung	141	144	38,6	38,6
Raub	1.815	1.614	37,2	35,3

In der vom Bundesinnenministerium vorgelegten Statistik für den Bund stellt sich der Sachverhalt wie folgt dar. [72]

Besonders hohe Anteile nichtdeutscher Tatverdächtiger gibt es bei den folgenden Straftaten(gruppen)

Schlüssel	Straftaten(gruppen)	Nichtdeutsche Tatverdächtige – insgesamt –	Anteil an allen Tatverdächtigen 1998 in %	1997 in %
7250	Straftaten gegen das Ausländergesetz und Asylverfahrensgesetz darunter	186 785	94,5	94,1
7251	unerlaubte Einreise (Grenzübertritt) nach AuslG	59 850	99,2	99,3
7255	Straftaten gegen das Asylverfahrensgesetz	21 562	98,3	98,0
7254	gewerbs- und bandenmäßiges Einschleusen von Ausländern §92 b AuslG	343	74,2	76,3
7252	Einschleusen § 92 a AuslG	3 792	73,7	67,3
6610	Glücksspiel §§ 284, 284 a, 286 StGB	1 797	71,9	70,6
7322	Illegaler Handel mit und Schmuggel von Kokain	5 140	62,2	58,9
90	Taschendiebstahl	2 433	60,6	62,5
7342	Btm-Anbau, -Herstellung und -Handel als Mitglied einer Bande (§ 30 Abs. 1 Nr. 1 BtMG)	347	58,7	63,9
5400	Urkundenfälschung	35 532	54,2	55,2

Besonders niedrige sind die Anteile nichtdeutscher Tatverdächtiger bei den folgenden Straftaten(gruppen)

Schlüssel	Straftaten(gruppen)	Nichtdeutsche Tatverdächtige – insgesamt –	Anteil an allen Tatverdächtigen 1998 in %	1997 in %
5210	Untreue	423	6,1	5,8
2250	fahrlässige Körperverletzung	1 183	7,2	8,1
5600	Konkursstraftaten	350	7,5	7,5
***2	Diebstahl – insgesamt – von Mopeds und Krafträdern	1 507	10,8	11,1
6760	Straftaten gegen die Umwelt	2 764	11,9	12,9
6240	Vortäuschung einer Straftat	2 259	14,0	14,2
1310	Sexueller Mißbrauch von Kindern	1 299	14,5	15,4
6730	Beleidigung	16 390	15,0	14,9
5130	Kautions- und Beteiligungsbetrug	271	15,1	7,6
8911	Direkte Rauschgift-Beschaffungskriminalität	295	17,3	17,2

---

[72] *Bulletin der Bundesregierung* vom 25.5.1999.

.

Sein Bemühen, den Sachverhalt zu verharmlosen ist offenkundig. Zunächst haben die Straftaten gegen das Ausländerrecht hier wenig zu suchen. Selbst in der vom Bundesinnenministerium veröffentlichten Tabelle, die »besonders niedrige« Anteile nichtdeutscher Tatverdächtiger ausweisen soll, finden sich Delikte, bei denen der Anteil jedenfalls höher liegt als der Bevölkerungsanteil der Nichtdeutschen.[73] Weit über den Bevölkerungsanteil liegen die nichtdeutschen Tatverdächtigen auch bei folgenden Delikten, die der Minister einfach unterschlägt. Ein Lump, der Schlechtes dabei denkt:

Erpresserischer Menschenraub	49,8 %
Heroinhandel und -schmuggel	42,3 %
Menschenhandel	50,2 %
Geld- und Wertzeichenfälschung	48,4 %
Mord	36,6 %
Sozialleistungsbetrug	40,3 %

Man spürt die Absicht und ist verstimmt. Es gibt also kaum ein Delikt der Schwer- und Schwerstkriminalität, an dem Ausländer nicht mindestens dreimal häufiger beteiligt sind, als es ihrem Bevölkerungsanteil entspräche! Besonders bedrückend ist die Tatsache, daß viele der ausländerspezifischen Delikte zugleich auch typisch sind für organisierte Banden: Hinter Drogendelikten, Geldfälscherei, illegalem Glücksspiel und Kfz-Hehlerei stecken immer häufiger wohlorganisierte Strukturen, bei Schlepperdelikten, Tageswohnungseinbrüchen und schwerem Diebstahl ist dies ebenfalls zunehmend der Fall. Eine entschiedene Bekämpfung der Ausländerkriminalität ist also auch eine der wichtigsten Maßnahmen zur Bekämpfung der organisierten Kriminalität.Kriminalität von Ausländern konzentriert sich stark in bestimmten Großstädten. Schon 1988 waren in München 32 % aller Tatverdächtigen Ausländer, in Wuppertal waren es 37 %, in Stuttgart 40 % und in Frankfurt sogar 53 Prozent. Die Straßenkriminalität von Ausländern in unseren Großstädten hat ein häßliches Gesicht, sie bedroht ohne Unterschied Ausländer und Deutsche. Drei Berliner Beispiele[74]:

---

[73] Ebenda, S. 291.

[74] Die ersten zwei Beispiele sind der *Berliner Morgenpost* vom 15. 6. 1992, S. 13, entnommen.

»Auf dem Charlottenburger Breitscheidtplatz an der Gedächtniskirche, als Treffpunkt der Berliner Drogenszene bekannt, entwickelte sich am Wochenende aus noch nicht bekanntem Hintergrund eine heftige Auseinandersetzung zwischen drei Ausländern. Gegen 16.40 Uhr geriet am Sonnabend der Iraner Abdallah R. (28 Jahre alt) mit dem Türken Mesut Y. (17) und Üztekin D. (18) in Streit. Plötzlich blitzten Messer, die drei Männer stachen aufeinander ein.«

»In der Vorhalle des Bahnhofs Zoo randalierte am Sonnabend Ismail N. (28) aus Kreuzberg: Erst griff er einer Polizistin von hinten an die Brust, dann versuchte er, ihr die Dienstwaffe zu entreißen. Als das mißlang und die Beamtin Ismail N. festnehmen wollte, trat und schlug er auf sie ein und zog sie an den Haaren.«

Am 14. Mai 1999 erschien in der *Berliner Zeitung* folgender Bericht:

»Moabit – Sie träumte von einer Model-Karriere – und geriet an den falschen Mann...

Es fing an wie im Märchen: Es war einmal ein Vater, der hatte sechs Söhne und sechs Töchter. Die Jüngste und Schönste aber hieß Saskia, und sie war ihnen allen das Liebste auf Erden. Sie hatte dieses unwiderstehliche Lachen, so daß sie jeden hätte haben können und Fotografen sie auf der Straße ansprachen, um sie als Model zu werben.

Keiner verstand, warum sie sich beim Tanz ausgerechnet in diesen Fadi, 23, verliebte. ›Ein Traummann‹, schwärmte sie. Sie war 20, da lag sie erwürgt in ihrem Appartement.

Jetzt sitzt Fadi Al H. vor Gericht – Saskia hatte sich in ihren Mörder verliebt.

Er kam vor vier Jahren aus dem Libanon, benutzte drei verschiedene Namen, kein Beruf.

Im Saal sitzen Saskias Brüder und Schwestern. ›Herr Richter, verbieten Sie ihm, uns so anzugrinsen!‹, ruft einer während der Verhandlung.

›Halt die Fresse, Arschloch!‹, tobt der Angeklagte haßerfüllt auf deutsch, während er sich sonst jedes Wort in seine Muttersprache übersetzen läßt und zu den Vorwürfen schweigt. ›Hab

ich sie umgebracht, scheißegal, was wollt ihr, 20 Jahre Knast!‹
›Wir kriegen dich!‹, brüllt der Bruder, bevor der Richter den
Saal räumen läßt.
›Kaum waren sie zusammen, hat er Saskia geschlagen‹, erzählt
eine Schwester vorm Saal. ›Oft reichte schon ein falsch gedrück-
ter Knopf am Radio. Er hat sie wie sein Eigentum behandelt.‹
Er habe es ›nicht ertragen, wenn sie ihm widersprach‹.
Saskia sei schwanger geworden. Aber sie habe Fadi nicht mehr
heiraten wollen. Fadi sei ›sehr traurig‹ gewesen, sagt ein Freund
als Zeuge.
Richter: ›Wollte er, daß sie das Kind abtreibt?‹
Der Freund: ›Er war mit ihr beim Doktor.‹ Wenn er sich von
ihm trenne, solle sie auch das Kind ›wegmachen: Mein Blut
bleibt nicht in Deutschland!‹ Er habe das gesagt, ›um sie zu-
rückzugewinnen‹.
Das Baby ja, ihn auf gar keinen Fall mehr – das wollte Saskia.
Und zur Abtreibung zwingen konnte er sie nun auch nicht
mehr: Sie war bereits im 4. Monat. Vielleicht hat ihn das überrascht: Daß sie das erste Mal ihren Willen durchgesetzt hatte.
Er hielt ihren Mutterpaß in der Hand, als er mit seinem Freund
nach der Tat in ihre Lichtenberger Wohnung zurückkam und
fragte: ›Ist sie wirklich tot?‹«

Solche Berichte sind keine Ausnahmen. Der aufmerksame Leser
registriert sie fast regelmäßig. Darauf hinzuweisen ist Dienst an
der Wahrheit und keine Provokation. Die ersten Seiten der Zeitungen nebst Kommentaren vermitteln oft das Bild ausländer-
feindlicher Deutscher, die Polizeiberichte in den Innen- oder
Lokalseiten lassen das Bild krimineller Ausländer aufscheinen.
Auch hier wird offenbar mit zweierlei Maß gemessen.
Manchmal haben die Berichte sogar kurios-makabre Züge. So
titelte die *Neue Zürcher Zeitung* am 6. Mai 1999 auf Seite 31: »Weniger Diebstähle wegen Nato-Bomben«. Und dann hieß es wört-
lich: »Der Nato-Einsatz gegen Jugoslawien bringt den Verbre-
chensbekämpfern im Kanton Zürich eine Atempause. Wie der
erste Staatsanwalt Marcel Bertschi im Anschluß an ein Referat
erklärte, wurde er Anfang dieser Woche von der Kriminalpoli-
zei darüber informiert, daß seit Beginn der Nato-Offensive merk-

lich weniger Diebstähle registriert würden, die von Kosovo-Albanern begangen wurden. Dabei seien die Albaner seit Jahren ›die führende Gruppe‹ im Bereich der Diebstähle gewesen, so Bertschi. Die jüngste Entwicklung erklären sich die Ermittler damit, daß durch den Krieg in Jugoslawien die Absatzkanäle der Banden gestört seien.« Die Staatsanwaltschaft in Hanau konnte in diesen Tagen ähnliches vermelden. So und ähnlich liest man es täglich in der Zeitung. Zumeist sind diese Berichte allerdings einspaltig auf einer der hinteren Seiten. Wenn es umgekehrt um Tätlichkeiten von Deutschen gegen Ausländer geht, finden wir diese Berichte mehrspaltig auf der ersten Seite. Es geht nicht darum, ausländerfeindliche Aktionen zu bagatellisieren. Aber es darf nicht übersehen werden, daß es auch zahlreiche umgekehrte Fälle gibt und viele Straftaten von Ausländern gegen andere Ausländer. Die permanente und penetrante Einseitigkeit der Berichterstattung in deutschen Medien gibt die Wirklichkeit nicht wieder. Liberale Volkspädagogen verschweigen alles, was nicht in ihr Bild einer harmonischen Multi-Kulti-Gesellschaft paßt.

Im Jahre 1998 wurden zu 111 Mordfällen in Berlin 101 Tatverdächtige ermittelt. Von denen waren 59 Deutsche und 42 Ausländer. Eine Sonderauswertung zu diesen Fällen hinsichtlich der 114 Opfer ergab folgendes Bild:

Opfer nach Nationalitäten Geschäftsstatistik LKA 411		
	Zahl	%
deutsch	71	62,3
nichtdeutsch	43	37,7
davon:		
türkisch	14	32,6
›jugoslawisch‹	10	23,3
›russisch‹	8	18,6
libanesisch	2	4,7
polnisch	1	2,3
vietnamesisch	1	2,3
rumänisch	0	0,0
sonstige	3	7,0
unbekannt	4	9,3
SUMME	114	100,0

Auch bei den Opfern ist der Anteil der Türken und »Jugoslawen« besonders hoch. Auch beim Täter-Opfer-Verhältnis, der anderen Seite der Medaille, bestätigt sich der Sachverhalt. Deutsche Täter suchen vergleichsweise weniger ausländische Opfer. Eher sind Deutsche Opfer von ausländischen Tätern. Das Täter-Opfer-Verhältnis nach Nationalitäten stellt sich wie folgt dar (deutsch = dt., nichtdeutsch = nd.):

● Täter dt.	Opfer dt.	56 (55,5 %)
● Täter dt.	Opfer nd.	5 (5,0 %)
● Täter nd.	Opfer nd.	28 (27,7 %)
● Täter nd.	Opfer dt.	12 (11,8 %)

Der Sachverhalt, wie ihn Statistiken widerspiegeln, findet sich auch nicht annähernd in der Presse wieder. Da erscheinen die Ausländer stets als Opfer und die ausländerfeindlichen Deutschen als Täter. Oft genug wird in der Zeitung die Nationalität der Täter bewußt verschwiegen, um ausländerfeindliche Reaktionen zu vermeiden. Die Wahrheit über den Stand der Ausländerkriminalität kommt jedenfalls in deutschen Zeitungen zu kurz.

Bemerkenswert, aber ebenfalls in hohem Maße tabuisiert, ist die Aufschlüsselung der Ausländerkriminalität nach den verschiedenen Nationalitäten. Einige wenige Nationalitäten, namentlich Portugiesen, Spanier und Griechen, unterscheiden sich in ihrer Kriminalitätshäufigkeit kaum von der deutschen Bevölkerung. In der ersten Phase der Zuwanderung ausländischer Arbeitskräfte lag deren Kriminalitätshäufigkeit sogar generell unter der der Deutschen: Vorbestrafte wurden von den Anwerbestellen nicht akzeptiert; wer hierherkam, wollte Geld verdienen an einem Arbeitsplatz, der schon auf ihn wartete. All das hat sich bekanntlich grundlegend geändert.

Es gibt kleinere Gruppen aus Schwarzafrika und die Albaner, die mit einer geradezu unglaublich hohen Kriminalität in Erscheinung traten. Nachfolgend werden die Zahl der Tatverdächtigen in den alten Ländern im Jahr 1990 und die Bevölkerungszahl der jeweiligen Nationalität in der Bundesrepublik am 30. September 1990 gegenübergestellt. Gerade von diesen Gruppen kommen die allermeisten als Asylbewerber zu uns:

• Ghanesen:	6099 Verdächtige auf 17854 Personen	34,0 %
• Nigerianer:	3212 Verdächtige auf 8222 Personen	39,0 %
• Albaner:	1511 Verdächtige auf 2548 Personen	60,8 %
• Angolaner:	1467 Verdächtige auf 4187 Personen	35,0 %
• Zairer:	1249 Verdächtige auf 3618 Personen	34,5 %
• Somalier:	1399 Verdächtige auf 5149 Personen	27,1 %
• Gambier:	1255 Verdächtige auf 1632 Personen	76,8 %

Im Klartext heißt das: Im Jahre 1990 ist auf dem Asylticket eine Welle von Kriminellen vom Balkan und aus Schwarzafrika zu uns geschwappt.

Die oben genannten Zahlen beziehen sich auf die Staatsangehörigkeit, nicht auf die eigentliche Nationalität. Viele der rumänischen und nicht wenige der tschechoslowakischen Verdächtigen waren tatsächlich Roma, waren Zigeuner. Gerade von ihnen versuchen viele, auf dem Asylwege bei uns Fuß zu fassen. Politisch verfolgt sind sie nicht, wenngleich sie in keinem Land der Welt gern gesehen werden.

Das alte Wort ›Zigeuner‹, welches vor Jahrhunderten aus dem Ungarischen über das Italienische zu uns kam, ist uns in vierzig Jahren Vergangenheitsbewältigung weitgehend aberzogen worden. Wer nicht scheele Blicke oder gar ›Rassismus‹-Vorwürfe riskieren will, ist gut beraten, nur noch von ›Sinti und Roma‹ zu sprechen. Und in nordrhein-westfälischen Polizeiberichten darf nur noch von »reisenden ethnischen Minderheiten« die Rede sein. Mit solchen Wortspielereien und Sprachregelungen wird jedoch die Problematik nicht entschärft.

Interessant ist auch der Aufenthaltsstatus der nichtdeutschen Tatverdächtigen. 1991 waren 26,7 Prozent von ihnen Asylbewerber, 20,5 Prozent Arbeitnehmer, 10,7 Prozent hielten sich illegal hier auf, 10,3 Prozent waren Touristen oder Durchreisende, 9,2 Prozent waren als Studenten oder Schüler bei uns, 2,3 Prozent waren Gewerbetreibende und 1,9 Prozent Stationierungssoldaten. 18,4 Prozent schließlich hatten einen anderen Aufenthaltsstatus.

Auch die folgende Tabelle aus der Kriminalstatistik 1998 bestätigt den hohen Anteil der Asylbewerber, der Illegalen und

Touristen. Gerade auch in der Gruppe der »Sonstigen« befindet sich eine große Zahl der »Asylbewerber«.[75]

Anlaß des Aufenthalts

Die in der Bundesrepublik Deutschland 1998 ermittelten 628 477 nichtdeutschen Tatverdächtigen verteilen sich nach Art und Anlaß ihres Aufenthaltes wie folgt:

Anlaß des Aufenthaltes nichtdeutscher Tatverdächtiger	1998 Anzahl	in %	1997 Anzahl	in %	1984* Anzahl	in %
Illegal	140 779	22,4	138 146	21,8	28 337	13,6
Legal	487 698	77,6	495 334	78,2	179 273	86,4
davon:						
Asylbewerber	111 677	17,8	120 615	19,0	15 952	7,7
Arbeitnehmer	101 376	16,1	102 239	16,1	67 630	32,6
Touristen/Durchreisende	43 639	6,9	50 022	7,9	13 911	6,7
Studenten/Schüler	47 815	7,6	48 133	7,6	30 441	14,7
Gewerbetreibende	17 234	2,7	16 920	2,7	7 512	3,6
Stationierungsstreitkräfte und Angehörige	2 886	0,5	2 889	0,5	9 304	4,5
Sonstige**	163 071	25,9	154 516	24,4	34 523	16,6
Nichtdeutsche Tatverdächtige insgesamt	**628 477**	*100,0*	**633 480**	*100,0*	**207 610**	*100,0*

* Die Daten beziehen sich auf die Bundesrepublik Deutschland (Gebietsstand vor dem 3. 10. 1990.
** Die ›Sonstigen‹ umfassen eine heterogen zusammengesetzte Restgruppe, zu der zum Beispiel Erwerbslose, nicht anerkannte Asylbewerber mit Duldung, Flüchtlinge und andere Personengruppen gehören.

Die meisten Asylbewerber stellen ihren Antrag heute nicht mehr direkt nach der Einreise, sondern schöpfen zunächst die Laufzeit ihrer Touristenvisa aus; von den Abgelehnten tauchen nicht wenige in die Illegalität ab. Stellt man dies in Rechnung, dann waren 1991 wohl schon 35 bis 40 Prozent der tatverdächtigen Ausländer im weitesten Sinne Asylbewerber. Aktuelle Zahlen aus Nordrhein-Westfalen bestätigen diese Rechnung ebenso wie die Berechnungen zur Kriminalitätshäufigkeit der verschiedenen Nationalitäten. In Nordrhein-Westfalen waren 1991 24,7 Prozent aller Tatverdächtigen Ausländer, von diesen wiederum 30,7

[75] *Bulletin der Bundesregierung,* aaO. (Anm. 71), S. 291.

Prozent Asylbewerber. Extrem hoch war die Kriminalitätsbelastung unter den Asylbewerbern aus Polen, Albanien, Rumänien und Zaire. Unter den Asylbewerbern aus Zaire wurden 35,7 Prozent straffällig, unter den Rumänen 39,2 Prozent, bei den Albanern waren es 58,9 Prozent und bei den Asylbewerbern aus Polen sogar unglaubliche 85,2 Prozent, nämlich 1802 von insgesamt 2114. Da es auch hier wie überall eine Dunkelziffer gibt, kann man sagen, daß 1991 aus Polen als Asylbewerber fast nur noch Kriminelle zu uns gekommen sind. Ist das ein Wunder? Politische Verfolgung hat es 1991 in Polen jedenfalls nicht mehr gegeben.

Die soziale Zeitbombe

Die enorme Dynamik der Ausländerkriminalität wurde bereits angesprochen. Überall, auch unter der deutschen Bevölkerung, gibt es eine erhöhte Kriminalitätshäufigkeit bei männlichen Jugendlichen und jungen Erwachsenen. In Verbindung mit der Altersstruktur der ausländischen Bevölkerung und speziellen Integrationsproblemen der zweiten Ausländergeneration ist dies eine der Hauptursachen für die erschreckende Dynamik der Ausländerkriminalität. Das extreme Symptom dieser Fehlentwicklung sind die in einigen Großstädten jetzt entstandenen ausländischen Jugendbanden; am ausgeprägtesten sicherlich in Berlin. Die geballte Gutmütigkeit der linksliberalen Freunde und Förderer einer ›multikulturellen Gesellschaft‹ – wäre sie nicht mit Blindheit gepaart, dann müßte sie in den immer brutaleren Auseinandersetzungen ausländischer, meist türkischer, und deutscher Jugendbanden in den Straßen Berlins ein Ende finden. Wir müssen hier seit einigen Jahren eine zunehmende Verrohung und Proletarisierung registrieren, die für die meisten Verantwortlichen offenbar überraschend kam und auf die es keine politischen Antworten zu geben scheint.

Die Diskussion dieses Problems hat sich in der Vergangenheit als besonders schwierig erwiesen, denn sie rührt an eine der Lebenslügen der deutschen Ausländerpolitik: An die irrige Meinung nämlich, Integrationsprobleme könne es allenfalls bei der ersten Generation geben, während die in jungem Alter Nachgezogenen und die hier Geborenen automatisch in unsere Gesellschaft integriert würden. Es überrascht, daß diese These sich so lange halten konnte, denn es gibt genügend soziologische Fakten aus den verschiedensten Ländern und gesellschaftlichen Situationen, die sie widerlegen. Der enorme Anstieg der Ausländerkriminalität seit Anfang der achtziger Jahre, der ja überwiegend von der zweiten Generation getragen ist, war durchaus vorhersehbar und wurde auch von manchen Einsichtigen vorhergesagt. Der Gastarbeiter der ersten Generation kam aus eigenem freiem Entschluß und wußte, was er hier wollte. Seine Zugehörigkeit zur Kultur des Herkunftslandes war klar, seine Identität damit auch. Seine Kinder aber fühlen sich weder der deutschen Kultur noch der Kultur der alten Heimat vollständig zugehörig, was eine für die Entwicklung eines jungen Menschen schwierige Lage ist. Die Betreffenden wurden im Gegensatz zu ihren Eltern ja auch nicht gefragt, folglich ist der Identitätskonflikt programmiert. Je größer der kulturelle Abstand des Elternhauses zur Umgebung der jungen Menschen, je größer von dort die Integrationshindernisse, um so eher kommt es zu Problemen, die eben auch Jugendkriminalität bewirken können.

Es soll weder jugendlichen Ausländern noch ihren Eltern ein Vorwurf gemacht werden, sondern vor allem den kurzsichtigen Politikern der unterschiedlichsten Couleurs. Sie haben leicht vorhersehbare Probleme ignoriert, Warnungen in den Wind geschlagen und setzen eine ganze Reihe von Fehlern bis heute fort.

Die zentrale Frage ist immer, ob die Integration gelingt oder nicht. Das wiederum hängt entscheidend vom Zuzugsalter und vom kulturellen Abstand ab: Einem Europäer christlicher Konfession wird die Integration in unserer Gesellschaft meist leichter gelingen als beispielsweise einem Moslem aus Afrika oder Asien. Um jedes Mißverständnis zu vermeiden: Selbstverständlich gibt es keinen direkten Zusammenhang zwischen islamischem Glauben und Ausländerkriminalität. Es gibt aber einen klaren Zusammenhang zwischen Islam und Integrationschance in Deutschland und zwischen Integrationserfolg und Kriminalitätsgefährdung. Es muß in einer demokratischen Gesellschaft möglich sein, auf solche Zusammenhänge hinzuweisen, ohne als ›Nazi‹ oder ›Ausländerfeind‹ diffamiert zu werden.

Soweit man ein gewisses Maß an Einwanderung angesichts unserer niedrigen Geburtenrate für notwendig hält, sollten die Zuwanderer aus Kulturen stammen, die der unseren nahestehen. Schon vor zwanzig Jahren hätte der gesunde Menschenverstand diesen Rat gegeben, heute tut dies außerdem die Kriminalitätsstatistik.

Fest in fremder Hand

Ganz überwiegend in den Händen von Ausländern ist in Deutschland die organisierte Kriminalität. Die Gründe dafür sind vielfältig. Die gemeinsame Herkunft erleichtert die Kommunikation im Inneren, vor allem aber die Abschottung nach außen. Wichtige Betätigungsfelder der organisierten Kriminalität wie Drogenhandel und Kfz-Hehlerei hängen direkt mit dem Ausland zusammen. Die Internationalität erlaubt die Auslagerung von Logistik und Geldwäsche, auch die Rekrutierung vereinfacht sich. Oft ist der Fahndungsdruck in den Herkunftsländern geringer: In einigen osteuropäischen Ländern sind die Polizeibehörden schlecht ausgerüstet, unterbesetzt und infolge ihrer schlechten Bezahlung leicht zu bestechen. In anderen Ländern wie Kolumbien oder Libanon gibt es für bestimmte kriminelle Strukturen überhaupt keinen Fahndungsdruck. Oft haben auch einfach im Ausland längst etablierte Organisationen ihren Tätigkeitsbereich nach Deutschland verlagert (erschreckend ist besonders das Ausmaß der Aktivitäten in den neuen Bundesländern!), weil sie hier bessere Gewinnchancen sahen oder weil ihre angestammten Märkte gesättigt waren. In diesen Fällen sollte man eher von Aktivitäten krimineller Ausländer in Deutschland reden als von Ausländerkriminalität.

Der Drogenhandel ist das klassische und nach wie vor wichtigste Feld des organisierten Verbrechens. Seit einigen Jahren ist zu beobachten, daß immer mehr Bereiche der traditionellen Kriminalität von organisierten Strukturen beherrscht werden. Wohnungseinbrüche und Autodiebstähle waren früher in den seltensten Fällen das Werk hochorganisierter und professioneller krimineller Organisationen. Heute ist das anders, gestohlen wird sehr gezielt und professionell, die Auswertung der Beute erfolgt international. In der Bundesrepublik gibt es keinen nennenswerten Markt für gestohlene Autos. Was hier geknackt wurde, wird umgehend mit falschen Papieren auf die Reise nach Polen oder Rußland geschickt, wo Mercedes, BMW oder Porsche längst keine Seltenheit mehr sind. Bevor der Diebstahl bemerkt ist, soll das gute Stück möglichst schon die Grenze passiert haben, und meistens gelingt das auch.

Der Vormarsch der organisierten Kriminalität hat schon vor der Öffnung Osteuropas begonnen. Heute wirken drei Faktoren zusammen, die Europa und besonders die Bundesrepublik für die organisierte Kriminalität attraktiv machen: Die USA sind als Drogenmarkt gesättigt und befinden sich im relativen Niedergang; in Europa sind die Grenzkontrollen gefallen, jedenfalls für Bürger und Waren, für die Polizei noch nicht; in Osteuropa öffnet sich zur selben Zeit ein riesiger Raum, der als Markt kaum attraktiv ist, allerdings als Operationsbasis dafür um so geeigneter.

Gerade die Drogenkriminalität, das Hauptdelikt der organisierten Kriminalität, hat eine klare Verbindung zur Asylproblematik: Dealer aus dem Nahen und dem Mittleren Osten und aus Afrika nutzen die Sicherheit des Asylbewerberstatus zum Drogenhandel. Zahlreiche Beispiele aus dem ganzen Bundesgebiet zeigen, daß es sich keineswegs um Einzelfälle handelt. Manche Asylbewerberheime sind zu regelrechten Drogenumschlagplätzen geworden. Das Absurde an der Sache: Wer sich erwischen läßt, muß noch nicht einmal mit der Abschiebung rechnen, schließlich könnte ihm in der Heimat politische Verfolgung drohen.

Ein Wort noch zu den osteuropäischen Mafia-Strukturen: Noch vor wenigen Jahren haben linke Politiker und Linksintellektuelle das politische System der sozialistischen Länder als einen prinzipiellen Gegenentwurf zum ›kapitalistischen‹ System des Westens akzeptiert. Heute müssen sich die Innenminister und Polizeibehörden in Westeuropa mit hochorganisierten Mafia-Gruppen aus Osteuropa herumschlagen, die nahtlos aus Teilen der früheren Elite von Partei und Geheimdiensten hervorgegangen sind. Wenn ehemalige NS-Richter in der jungen Bundesrepublik wieder Richter werden konnten, dann war das problematisch genug. Aber der frühere stellvertretende Polizeichef des polnischen Bezirks Kattowitz wurde inzwischen als Chef einer international tätigen Autoschieberbande entlarvt. Als Konservativer zögert man, darin einen sozialen Abstieg zu sehen. Zweifellos muß es das Bemühen der Politik sein, ein Zusammenleben verschiedener Ethnien zu gewährleisten. Das ist ein selbstverständliches Postulat, und durch Predigten soll man es einfordern. Nur sollten wir uns der begrenzten Wirksamkeit solcher Predigten bewußt sein. Übertreibt man damit gar, wird eher das Gegenteil des Gewollten erreicht. Politik aber muß letztlich mit den Realitäten fertig werden. Das Modell vom multikulturellen Zusammenleben ist nun einmal ein Ideal, das nicht mit der Wirklichkeit in Einklang gebracht werden kann.

Wenn die Bundesrepublik von akuten Spannungszuständen zwischen der einheimischen Bevölkerung und ausländischen Bevölkerungsgruppen bislang glücklicherweise verschont geblieben ist, so kann doch nicht in Abrede gestellt werden, daß es bei großen Teilen der deutschen Bevölkerung von Beginn der Gastarbeiteranwerbung an bis auf den heutigen Tag starke Vorbehalte gegen die Anwerbungspolitik und insbesondere ihre quantitative Dimension gegeben hat. Tatsächlich sind die Deutschen nicht mehr oder weniger ›ausländerfeindlich‹ als andere Nationen. Dazu ein Blick nach Großbritannien: Da den Briten der deutsche Hang zur Selbstdurchleuchtung abgeht, haben sie von Ausländerfeindlichkeit oder sogenanntem Alltagsrassismus nie viel Aufhebens gemacht. Englische Journalisten nehmen ›Paki-Bashing‹ (Ausländer-Verprügeln) heute nur mehr als Routine zur Kenntnis; niemand käme auf die Idee, darin das Sichtbarwerden von verbreitetem Rechtsradikalismus zu sehen. Kein britischer Leitartikel würde seine Landsleute für ›ausländerfeindlich‹ halten, weil ein Muslim auf dem Weg zur Moschee in Newcastle von Randalierern totgeschlagen wurde oder weil ein Verkäufer in einem Laden in Peckham von einem Mann erschossen wurde, der nebenbei den Hitlergruß zeigte. Und es ist auch noch kein englischer Menschenfreund auf die Idee gekommen, Lichterketten zu veranstalten, weil 1992 insgesamt neun Schwarze bei rassistisch motivierten Übergriffen getötet wurden (alle Angaben *The Economist*, 5. Dezember 1992).

91

Nein, die meisten Briten ziehen es vor, in ihren Zeitungen die deutschen Verhältnisse zu betrachten und zu beklagen; 17 Todesopfer habe rechtsextreme Gewalt 1992 in Deutschland gefordert, so ist im In- und Ausland immer wieder zu lesen. Die wenigsten englischen – und deutschen – Journalisten machen sich die Mühe zu erwähnen, daß von diesen 17 Opfern zehn Deutsche waren. Demnach gab es also mehr Rassismusopfer in Großbritannien als in Deutschland. Und doch weist man in England schaudernd mit dem Finger auf die Deutschen:»Die bringen Ausländer um. (Wir nicht.)« Das stimmt insofern, als die Opfer in Großbritannien zumeist einen britischen Paß haben. Dieser Umstand dürfte es der englischen Öffentlichkeit erleichtern, ›Ausländerfeindlichkeit‹ als etwas spezifisch Deutsches anzusehen. Und da ›Paki-Bashing‹ eben »nur« von Holligans ausgeübt wird, fühlt sich der Durchschnittsengländer noch lange nicht verpflichtet, eine Anstecknadel mit dem Slogan »Mein Freund ist ein Pakistaner« zu tragen. Tatsächlich aber gebärdet sich der Rassismus in Großbritannien noch wesentlich lebhafter als anderswo. 7780 rassistisch motivierte Übergriffe verzeichnete die Polizei im Jahr 1991 (Deutschland 2427), etwa eintausend mehr als 1990 und zweitausend mehr als 1989. Das übertrifft bei weitem die Zahl der Vorfälle in Deutschland.

Gleichwohl müßte das britische Klima wesentlich ›ausländerfreundlicher‹ sein, erreichen doch nur jährlich 30 000 bis 50 000 Asylbewerber die Inseln. Die Bundesrepublik dagegen verzeichnete in den vergangenen Jahren eine mehrfach höhere Zahl von Asylbewerbern. Aber als nüchterne Pragmatiker haben die Briten jetzt schon genug. Kürzlich wurden die Aufnahmekriterien für Asylbewerber drastisch verschärft. Und Bürgerkriegsflüchtlinge haben ohnehin kaum eine Chance. Deutschland hat etwa das Fünffache an Balkan-Flüchtlingen aufgenommen. Man mag sich kaum vorstellen, was sich auf englischen Straßen abspielen würde, wenn all diese Hunderttausende von Menschen nicht mehr nach Deutschland, sondern nach England strömten.

Fazit: Die Deutschen können aufhören, mit gebeugtem, aschebestäubtem Haupt zu gehen. Rassistische und gewalttätige Wirrköpfe gibt es überall, in Berlin und Hamburg nicht anders als in London, Paris oder Rom. In Deutschland machen die Hooligans nicht mehr als etwa 0,01 Prozent der Bevölkerung aus. Daß diese Bevölkerung nun trotzdem ohne Ende mit Lichterketten, Schäm-Orgien und öffentlich-rechtlicher Volkspädagogik nach dem Motto »Seid nett zu Ausländern« strapaziert wird, verzerrt lediglich das Bild. Wie gesagt, die Deutschen sind nicht anders als andere. Andere Beispiele wären möglich. Aber Deutschland wird eben mit anderen Augen gesehen. Und die Deutschen selbst tun es auch.

Aber mit dem Ende der Vollbeschäftigungsära und dem Eintritt in eine Phase lang anhaltender Massenarbeitslosigkeit hat sich die Stimmung naturgemäß verändert. Die Bevölkerung empfindet die Zuwanderung in ihrem derzeitigen Umfang als eine Belastung des Wirtschafts- und Sozialsystems, die mit dem beiderseitigen Nutzen, die der ursprünglichen Gastarbeiteranwerbung zugrunde lag, nichts mehr zu tun hat. Vielmehr sind ein Import der sozialen Probleme anderer Länder und eine Blockierung dringend benötigter Arbeitsplätze durch Ausländer an die Stelle der Vergabe freier Arbeitsmarktkapazitäten an Gastarbeiter getreten. Deshalb muß bei realistischer Betrachtungsweise festgestellt werden, daß der Frieden zwischen der einheimischen Bevölkerung und den in unserem Lande lebenden Ausländern außerordentlich labil ist und schon bei geringfügigen Anlässen erschüttert zu werden droht – dies um so mehr, wenn Anlaß, Reaktionen und Gegenreaktionen zur wechselseitigen Eskalation führen, siehe die Ausschreitungen in Solingen.

Zu einer in diesem Sinne gefährlichen Einflußgröße hat sich in der Vergangenheit die von der deutschen Bevölkerung als falsch, wirklichkeitsfremd und ihren Interessen zuwiderlaufend empfundene Asylpolitik entwickelt. Weite Kreise der Bevölkerung sind nicht mehr bereit oder auch nicht in der Lage, im gebotenen Maße zwischen ›Asylbewerbern‹ und sonstigen ›Ausländern‹ zu unterscheiden. Die bis 1993 gezeigte Hilflosigkeit der Bundesregierung auf dem Gebiet der Asylpolitik trug leider dazu bei, allgemein den Unmut gegen ›die Ausländer‹ zu schüren. Deshalb lag und liegt die Änderung der Asylpolitik auch und gerade im Interesse der in unserem Land lebenden Ausländer.

Auch nach der Grundgesetzänderung bleibt das Thema Asyl einstweilen von großer Brisanz: Der Zustrom von Asylbewerbern nach Deutschland hat noch nicht stark genug nachgelassen. Im übrigen wird der Rückgang zu erheblichen Teilen durch Bürgerkriegsflüchtlinge ersetzt. Es bedarf deshalb nur geringer Phantasie, um sich eine Kombination von Faktoren vorzustellen, die in Wechselwirkung eine gefährliche Eskalation auslösen könnten: anhaltende Asylmigration, weiterhin angespannte Arbeitsmarktsituation und womöglich ein Ausbruch ›importierter‹ Konflikte zwischen verschiedenen Asylanten und Einwanderergruppen. Fehlende oder zu schwache Reaktionen von staatlicher Seite könnten dann bei unserer Bevölkerung den Eindruck hervorrufen, die Politik sei inkompetent und von falsch verstandenem Liberalismus, Sozialromantizismen und Schuldkomplexen geprägt anstatt von dem Bemühen, die durchaus nicht unbegründeten Gefühle des Bedrängt- und Bedrohtseins zu verstehen und entsprechende Maßnahmen daraus abzuleiten.

Hinweise auf solche Gefahren und mögliche Wechselwirkungen sind nicht etwa ein ›Ausländer raus!‹-Plädoyer, sondern vielmehr ein Appell zu mehr politischer Konsequenz und zu mehr Respekt gegenüber den berechtigten Anliegen des so viel zitierten ›mündigen Bürgers‹. Allzu leichtfertig wird dieser Bürger heute von Politikern und Medien als ›Stammtischbruder‹ diffamiert.

Die Grenzen des Verfassungspatriotismus

Die Anhänger der ›offenen Republik‹ bedürfen natürlich eines Ersatzes für die Bindungskraft und identitätsstiftende Wirkung der Nation. Sie bieten die Liebe zur Verfassung, einen Verfassungspatriotismus, an. Es gibt begründete Zweifel, ob eine solche abstrakt-intellektuelle Geisteshaltung überhaupt eine breitere Verankerung in der Bevölkerung haben kann und sich nicht – was wahrscheinlich ist – nur auf akademische Schichten beschränken würde. Man muß vermuten, daß ohne emotionale Werte und Bindungen letztendlich kein Staat zu machen ist. Aber selbst bei gutem Willen aller bleibt die Frage, ob eingewanderte Ethnien überhaupt in der Lage sein werden, einen Verfassungspatriotismus zu empfinden, denn dieser setzt ein inneres Akzeptieren der Verfassung voraus.

Unsere Verfassung ist prinzipiell pluralistisch tolerant, zurechtgeschnitten auf eine säkularisierte Gesellschaft. Die Aufklärung, die dieser Säkularisierung vorausging, hat es im Islam bisher nicht gegeben. Eine Verfolgungswut gegenüber Salman Rushdie gibt es nicht nur im Iran, sondern auch in der Türkei – ein Fanatismus, der jüngst bei Übergriffen von Fundamentalisten über dreißig Menschenleben forderte.

Grenzen des Verfassungspatriotismus als bindenden und verbindenden Elements einer offenen Republik und multikulturellen Gesellschaft ergeben sich durch den sogenannten Fundamentalismus oder Islamismus. Diese Problematik bezieht sich keineswegs auf alle in Deutschland lebenden Muslime, wohl aber auf einen beachtlichen und zudem wachsenden Anteil. Oft wurde der Versuch gemacht, die hier lauernden Gefahren dadurch abzuschwächen, daß man auf den in jeder Religionsgemeinschaft vorhandenen fundamentalistischen Teil hinwies. Solche Hinweise gehen jedoch an der Sache vorbei. Auch von fundamentalistischen Christen wird die Trennung von Kirche und Staat ebenso akzeptiert wie die Tatsache einer Aufklärung, die es im Islam nicht gegeben hat. Auch gibt es keinen christlich fundamentalistischen Staat, der hier eine unterstützende Rolle spielen könnte. Ebensowenig kann der offiziell von Kirchenvertretern beschworene Monotheismus als Element der Gemeinsamkeit entlastend wirken. Der Gott der Muslime verlangt laut Koran von ihnen ein ganz anderes Verhalten als der christliche Gott. Entweder gibt es also verschiedene Götter oder verschiedene Offenbarungen. Es fällt jedoch schwer, an einen Gott und verschiedene Offenbarungen zu glauben.

Die Probleme für einen pluralistisch demokratischen Staat ergeben sich im wesentlichen aus folgenden Sachverhalten, die einen Verfassungspatriotismus von strenggläubigen Muslimen fragwürdig machen oder ausschließen.

Zunächst einmal kennt der Islam keine Aufklärung und kennt keinen Spielraum für Interpretation und Anpassung des Korans an die Erfordernisse einer modernen Gesellschaft. Selbst in Ägypten sind hier deutliche Grenzen erkennbar. Der Fall des Abu Zaid ist ein vielzitiertes Beispiel. Er hat sich bescheidene Interpretationen des Koran gestattet. Durch höchstrichterliche Entscheidung wurde er zum Apostaten. Da ein Ausgestoßener nicht mehr mit einer Muslimin verheiratet sein darf, wurde seine Ehe – gegen den Willen beider Ehepartner – geschieden. Seitdem kann er in Ägypten nicht mehr leben. Das geschah in einem vergleichsweise ›modernen‹ Land.

Beispiele für die wörtliche Anwendung des Korantextes gibt es viele. Der Satz, wonach der Buchstabe tötet, aber der Geist lebendig mache, paßt nicht in die Welt des Korans. Ein im 6. Jahrhundert in einer bestimmten Gesellschaftsstruktur entstandener und von ihr geprägter Text wird für alle Zeiten als verbindlich erklärt. Nennenswerte Spielräume für eine Anpassung gibt es nicht. Eine Fülle von Aussagen kollidiert mit unserer Verfassungsordnung. Deswegen ist der Konflikt vorprogrammiert. Insofern der Text für die letzte verbindliche Offenbarung gehalten wird, erhebt der Islam den Anspruch auf den Besitz der Wahrheit. Da ist für religiöse Toleranz kein Platz. Neben der Welt des Islams gibt es nur noch Ungläubige, die man auf die eine oder andere Weise bekämpfen muß. Die Problematik muß dann besonders gravierend werden, wenn zudem eine Trennung von Staat und Kirche grundsätzlich abgelehnt wird. Der Islam ist nicht eine Religion für das Individuum, das sich ihr anschließen oder versagen kann. Er drängt vielmehr nach universaler Gestaltung der Gesellschaft.

Hier stellt sich einmal die Frage nach dem Souverän. Ein Vertreter der saudischen Majlis wird die Frage unmißverständlich damit beantworten, daß nur Allah souverän und sein Wort im Koran verbindlich sei. Daran könne auch ein Parlament nichts ändern. Das Volk als Souverän und das Parlament als Vertreter des souveränen Volkes gibt es daher für den Fundamentalisten nicht. Und der Spielraum für die Auslegung des Korans ist eng. Insofern kann es keine Volkssouveränität im Fundamentalismus geben. Bassam Tibi zitiert in einem Aufsatz den indischen Muslim Abul Ala al-Maududi mit folgenden Sätzen:»Ich sage es euch Muslimen in aller Offenheit, daß die säkulare Demokratie in jeder Hinsicht im Widerspruch zu eurer Religion und zu eurem Glauben steht. . . Der Islam, an den ihr glaubt und wonach ihr euch Muslime nennt, unterscheidet sich von diesem häßlichen System total. . . Selbst in Bagatellangelegenheiten kann es keine

Übereinstimmung zwischen Islam und Demokratie geben, weil sie sich einander diametral widersprechen. Dort, wo das politische System der Demokratie und des säkularen Nationalstaates dominiert, gibt es keinen Islam. Dort, wo der Islam vorherrscht, darf es jenes System nicht geben.« (*Der Islam und die moderne Zivilisation*)[76] Demokratie ist dem Fundamentalisten fremd. Dem Totalitarismus ist er im Prinzip nahe.

Deshalb kann sich der Islam ziemlich leicht mit Dynastien und Diktaturen abfinden. Auch die Entwicklung des ›Nationalstaates‹ im Nahen Osten reflektiert diesen Sachverhalt. Erst in den dreißiger Jahren entstanden dort unter dem Protektorat der Kolonialmächte verschiedene Staaten. Bis dahin kannte man nur den imperialen Staat, der durch das Kalifat unter regionalen Dynastien innerhalb der universalen islamischen Ordnung geführt wurde. Deshalb erkennen Fundamentalisten grundsätzlich keine Grenzen an. Die Gesetze Allahs gelten für alle Zeit und alle Länder. So wie der Monotheismus der Juden in der damaligen Welt der Vielgötterei fremd erschien und abgelehnt wurde, steht der unaufgeklärte Islamismus in Widerspruch zur modernen pluralen Gesellschaft, in der jeder nach seiner Façon selig werden kann.

Die Idee des Nationalstaates wird von einem Gemeinwesen, das heißt einem Volk, das eine politische Gemeinschaft und damit eine zivile Gesellschaft bildet, getragen. Das Gemeinwesen als ein Zusammenschluß von freien Subjekten prägt das politische Geschehen, den politischen Entscheidungsprozeß, entscheidend mit, wohingegen die islamische Gesellschaft die politische Tradition einer Staatsbürgerschaft nicht kennt. Der Muslim wird nicht als Individuum geboren, sondern als ein organischer Teil eines ganzheitlichen Kollektivs der islamischen *umma* angesehen. Die unbegrenzte Loyalität der Muslime gilt einzig der islamischen *umma*, der sie in jeder Hinsicht verpflichtet waren und sind. Denn der zentrale Begriff der *umma* bezieht sich nicht auf politisch-territoriale oder nationale Staatlichkeit, sondern auf die

---

[76] Zitiert nach: Bassam Tibi, »Wer ist der Souverän?« in *Frankfurter Allgemeine Zeitung* vom 20. 4. 1994.

Zugehörigkeit zur universalen islamischen Gemeinschaft. Der islamische, nicht staatsrechtlich orientierte Universalismus ist also überstaatlich interpretierbar.

Lange Zeit lebten die Muslime in einem ihnen fremden, von oben verordneten Gemeinwesen. Die säkular konstruierte arabische Gesellschaft hatte in der Realität des Alltagslebens eines Muslimen im Nahen Osten keine praktische Entsprechung. Sie konnte es auch nicht, da die herrschenden Klassen in den künstlich geschaffenen nahöstlichen Nationalstaaten den Säkularismus despotischen Charakters bevorzugten, um ihre Herrschaft zu untermauern. Der Konkurs säkularer Modelle im Nahen Osten jedoch – wobei erwähnt werden muß, daß mit diesem die säkularen Vorstellungen der arabisch-muslimischen Despoten gemeint sind, und nicht die authentischen westlichen Vorstellungen – veranlaßte islamistische Vordenker zur negativ-aggressiven Haltung gegenüber westlichen Gesellschaftsideen. Dabei war natürlich auch die kolonial-imperialistische Vergangenheit des Westens im Nahen Osten ausschlaggebend. Insofern ist der Islamismus auch eine Antwort auf den Kolonialismus.

Die gesellschaftliche Kritik der Islamisten, so sehr sie auch einer militanten Agitation mit emotionalem Pathos verfällt, integriert partiell-säkulare Ideen in ihr streng nach traditionellen Inhalten der Schari'a konzipiertes islamistisches Modell. Der Palästinenser Taqiaddin an-Nabhani (1904–1978) erläutert im Verfassungsentwurf der von ihm gegründeten Islamischen Befreiungspartei die Außenpolitik des islamischen Staates in diesem Sinne. Dabei bedient er sich des traditionellen islamischen Völkerrechts, das die Welt in der Theorie in muslimisches Herrschaftsgebiet und nichtmuslimisches Herrschaftsgebiet zweiteilt. Weitere politische Schlußfolgerungen der islamischen Außenpolitik ergeben sich aus diesem Freund-Feind-Schema. Das Festhalten an traditionellen islamischen Rechtsvorstellungen hindert an-Nabhani nicht daran, moderne staatsrechtliche Ideen des Westens in den von ihm ausgearbeiteten islamischen Verfassungsentwurf einzubeziehen; so zum Beispiel das Prinzip der Gewaltenteilung oder die Verwendung des Begriffs der ›Staatsbürgerschaft‹, der aber inhaltlich dem islamischen Universalismus angepaßt wird.

Der Terminus von der ›arabischen Nation‹ entspricht diesem Denken und wird immer wieder beschworen. Auch ergibt sich aus dem Anspruch, die Wahrheit zu besitzen und die Welt danach zu verändern, ein starker Drang zu missionarischer Tätigkeit. Obwohl man die Gefahr dieses Fundamentalismus nicht überschätzen darf, darf man sie auch nicht bagatellisieren. Der in diesem Zusammenhang manchmal beschworene geläuterte ›Euro-Islam‹ ist nach wie vor eine Fiktion. Und der fundamentalistische Islam ist unfähig zur Demokratie, wahrscheinlich auch unfähig zum Dialog.

Geister, die man hernach nicht wieder los werden kann, soll man tunlichst nicht zu sehr herbeirufen.

Auch in Koranschulen in Deutschland wird dieser Geist gepredigt, der mit unserer Verfassung nicht übereinstimmt. Überzeugte Muslime können also schwerlich Verfassungspatrioten in Deutschland sein. Wenn der Verfassungspatriotismus Schlüssel für die Integration sein soll, dann entpuppt sich der Islam als ausgemachtes Integrationshemmnis. Es fragt sich, inwieweit der Muslim beispielsweise die Gleichberechtigung der Frau oder die Trennung von Staat und Religion wirklich akzeptieren kann. Bedenkenswert ist, daß auch die sogenannten liberalen Schulen des Islams fordern, die endgültige Abwendung vom Islam sei mit dem Tode zu bestrafen. Dies ist natürlich mit dem westlichen Verständnis von Religionsfreiheit nicht zu vereinbaren. Eine Integration der Moslems durch Aufgabe des Islams ist deshalb auch kaum zu erwarten. Eine Integration der Moslems als Moslems wiederum kann allenfalls oberflächlich sein. Für liberale und demokratische Werte wie Religionsfreiheit, Trennung von Staat und Kirche und die Gleichberechtigung der Geschlechter wurde in Europa jahrhundertelang gekämpft. Es ist schon eine besondere Ironie, daß gerade die linken und liberalen Kräfte, die diesen Kampf ausgefochten haben, heute die eifrigsten Prediger einer Einwanderungspolitik sind, die in ihren Ergebnissen die abendländischen Grundwerte gefährden muß.

So gibt es denn keinen wirklichen Grund für die Annahme, alle einwandernden Ethnien würden die Theorie einer ›offenen Republik‹ akzeptieren.

Verminderung der Solidaritätsbereitschaft

Das der multikulturellen Gesellschaft zuzuordnende Modell der ›offenen Republik‹ löst das Staatsvolk schließlich auf. Es wäre nicht mehr im klassischen Sinne konstitutives Element eines Staates. Vielmehr handelte es sich um ein Sammelsurium von verschiedenen Menschen, die im Zweifel nach dem Motto *ubi bene, ibi patria* (›Wo es mir gut geht, ist mein Vaterland) leben. Tatsächlich erfolgt die Wanderung in erster Linie unter dem Gesichtspunkt einer Suche nach ökonomischen Vorteilen. Wenn es dem erwählten Land dann schlechter geht, kann man es jederzeit verlassen. Sehr eindringlich hat der Leiter der Verfassungsabteilung im Bundesinnenministerium, Ministerialdirektor Dr. Eckart Schiffer, in einem Vortrag auf die »schicksalhafte Verbundenheit« der Staatsbürger verwiesen, die sie von Personen unterscheidet, die sich im Staatsgebiet vorübergehend oder auch auf Dauer aufhalten:

»Es ist daran festzuhalten, daß zu den realen Grundlagen eines Staatswesens neben dem Staatsgebiet und der Staatsgewalt – auch heute noch – das Staatsvolk gehört. Das Staatsvolk ist – im Gegensatz zur Gebietsbevölkerung – die Gesamtheit der dem Staat dauerhaft verbundenen Bürger. Sie verkörpern den Staat. Sie sind an der demokratischen Willensbildung beteiligt. Sie legitimieren seine Existenz und sein Handeln: die Staatsgewalt. Die Staatsbürger sind ihrem Staat auch nach außen im Verhältnis zu anderen Staaten auf Dauer verhaftet. Im Ausland haben sie gegenüber ihrem Heimatstaat Anspruch auf Schutz. Im Ausland, aber auch im Inland haben sie gelegentlich schicksalhaft mit Leben, Freiheit und Gut für das Handelns ihres Staates einzustehen.«[77]

In einer multikulturellen Gesellschaft müßten Fragen von Schuld und Verantwortung ebenso in einem ganz anderen Licht erscheinen wie Stolz und Identifikationsbereitschaft. Die ganze Diskussion über deutsche Schuld und Verantwortung für das NS-Regime verlöre, bezogen auf eine multikulturelle Gesell-

---

[77] Das Zitat stammt aus einer auf einem Seminar der Hanns-Seidel-Stiftung vom 8.–10. 7. 1991 in Banz gehaltenen Rede.

schaft, ihren Sinn. Treffend vermerkt Eckhard Fuhr in der *Frankfurter Allgemeinen Zeitung* den Widerspruch, in dem sich die Anhänger einer offenen Republik oftmals verfangen: »Für die Kinder einer multikulturellen Zukunft ist die Nation historischer Plunder, den sie gerne loswürden. Um ihren Argumenten und Forderungen moralisches Gewicht zu verleihen, greifen sie aber unbekümmert auf die Nation zurück. Täglich kann man lesen, daß die Deutschen wegen ihrer nationalsozialistischen Vergangenheit eine besondere Verpflichtung hätten, Fremden gegenüber tolerant zu sein, das Asylrecht großzügig auszulegen und überhaupt Anfälle von Nationalgefühl mit kalten Güssen zu bekämpfen.«[78]

Wer mit deutscher Schuld und Verantwortung argumentiert, setzt die Nation als Schicksalsgemeinschaft voraus. Ein nüchtern-trockenes, vielleicht sogar emotionsloses Verhältnis zur Verfassung kann den Menschen kaum einen Ersatz bieten für das, was sich mit Staatsangehörigkeit verbindet. Selbst Daniel Cohn-Bendit sieht diesen Mangel der multikulturellen Gesellschaft, wenn er schreibt: »Die multikulturelle Gesellschaft ist hart, schnell, grausam und wenig solidarisch, sie ist von beträchtlichen sozialen Ungleichgewichten geprägt und kennt Wanderungsgewinner ebenso wie Modernisierungsverlierer, sie hat die Tendenz, in eine Vielfalt von Gruppen und Gemeinschaften auseinanderzustreben und ihren Zusammenhalt sowie die Verbindlichkeit ihrer Werte einzubüßen.«[79]

Der Staatsbürger ist seinem Land nicht nur durch Rechte verbunden, sondern eben auch durch Pflichten. Er ist verantwortlich. Das Bewußtsein von Zusammengehörigkeit existiert, obwohl es Anfechtungen gab und immer geben wird. Trotz aller Ossi- und Wessi-Vorwürfe existiert in Deutschland das Gefühl einer Nation. Die Solidargemeinschaft läßt sich nachweisen. Das muß nicht zu einem Nationalstolz führen, der andere Völker herabsetzt. Mit gut und besser hat das nichts zu tun, wohl aber mit dem Satz, daß man den Nächsten lieben soll wie sich selbst. Die eigene Nation steht einem näher. Man ist ihr stärker verpflich-

---

[78] Eckhard Fuhr, »Keine Vielvölkerrepublik«, in *FAZ* vom 13. 2. 1992.
[79] Zitiert in ebenda.

tet. Fest steht: Für einen bloßen ›Verfassungspatriotismus‹ als einigendes Band sind die jetzt und hier lebenden Menschen nicht geeignet. Humanitäre Hilfsbereitschaft mag ein Anspruch sein, den jedermann erwarten kann. Solidarität bezieht sich aber auf die besondere Gruppe.

Die offene Republik ist der Idee eines grenzenlosen Europas, ja einer grenzenlosen Welt vergleichbar. Dieser Traum ist immer wieder geträumt worden. Da oder dort hat dieses Ziel absoluter Freizügigkeit auch Eingang in internationale Dokumente gefunden. Aber die Welt, wie sie ist, und die Menschen, wie sie sind, stehen dem entgegen. Solange es zum Beispiel erhebliche Unterschiede in der Wirtschaftsstruktur und ein beachtliches Wohlstandsgefälle gibt, werden Grenzen ihren Sinn behalten. Solange es Völker mit eigener Identität gibt, werden Grenzen ebenfalls ihren Sinn behalten. Es geht also darum, zwischen völliger Abschottung und offener Republik Maß und Mitte zu finden. Der Sinn der Grenzen besteht nach wie vor auch darin,

- die Integrationsfähigkeit zu bewahren, die bei Masseneinwanderung verlorenginge;
- den inneren Frieden zu bewahren, der in multikulturellen Strukturen hochgradig gefährdet wäre;
- die Heimat zu bewahren, die durch Überfremdung verlorengehen kann;
- das ökonomische Gleichgewicht in einem Lande zu bewahren, das durch Masseneinwanderung und ein daraus folgendes Überangebot von ungelernten Arbeitskräften gefährdet werden kann.

Fazit: Die multikulturelle Gesellschaft löst die Probleme nicht, sie schafft sie nach dem Motto: Probleme schaffen ohne Waffen.

3. KAPITEL
Ein neues Volk
durch doppelte Staatsbürgerschaft

Als im Juni 1953 beim Aufstand in der DDR offenkundig wurde, daß die Regierung das Volk nicht hinter sich hatte, meinte Berthold Brecht zynisch, dann müsse sich die Regierung eben ein neues Volk wählen. Eine solche Wahlchance ist nur wenigen Regierungen vergönnt. Aber durch Vertreibung und Einwanderung ist immer wieder versucht worden, ein Land zu ›populieren‹, das heißt, sich überhaupt eine Bevölkerung zu schaffen oder durch Vertreibung die nicht genehme Bevölkerung loszuwerden. Das haben die Tschechen nach dem Zweiten Weltkrieg getan, und das hat Honecker getan, als er Regimegegner wie Biermann ausreisen ließ. Aus der Sicht der Betroffenen kann man seine Heimat verlieren durch Vertreibung, aber auch durch Masseneinwanderung. Im Grenzfall wird dann die ehemals autochthone Bevölkerung durch die Migranten dominiert, zur Randgruppe und schließlich zum Verschwinden gebracht. Insofern tauchten am Ende des Zweiten Weltkrieges auf seiten der Sieger, die ja das Ziel hatten, Deutschland auf Dauer niederzuhalten, Pläne auf, sich dabei der Bevölkerungspolitik zu bedienen. Stalin formulierte 1942, eines der wesentlichen Kriegsziele sei die »Abschaffung ethnischer Exclusivität«. Im Falle Deutschlands lasse sich dieses Kriegsziel »nur durch die Masseneinwanderung von Millionen Ausländern aus fernen und fremden Kulturkreisen erreichen«.

Ein amerikanischer Professor namens Ernest A. Hooton, der sich als Berater Roosevelts verstand, meinte 1943 in einer Zeitschrift: »Während der Besatzungszeit müßte die Einwanderung und Ansiedlung von ausländischen Männern in den deutschen Staaten gefördert werden.« Auf diese Weise sollte das deutsche Volk, sollten die »willigen Vollstrecker« geschwächt oder bis zur Unkenntlichkeit mutiert werden. Ihre Identität sollte verwandelt und ge-

103

löscht werden. Unbeschadet der Frage, ob dies eine Umsetzung des Siegerwillens war, ist es jedenfalls zu dieser Migration nach Deutschland gekommen. Die USA haben im übrigen die türkische Wanderung nach Deutschland bis heute gern gesehen.

Auf diesen Gesamtzusammenhang sollte hingewiesen werden, wenn nun eine deutsche Regierung sich anschickt, ein neues Volk zu wählen. Wie gesagt: Die Chance hat man selten. Die jetzige Regierung hat sie. Man eröffne den in Deutschland lebenden Ausländern die Chance, Deutsche zu werden, damit sie wählen können, und Ausländer zu bleiben. Und schon hat man Hunderttausende, wenn nicht Millionen dankbarer Wähler. Die Masseneinwanderung wird um die Masseneinbürgerung ergänzt.

Dadurch wird der schon vorhandene Schneeballeffekt im Sinne weiterer Einwanderung verstärkt. So schafft man Schritt um Schritt ein neues Volk. Aber dieses neue Volk wird immer weniger deutsch sein. Tatsächlich wirft das beabsichtigte neue Ausländerrecht die Grundfrage nach den Grundlagen der deutschen Identität auf. Das Volk als Souverän und die Nation als Schicksals- und Verantwortungsgemeinschaft werden durch die beabsichtigte Politik in Frage gestellt.

Diese beabsichtigte Politik wird nicht nur durch das Ziel der doppelten Staatsangehörigkeit als Regelfall gekennzeichnet. Sie sieht auch eine sogenannte Altfallregelung vor. Ob die derzeitige Asylregelung, die von vielen Sozialdemokraten und den Grünen als Abschaffung des Asylrechts verstanden wird, Bestand haben wird, ist eine offene Frage.

Trotz der Äußerung des derzeitigen Bundesinnenministers, wonach eine weitere Zuwanderung sozial nicht vertretbar wäre, war bisher von Maßnahmen, die geeignet wären, den Zuzug zu bremsen, nicht die Rede. Vielmehr muß damit gerechnet werden, daß der Zustrom von Ausländern sich durch eben diese Politik, die angeblich dem Ziel der Integration dient, verstärken wird. Und klar bleibt der Zusammenhang: Je größer die Zuwanderung, desto schwerer die Integration. Genauer gesagt: Wenn es nicht gelingt, die Zuwanderung kontrollierend einzuschränken, wird Integration nicht gelingen. Dann kann es nur noch getrennt existierende Kulturen in Deutschland geben mit all dem Konfliktpotential, das international hinreichend bekannt ist.

Doppelte Staatsangehörigkeit ist
für Ausländer nicht wesentlich

Die Heftigkeit der Diskussion um die doppelte Staatsangehörigkeit erweckt den Eindruck, als sei dies für die hier lebenden Ausländer eine existentielle Frage. Dies ist mitnichten der Fall. Früher wurde namentlich von den Türken ins Feld geführt, sie würden bei Aufgabe der türkischen Staatsangehörigkeit insofern benachteiligt, als sie Einschränkungen im Erbrecht auf sich nehmen müßten. Selbst wenn dies zuträfe, wäre das kein Grund, das deutsche Staatsangehörigkeitsrecht, sondern das türkische Erbrecht zu verändern. Nachdem dies inzwischen geschehen ist, bleibt letztlich nur ein Argument übrig: Die hier lebenden Ausländer, insbesondere Türken, wünschen, Doppelstaatler zu werden, weil sie nicht bereit sind, die türkische Staatsangehörigkeit aufzugeben. Den einbürgerungsunwilligen Ausländern sollen vermeintlich unzumutbare Hindernisse aus dem Weg geräumt werden. Für diesen Wunsch gibt es verschiedene Motive, die allesamt nicht annehmbar sind. Man ist stolz darauf, Türke zu sein, und will deshalb die Staatsangehörigkeit nicht aufgeben. Es gibt familiären Druck, Türke zu bleiben. Man will seine Existenz bewußt in zwei Kulturen leben. Man will die Vorteile beider Staatsangehörigkeiten in Anspruch nehmen. Dergleichen kann als ernsthaftes Argument nicht verfangen. Vielmehr bestätigt es einmal mehr, daß eine wirkliche Integration nicht gewünscht wird. Insofern ist es erstaunlich, daß deutsche Parteien hier einen Konflikt aufbauen. Es gibt kein erkennbar deutsches Interesse für die doppelte Staatsangehörigkeit. Aber es gibt offenbar Deutsche und deutsche Parteien, denen nichts mehr am Herzen liegt, als in vorauseilendem Gehorsam die Wünsche von Ausländern zu erfüllen. Dies allerdings ist nicht Ausdruck einer ausgemachten Liebe zu den Ausländern, sondern ein Reflex ihrer Abneigung gegenüber dem eigenen Land. Man muß nur folgende Zitate zur Kenntnis nehmen und weiß, worum es geht.

Jutta Ditfurth, linke Alternative: »Ich bin nicht stolz, Deutsche zu sein. . . Deutschland ist zum Kotzen.«
Der Journalist *Niklas Frank*: »Unsere Mütter, die Weiber. Ver-

dorben haben sie uns. Sie putzten die Peitschen fürs KZ und schickten die Männer ins Verbrechen. Sie ließen Juden verrecken und hatten Lust am Krieg, weil er die Männer entfernte. Sie blühten auf, als ihre Männer und Söhne starben. Wenn sie redeten, logen sie. Ohne Weiber kein Hitler, ohne Weiber kein Auschwitz.«

Der christdemokratische Politiker *Heiner Geißler*: »Wir müssen Lobbyisten für die Ausländer sein. Denn heute muß es der Hans nicht länger mit der Grete treiben.«

Rockröhre *Nina Hagen*: »Das Wort Deutschland bringt mich um den Verstand.«

Fernsehmoderatorin *Elke Heidenreich* angesichts der deutschen Wiedervereinigung: »Die umhäkelten Klorollen West mischen mit den umhäkelten Klorollen Ost.«

Der Sozialpädagoge Professor *Heinsohn* von der Bremer Universität über den Ausländerzustrom: »Ein vielfältiges Gemisch, das einander mehr Anregung und Abwechslung bereiten könnte als die Öde massiver Teutonenhaufen.«

Der Literat *Krämer-Bardoni*: »Am besten wäre es gewesen, Deutschland hätte sich 1945 aufgehängt.«

Der Schriftsteller *Arno Schmidt*: »Die Deutschen sind doch immer derselbe unveränderbare Misthaufen, ganz gleich welche Regierungsform. Schließlich ist es ja auch wirklich egal, ob der Kuhfladen rund oder ins Quadrat getreten ist – Scheiße bleibt es immer.«

Der Liedermacher *Degenhardt*: »Bei Siegen von Boris Becker oder der deutschen Fußballmannschaft fühle ich mich an die Siegesfanfaren und Sondermeldungen von Hitler erinnert.«

Der Schriftsteller *Rolf Italiaander*: »Im Blut vieler Deutscher ist noch das Erbe des Nationalsozialismus virulent, nicht nur in jenen, die ihn leibhaftig erleben mußten, sondern auch in ihren Kindern.«

Der Verleger *Helmut Kindler*: »Die Deutschen sind gezeichnet, das D-Schild am Auto ist ihr Judenstern.«

Der frühere sozialdemokratische Oberbürgermeister von Frankfurt am Main *von Schoeler*: »Auschwitz ist Deutschlands Vergangenheit, Gegenwart und Zukunft.«

Der Literat *Joseph von Westphalen*: »Der Deutsche ist der widerlichste Typus des Zweibeiners, den die menschliche Rasse bisher hervorgebracht hat.«[80]

Zumindest die Mehrheit der Grünen will aufgrund einer Deutschland als Wille und Vorstellung ablehnenden Haltung überhaupt keine Integration von Ausländern, sondern Parallelkulturen im Sinne einer multikulturellen Gesellschaft. Sie haben nichts dagegen, daß Deutschland sich in multikulturelle Parallelgesellschaften auflöst. Das wirkliche Ziel ist nicht die Integration von Ausländern, sondern die Desintegration Deutschlands. Schon in der Asyldiskussion bis zum Jahre 1993 wurde deutlich, daß große Teile der Linken ein problematisches Verhältnis zu ihrem eigenen Volk haben.

Die ›Ausländerfreundlichkeit‹ ist bei vielen Linken nichts anderes als ein Ausdruck von Inländerfeindlichkeit. Dies erkannte selbst der Kommentator der linksalternativen *Tageszeitung*: »Als Deutscher stets lautstark den eigenen Antirassismus zu intonieren kann offensichtlich zu notorisch gutem Gewissen verführen und gegen Selbstzweifel immunisieren. Der Verdacht liegt nahe, daß es die aus dem eigenen Vorhutbewußtsein gespeiste Inländerfeindlichkeit ist, die manche deutschen Antirassisten in erster Linie treibt. Die Ausländerfreundlichkeit, die so tapfer wirkt, ist bloß abgeleitete Funktion.«

Schon in der Debatte um die Wiedervereinigung wurde der Nationalmasochismus deutlich, der sich bei Linksintellektuellen wie Günter Grass in der These äußerte, Deutschland habe wegen Auschwitz das Recht zur Wiedererlangung der nationalen Einheit verwirkt. Glücklicherweise konnten Grass und andere Linksintellektuelle – genannt seien hier nur Jürgen Habermas und Walter Jens – die Wiedervereinigung nicht verhindern. Deshalb sinnen sie nun nach anderen Möglichkeiten, den deutschen Nationalstaat zu überwinden. Die Vision heißt ›multikulturelle Gesellschaft‹ und soll über eine bedingungslose Öffnung der Grenzen verwirklicht werden. Berücksichtigt man die Tatsache, daß der Anteil der Deutschen an der Bevölkerung der

---

[80] Zitiert nach: *Märkische Zeitung* vom 10. 1. 1999.

Bundesrepublik schon aufgrund der demographischen Entwicklung Jahr für Jahr sinkt, dann hätte eine bedingungslose Öffnung der Grenzen die Folge, daß die Deutschen in absehbarer Zeit zur Minderheit im (dann nicht mehr) eigenen Land würden. Deutschland soll den Deutschen genommen werden. Ob man das Landnahme, Überfremdung oder Unterwanderung nennt, tut nichts zur Sache. Das Phänomen des Nationalmasochismus ist nicht neu. Neu ist die Dimension, denn man kann sich leider nicht mehr damit beruhigen, daß sich solche Haltungen auf kleine Zirkel beschränken.

Für einen Teil der politischen Linken wurde genau diese Frage nach dem Fortbestehen des deutschen Volkes und seinem Staat zur Gretchenfrage. Hier schieden sich die Geister. Hier bewirkte die Wende auch die Abwendung mancher Linken von ihrer Vergangenheit. Zu diesen Linken gehören unter anderen Peter Furth, Bernd Rabehl und Horst Mahler. Während der Wende schrieb Peter Furth die Sätze:»Völker haben offenbar eine eigene, von Ideologien und totalitärer Herrschaft unabhängige Dauer; erst in diesem Augenblick stehen die Deutschen wirklich vor der Frage, wie sie sich zur europäischen Normalität verhalten sollen, zu dem Recht nämlich, die volkliche Existenz als Nation, d.h. als Souverän eines einheitlichen politischen Körpers zu bewahren.«[81] Horst Mahler verfaßte jüngst einen leidenschaftlichen Appell, der das Ziel hat, das deutsche Volk vor der Auflösung zu bewahren.

Deutsches Staatsangehörigkeitsrecht ist nicht veraltet

Oft wird auch gesagt, das deutsche Staatsangehörigkeitsrecht bedürfe einer gründlichen und grundsätzlichen Überprüfung. Mit seinem Festhalten am sogenannten *jus sanguinis* (Blutsrecht) sei es vorsintflutlich und bedürfe einer gründlichen Remedur. Demgegenüber ist festzuhalten, daß in Deutschland kein reines Abstammungsprinzip besteht. Viele Nichtdeutsche sind in den letzten Jahrzehnten ohne Probleme eingebürgert worden. Hier

---

[81] Peter Furth, »Schwierigkeiten mit dem Wort Wiedervereinigung«, in *Staatsbriefe* 12/1998.

wird lediglich eine bestimmte Wartezeit verlangt. Im Gegensatz zu anderen Ländern werden in Deutschland nicht einmal ausreichende Sprachkenntnisse verlangt, so daß ein durchaus problematischer Zustand existiert. Von deutschstämmigen Aussiedlern verlangen wir inzwischen Sprachprüfungen, bevor sie nach Deutschland kommen, während hier lebende Ausländer ohne solche Sprachnachweise Deutsche werden können. Es leben Hunderttausende in Deutschland, die längst hätten Deutsche werden können, wenn sie es denn nur wollten. Aber das eben wollen sie nicht – es sei denn, sie behalten die alte Staatsangehörigkeit. Insofern ist das *jus sanguinis* kein Hindernis, die deutsche Staatsangehörigkeit zu erwerben. Vielmehr geht es nur darum, bestimmten Ausländern ohne Not die besondere Gunst zu gewähren, zwei Pässe haben zu dürfen.

Gewiß gibt es auch Fälle, bei denen man bereit sein muß, die doppelte Staatsangehörigkeit hinzunehmen. Dies trifft für jene Personen zu, die die Voraussetzungen erfüllen, Deutsche zu werden, und sich redlich darum bemüht haben, aus der alten Staatsangehörigkeit entlassen zu werden, ohne daß der Herkunftsstaat sie entläßt. Dies trifft zum Beispiel für viele Iraner zu, weil dieser Staat sich regelmäßig weigert, die Entlassung zu gestatten. Der Erwerb der deutschen Staatsangehörigkeit ist insofern an zwei Voraussetzungen gebunden. Einmal erwarten wir die Entlassung aus der bisherigen Staatsangehörigkeit, zumindest das redliche Bemühen darum. Zum anderen muß der Betroffene vor der Einbürgerung einen erfolgreichen Integrationsprozeß durchlaufen haben.

Demgegenüber will die rot-grüne Koalition die deutsche Staatsangehörigkeit ohne Voraussetzungen zum Nulltarif vergeben. Sie wird dem Ausländer auf Wunsch nachgeschmissen. Es kann jeder Hergelaufene Deutscher werden, ohne die Sprache und Kultur zu kennen, geschweige denn sich zu unserem Staat zu bekennen. Auch die ersten Nachbesserungsvorschläge Schilys könnten diese ursprüngliche Absicht nicht aufheben. Das ist nun wirklich eine Chuzpe und käme, wie Professor Isensee zu Recht meint, einem »Staatsstreich« durch das Parlament gleich. Der Wert der Staatsangehörigkeit wird gestrichen und damit letztendlich der jetzige deutsche Staat. Man fragt sich, welche Motivation dahinter steckt. Die Integration kann es nach Lage der Dinge nicht sein. Vielleicht werden die Motive ein wenig deutlicher, wenn man sich daran erinnert, daß diejenigen, die seinerzeit bereit waren, eine separate DDR-Staatsangehörigkeit anzunehmen, weil sie sich mit der Teilung Deutschlands abgefunden hatten oder sie wirklich wollten, nun die nämlichen sind, eine ›Discountstaatsangehörigkeit im Doppelpack‹ für Türken zu akzeptieren. Beides lief darauf hinaus, Deutschland zu liquidieren, sei es durch Teilung oder Übergabe an Ausländer.

Offenbar mangels zutreffender Argumente führen die Gegner der von der CDU/CSU durchgeführten Bürgerbefragung zwei Einwände ins Feld. Einerseits meinen sie, die Befragung sei fremdenfeindlich, andererseits verweisen sie auf den Beifall falscher Freunde. Natürlich werden alle integrationsunwilligen Ausländer, die sich den Doppelpaß von Herzen wünschen, keine Freude empfinden, wenn eine deutsche Partei sich gegen den Doppelpaß entscheidet. Aber das Ziel und der Inhalt der deutschen Politik können nicht darin bestehen, Dinge zu tun, die Ausländern gefallen. Wer die Wünsche gerade integrationsunwilliger Ausländer zum Maßstab deutscher Politik erhebt, der irrt nicht nur, der ist kein Freund der Deutschen. Was Vaterlandsverrat ist, weiß ich nicht so genau. Daß eine solche Haltung und Politik eben nicht deutschfreundlich ist, das allerdings ist klar.

Nun ist es in der Tat so, daß Gruppen und Personen des rechten Spektrums die von der CDU/CSU gestartete Befragung gutheißen. Nun erwartete man von der CDU/CSU nicht mehr und nicht weniger als die Aufgabe des Mittels, weil Beifall von der falschen Seite kam. Über Martin Walsers Rede ist viel geredet worden. Die Meinungen gehen auseinander. Ich denke, er hat recht. In jedem Falle hat er nicht deshalb unrecht, weil Herr Frey ihm recht gibt. Sowohl Hitler als auch Stalin haben Entscheidungen getroffen, denen man zustimmen kann. Sowohl die PDS wie die DVU zollen anderen gelegentlich Beifall. Dieser Beifall adelt nicht. Aber er widerlegt auch nicht. Indessen handelt der im höchsten Grade unseriös und widerlich, der das Argument des Beifalls von falscher Seite benutzt.

Gründe gegen Doppelstaatler

Welche Gründe lassen sich im einzelnen gegen die Vorschläge der rot-grünen Koalition ins Feld führen?

1. Doppelstaatlichkeit bremst Integration

Im Kernbereich der Diskussion findet sich die Frage, ob die Abgabe der deutschen Staatsangehörigkeit an Ausländer die Integration fördert oder eher behindert. Zutreffend sieht der Kommentator der *FAZ* (vom 14. Januar 1999) den Kernpunkt des Streits in der Bereitschaft der Regierungskoalition, die »Einbürgerung so wenig wie möglich an den Integrationswillen des Eingebürgerten« zu binden. Für die Opposition bleibt es im Gegensatz dazu so, wie es immer war: Die Staatsangehörigkeit ist kein Mittel der Integration, sondern die Annahme der Staatsangehörigkeit setzt die Integration voraus, ist deren Abschluß. An der Vernunft und Überzeugungskraft dieser Aussage kann es keinen ernsthaften Zweifel geben. Schon jetzt muß weitgehend festgestellt werden, daß namentlich türkische Ausländer keinen ausreichenden Willen zur Integration erkennen lassen. Die meisten von ihnen könnten längst die deutsche Staatsangehörigkeit besitzen. Sie wollen es nicht, weil sie Türken bleiben wollen. Schon diese Tatsache unterstreicht nachdrücklich die fehlende Integrationsbereitschaft als Voraussetzung für die Übernahme der Staatsangehörigkeit. So hatten zum Beispiel allein in Berlin Ende 1998 etwa 135 000 Ausländer die Möglichkeit, Deutsche zu werden, weil sie über zehn Jahre hier lebten. Es wurden aber nur rund 40 000 Anträge auf Einbürgerung gestellt. Jeder Ausländer, der sich dauerhaft hier aufhält und es ernsthaft will, kann Deutscher werden. Nach 15 Jahren Aufenthalt hatte er einen Rechtsanspruch auf Einbürgerung. Für Ausländer im Alter von 16 bis 23 Jahren besteht dieser bereits nach 8 Jahren.

Es gibt eine Fülle von Fakten, die die mangelnde Bereitschaft zur Einbürgerung und Integration signalisieren. Wenn in Berlin 51 % der türkischen Männer, die eine Ehe eingehen, ihre Frauen aus der Türkei holen, ist das kein Signal für vollzogene oder gewollte Integration. Man will die nichtemanzipierte, in Deutschland fremde Frau und verstärkt so den Familiennachzug. Dane-

111

ben ist eine verstärkte Tendenz erkennbar, seine Kinder in der Türkei zur Schule zu schicken. Man will sie ›türkisch‹ erzogen wissen. Das spricht ebenso wenig für den Integrationswillen wie die Tatsache, daß man zu Hause eben türkisch spricht und viele Kinder deshalb in der Schule Sprachprobleme haben, die geeignet sind, die Leistung ganzer Klassen zu vermindern.

Wenn diese Menschen nun die deutsche Staatsangehörigkeit zusätzlich zum Null-Tarif erhalten, werden keinerlei Integrationsanstrengungen mehr verlangt. Schließlich bekommt man die deutsche Staatsangehörigkeit ja geradezu nachgeworfen. Die Feststellung bleibt richtig: Je leichter die Erlangung der deutschen Staatsangehörigkeit, desto geringer die Integrationsneigung.

2. Doppelstaatlichkeit schafft Parallelgesellschaften

In früheren Debatten wurden von seiten der Türken oftmals das Argument verwendet, bei Aufgabe der türkischen Staatsangehörigkeit habe man beträchtliche Nachteile im türkischen Erbrecht zu gewärtigen. Natürlich kann das kein Grund sein, das deutsche Staatsangehörigkeitsrecht zu ändern. Vielmehr gab es Grund genug, das türkische Erbrecht zu ändern. Dies ist inzwischen auch geschehen, so daß dies Argument entfällt. Es bleibt nur noch der Wunsch, sich im Sinne der Rosinentheorie die Vorteile beider Staatsangehörigkeiten zu sichern. Man will von Herzen Türke bleiben und die deutsche Staatsangehörigkeit als Zugabe. Man könnte auch formulieren: Türken wollen die Staatsangehörigkeit ihres Blutes behalten. Sie wollen nach dem *jus sanguinis* verfahren, das wir abschaffen sollen. Sicher spielt da manchmal auch ein gesellschaftlicher Druck eine Rolle, denn es wird einem Türken im Elternhaus oder in der türkischen Heimat oft übel genommen, die türkische Staatsangehörigkeit aufzugeben. Schließlich hat man ja in der Schule gelernt, daß es eine große Gnade Allahs sei, als Türke geboren zu werden. Mehr als bei jedem Deutschen spricht hier die Sprache des Blutes und der Kultur. Wenn man die deutsche Interessenlage berücksichtigt, dann gibt es keinen Grund für die Einführung der doppelten Staatsangehörigkeit. Der fehlende Wille dieser Menschen, Nur-

Deutsche zu werden, kann und darf für uns kein Grund sein, ihnen die deutsche Staatsangehörigkeit zusätzlich zu gewähren. Auf diese Weise fördert und schafft man Separat- oder Parallelgesellschaften.

3. Doppelstaatler sollen rot-grüne Mehrheit sichern

Die hartnäckige Absicht der Koalition, die Änderung des Staatsangehörigkeitsrechts zu vollziehen, hat offenbar andere Gründe. Von den in Deutschland lebenden etwa 7,4 Millionen Ausländern hätten nach seriösen Schätzungen etwa 4,2 Millionen einen Anspruch, Doppelstaatler zu werden. Zwischen 1 und 3 Millionen würden davon in absehbarer Zeit Gebrauch machen. Die jahrelange Hinwendung von Rot und Grün zu diesen Ausländern ist ganz offensichtlich unter der Devise erfolgt, durch Begünstigung dieser Ausländer mit der erwünschten Doppelstaatsangehörigkeit die Gunst künftiger Wähler zu erlangen. Verschiedene Meinungsbefragungen bestätigen einen ausgeprägten Trend zugunsten der SPD bei den Ausländern. Nach einer Umfrage der Marplan Forschungsgesellschaft kommt die SPD auf 32,8 %, die CDU/CSU auf bescheidene 8,2 % bei den hier lebenden Ausländern. Für die Grünen votieren 7,1 %. Etwa die Hälfte der Befragten fanden keine der deutschen Parteien sympathisch oder machten keine Angaben. Die Zahlen machen deutlich, daß eine dramatische Änderung des wahlberechtigten Volkes zustande kommen wird. Nicht autochthone Deutsche, sondern Doppelstaatler, sprich Ausländer, können den Wahlausgang und damit das politische Leben in Deutschland nachhaltig mitbestimmen oder als Zünglein an der Waage entscheiden. Insofern ist es mangels anderer plausibler Gründe naheliegend, daß sich die gegenwärtige Koalition ein neues ›Wähler‹-Volk schaffen will, um ihre Mehrheit mit Hilfe von Ausländern zu sichern. Diese Instrumentalisierung der Staatsangehörigkeit ist makaber und verwerflich.

4. Doppelstaatler können instrumentalisiert werden

Im Hinblick auf die zahlenmäßige Dimension und die starke Bindung der Türken an ihre Volkszugehörigkeit kann durch die

Erlangung des Wahlrechts die Möglichkeit der Bildung ›türkischer‹ Parteien nicht ausgeschlossen werden. Schon jetzt gibt es in Deutschland türkische Verbände und Vereine, die bestimmten türkischen Parteien nahestehen. Die türkische Regierung hat in den zurückliegenden Jahren die Forderung nach einer doppelten Staatsangehörigkeit stets unterstützt. In vielen Fällen hat die türkische Regierung die deutsche Politik insofern unterlaufen, als sie Personen, die nach der Entlassung aus der türkischen Staatsangehörigkeit die deutsche erhielten, nachträglich die türkische Staatsangehörigkeit wieder erteilte. Durch diese unfreundliche und unanständige Politik hat die Türkei eine große Zahl von Doppelstaatlern produziert. Die Interessenlage der türkischen Regierung ist hier klar. Und schon dies müßte Grund genug sein, Doppelstaatler zu vermeiden.

Die türkische Regierung will die in Deutschland lebenden Türken als Türken erhalten, um sie für die Umsetzung ihrer Interessen in Deutschland und damit in Europa zu instrumentalisieren. Zweimal hat dies Ministerpräsident Yilmaz bereits getan. Er hatte die Wahlberechtigten türkischer Herkunft aufgefordert, Rot-Grün zu wählen. Und er hatte die hier lebenden Türken aufgefordert, in Sachen Öcalan zugunsten der türkischen Regierung zu demonstrieren. Zumindest wünscht sich die türkische Regierung einen Zustand, der dem Verhältnis der jüdisch-israelischen Lobby in den USA vergleichbar ist. Man will über die hier lebenden Türken die deutsche und europäische Politik mitgestalten. So kann schließlich ein Land, das nicht der Europäischen Union angehört, einen beachtlichen Einfluß auf die Politik der Europäischen Union gewinnen. Damit belasten wir schließlich auch die anderen Partner in der Europäischen Union. Zudem werden wir durch die Doppelstaatler in absehbarer Zeit eine Diskussion über die türkische und andere Minderheiten in Deutschland erhalten. Je weniger Integration gelingt, desto schneller kommt die Frage nach der Anerkennung der Minderheiten und ihrer Rechte. Durch die Doppelstaaterei wird Integration be- oder verhindert und so die Minderheitendiskussion provoziert. Und natürlich nimmt sich dann der türkische Staat das Recht, für die Minderheiten einzutreten, sie zu instrumentalisieren. Die demographische Entwicklung im Kosovo läßt grüßen.

Wenn sich zum Beispiel türkische Parteien an Wahlen beteiligen, dann kann das zu sehr unterschiedlichen Ergebnissen führen. Die 5 %-Grenze müßte infolge der Zahlendimension in Zukunft kein Problem mehr darstellen. Möglicherweise wird für die Beteiligung von Minderheiten – wie etwa in Schleswig-Holstein – von der Beachtung der 5 %-Grenze abgesehen. Auf Bundesebene könnte die Teilnahme ›türkischer‹ Parteien an den Wahlen die Hoffnung der SPD auf die wählenden Doppelstaatler vermindern. In jenen Ballungszentren und Stadtteilen wie zum Beispiel Kreuzberg muß allerdings mit einer ›Machtergreifung‹ durch ausländische Parteien gerechnet werden. Dann stellt sich die Frage, wie sich die restlichen Deutschen in Kreuzberg integrieren – oder sich durch Flucht dieser Frage entziehen.

5. Doppelstaatlichkeit verletzt Gleichheitsgrundsatz

Die beschlossenen Regelungen berühren auch den Gleichheitsgrundsatz. Die Verletzungen sind meines Erachtens so beachtlich, daß eine verfassungsrechtliche Überprüfung geboten erscheint. Zunächst tritt ein Zustand ein, daß Millionen Ausländer zwei und der arme oder dumme Deutsche nur eine Staatsangehörigkeit hat. Das kommt einer faktischen Spaltung der Gesellschaft gleich. Es gibt ›Nur-Deutsche und Auch-Deutsche‹.

Das hat auch politische Folgen. Doppelstaatler können nämlich in zwei Ländern wählen. Sie genießen die jeweiligen Vorteile als Staatsbürger zum Beispiel beim Kauf von Grundstücken. Der Doppelstaatler kann je nach Bedarf das eine oder andere Rechtssystem in Anspruch nehmen, etwa beim Scheidungsrecht, das in muslimischen Ländern stark den Mann begünstigt. Er kann sich in zwei Staaten für den öffentlichen Dienst bewerben. Er kann politische Ämter in zwei Staaten ausüben. Seine Reisefreiheit ist im Hinblick auf das unterschiedliche Visarecht größer als die eines Nur-Deutschen. So werden demnächst Türken deutsche Kinder unterrichten, unsere Steuererklärungen auf dem Finanzamt bearbeiten, Polizisten sein, Recht sprechen und nicht zuletzt auch in Einbürgerungssachen entscheiden. Die Gruppe der Doppelstaatler ist also eindeutig privilegiert. Aus gutem Grund werden sich viele Deutsche fragen, weshalb sie nur einen Paß haben und die Zugereisten zwei. Da kann wirklich kaum Freude aufkommen.

6. Doppelstaatlichkeit verletzt Völkerrecht

Wegen der unterschiedlichen Probleme, die durch eine doppelte Staatsangehörigkeit entstehen, erscheint es verständlich, wenn neben Deutschland elf andere europäische Staaten dem 1963 unterzeichneten Europaratsabkommen beigetreten sind, das die Vermeidung der Mehrstaatlichkeit vorsieht. Gerade aus integrationspolitischen Gründen wollen die europäischen Länder die Mehrstaatigkeit vermeiden. Insofern befindet sich Deutschland mit der bisherigen Regelung in guter Gesellschaft. Der Vorwurf, wir seien diesbezüglich nicht auf europäischem Kurs, ist falsch. Zutreffend meint in diesem Zusammenhang Professor Rupert Scholz: Der Grundsatz der Vermeidung von Mehrstaatigkeit habe »nicht nur eine wichtige ordnungspolitische Funktion, sondern auch eine spezifisch integrationspolitische«. Der Verzicht auf Mehrstaatigkeit ist integrationsfördernd.

7. Doppelstaatlichkeit zerstört Staatsvolk als Schicksalsgemeinschaft

Der Verfassung gemäß geht die Staatsgewalt vom deutschen Volke aus. Das Verfassungsgericht hat das Wahlrecht von Ausländern nicht zugelassen. Wenn mehrere Millionen zu Doppelstaatlern gemacht werden, verliert der Begriff des ›deutschen Volkes‹ seine Eindeutigkeit und das Volk seine Identität. Das autochthone deutsche Volk ist nicht mehr eigentlicher Träger der Staatsgewalt. Millionen von Türken bestimmen unser Schicksal, ohne es tragen zu müssen. Tendenziell wird der Begriff des Staatsvolkes aufgelöst. Das Staatsvolk wird als konstitutives Element eines Staates betrachtet. Eindringlich hat der frühere Leiter der Verfassungsabteilung im Bundesinnenministerium auf die »schicksalhafte Verbundenheit« der Staatsbürger verwiesen, die sie von Personen unterscheidet, die sich im Staatsgebiet vorübergehend oder auch auf Dauer, aber jedenfalls ohne jene innere Bindungen aufhalten, die sie in die von der Geschichte geforderte Verantwortung einer Solidar- und Schicksalsgemeinschaft einordnet. Seine diesbezüglichen Äußerungen sind bereits zitiert worden.

116

8. Doppelstaatlichkeit fördert weitere Zuwanderung

Die gegenwärtige Diskussion ist einmal davon bestimmt, die Integration von Ausländern zu fördern. Nur unter Beachtung dieses Gesichtspunktes konnte die CDU intern eine positive Entscheidung für die Ablehnung der doppelten Staatsangehörigkeit erreichen. Diese Ablehnung der Doppelstaatlichkeit als Regelfall für Ausländer ist der zweite Diskussionsgegenstand. Die entscheidende Frage wird indessen nicht diskutiert, nämlich die Kontrolle und Begrenzung des Zuzuges. Immerhin hat auch der neue Innenminister das Boot für voll erklärt. Dennoch findet der weitere Zuzug statt. Integrationsfähigkeit ist aber auch eine Funktion der Zahl derer, die integriert werden sollen: Je größer die Zahl, desto geringer die Chancen und Fähigkeiten zur Integration. Die Grenzen haben wir mit 7,4 Millionen Ausländern erreicht. Insofern muß derjenige, der Integration will, den Zuzug bremsen und kontrollieren. Dazu gibt es gegenwärtig keine Vorschläge. Vielmehr laufen die vorgesehenen Änderungen auf eine Erhöhung der Zuwanderung hinaus. Wenn man so leicht, wie vorgesehen, Deutscher werden kann, dann lockt das Schleuser und Geschleuste. Die umfassende Hinnahme doppelter Staatsangehörigkeit führt auch zu einer Erleichterung des Familiennachzuges, weil ein deutscher Staatsangehöriger weder einen Nachweis darüber erbringen muß, ob für den nachziehenden Familienangehörigen ausreichender Wohnraum vorhanden ist, noch ob er ihn versorgen kann. So wird auch die Zuwanderung von potentiellen Sozialhilfeempfängern möglich – und gewiß genutzt. Schon jetzt ist die Zahl der Sozialhilfeempfänger unter den Ausländern überproportional groß, nämlich 23 Prozent. Über den Familiennachzug kann daher der Zuzug von Arbeitslosen und Sozialhilfeempfängern steigen. Wenn man so leicht Deutscher werden und Türke bleiben kann, dann wird das den Einreisedruck verstärken. Das widerspricht unseren Interessen und Möglichkeiten.

9. Doppelstaatlichkeit stiftet Rückkehrrecht für viele Türken

In jedem Jahr gibt es neben der Zuwanderung eine beträchtliche Zahl von Rückkehrern. Dabei handelt es sich inzwischen um

Hunderttausende. Wenn diese Personen als Doppelstaatler in die Türkei zurückkehren, dann wird es dort im Laufe der Zeit eine beträchtliche Zahl von Deutschen geben, die außerdem ihre Staatsangehörigkeit vererben. Damit entsteht zum Beispiel in der Türkei ein beachtliches Potential von Deutsch-Türken, die jederzeit nach Deutschland zurückkehren können (vgl. Statistik im Anhang).

10. Doppelstaatler können nicht abgeschoben werden

Da von den etwa 7,4 Millionen Ausländern in Deutschland etwa 4,2 Millionen einen Anspruch auf die deutsche Staatsangehörigkeit erhalten sollen, wird auch die Möglichkeit der Abschiebung krimineller Ausländer in der Zukunft kein Thema mehr sein. Einen Fall ›Mehmet‹ könnte es nicht mehr geben.

11. Doppelstaatler stehen in Krisenzeiten nicht zu Deutschland

In einer normalen entspannten Situation zwischen Deutschland und den Herkunftsländern mag ein möglicher Loyalitätskonflikt, der mit dem Wort charakterisiert wird, wonach niemand zwei Herren dienen kann, nicht wirksam werden. »Die doppelte Staatsbürgerschaft schafft doppelte Loyalitäten, doppelte Pflichten, manchmal auch doppelte Kosten. Nicht nur formal, sondern auch seelisch. Viel wichtiger: Sie schafft keine Authentizität, sie schafft sie ab, sie zerreißt innerlich und äußerlich denjenigen, dem sie als Wohltat zugedacht war. Ich zog daraus die Konsequenz und gab meine israelische Staatsbürgerschaft auf.«[82] Niemand wünscht sich Krisenzeiten. Niemand wünscht sich einen Konflikt der Kulturen à la Huntington. Aber in Krisenzeiten, die niemand ausschließen kann, wird der Doppelstaatler seine Gunst dorthin wenden, wo das Herz schlägt. Und das Herz schlägt für die Staatsangehörigkeit, die aufzugeben er nicht bereit war.

»Zu wem steht man in der Krise«, ist daher eine begründete Frage, die in diesem Zusammenhang dezidiert von Professor Karl

---

[82] Michael Wolffsohn, »Doppelte Loyalität ist nicht möglich«, in *Die Welt* vom 6. 1. 1999.

Doehring gestellt wurde.[83] Die Frage stellen heißt sie beantworten.

12. Weitere Gründe

Es bleibt gewissermaßen am Rande zu vermerken, daß die automatische Verleihung der Staatsangehörigkeit an türkische Kinder eine Verletzung des Elternrechts darstellt. Und selbstverständlich wird auch das Thema der überproportionalen Ausländerkriminalität nicht mehr offenkundig, weil die Unterscheidung in der Statistik nicht mehr auftauchen wird. Das ist denn gewiß auch beabsichtigt.

Bei notwendigen Dingen wird man über die Kosten nicht viel reden. Bei Dingen, die keineswegs als notwendig oder auch nur sinnvoll erscheinen, darf man die Kostenfrage aufwerfen. Der Hamburger Innensenator meinte jüngst: Von den rund 270 000 in Hamburg lebenden Ausländern würden sich 120 000 als Doppelstaatler einbürgern lassen. Dies bedeute einen Mehraufwand von 170 neuen Stellen in Ämtern und koste etwa 15 bis 20 Millionen DM. Das Ausstellen eines Passes erfordere Kosten von 300.- bis 500.- DM. Beim Mittelwert von 400.- DM je Paß und zwei Millionen Einbürgerungen wären das Kosten in Höhe von 800 Millionen. Und das alles für nichts, was uns nützen könnte.

13. Altfallregelungen erhöhen Zustrom

Zum verabschiedeten Gesetzeswerk wird zu gegebener Zeit auch wieder eine sogenannte Altfallregelung gehören, die ausreisepflichtigen Ausländern ein Bleiberecht verschaffen soll. Nach Berechnungen des *Focus* begünstigt diese Regelung etwa 700 000 Personen, die wiederum bei einem verfestigten Aufenthaltsstatus den Familiennachzug betreiben und schließlich Deutsche werden können. Auch dadurch erhöht sich die Zahl der Zuzüge nach Deutschland.

---

[83] Karl Doehring, »Zu wem steht man in der Krise«, in *Junge Freiheit* vom 11. 12. 1998.

Außerordentliche Entscheidungen rechtfertigen außerordentliche Mittel

Im Zusammenhang mit der doppelten Staatsangehörigkeit wird auch diskutiert, ob denn das Mittel der Bürgerbeteiligung im Sinne einer Unterschriftensammlung angemessen sei. Natürlich verwundert es, wenn diejenigen, die sich stets gegen den Ausbau plebiszitärer Elemente in unserer Verfassung gewehrt haben, nun mit einem Instrument aufwarten, das in die Richtung eines Plebiszits verläuft. Nur haben insbesondere die Grünen kein Recht, hier kritisch zu argumentieren, weil sie selbst zu eben diesem Thema einen solchen Weg beschritten hatten. Dieser Weg rechtfertigt sich im konkreten Fall durch eine einfache Überlegung. Bei fast allen politischen Entscheidungen des Parlaments können diese Entscheidungen durch ein neu gewähltes Parlament geändert und rückgängig gemacht werden. Da aber gemäß unserer Verfassung die einmal vergebene deutsche Staatsangehörigkeit nicht wieder entzogen werden darf, wäre die vorgesehene Entscheidung im Kern unumkehrbar. Der mögliche Schaden kann nicht mehr korrigiert werden.

Viele Staaten haben es da einfacher. Sie können bei krimineller Tätigkeit oder Loyalitätskonflikten die Staatsangehörigkeit wieder entziehen. Damit erhalten sie auch bei Doppelstaatlern einen Integrationsdruck. In Deutschland bedürfte es wohl einer verfassungsändernden Mehrheit, um dieses Ziel zu erreichen. In jedem Falle gibt es inzwischen genug Gründe, sich die Möglichkeit des Entzuges zu schaffen. Einerseits kann man nur so den türkischen Praktiken begegnen, die türkische Staatsangehörigkeit nach Erlangen der deutschen wieder zu verleihen. Auch kann man nur so die Möglichkeit der Abschiebung flexibel gestalten. Auch eine sogenannte Optionslösung wäre durch die Möglichkeit des Entzugs der Staatsangehörigkeit problemloser.

Auch ist das Gewicht der Entscheidung, die praktisch zu einem neuen Volk führt, von solcher Bedeutung, daß es verantwortungslos erschiene, sie mit einfacher Mehrheit zu treffen. Das nämliche träfe zu, wenn man das Wahlrecht mit einfacher Mehrheit zugunsten eines Mehrheitswahlrechts ändern würde. Deshalb verlangt es eine wohlverstandene politische Ethik, hier möglichst zu einem Konsens zu kommen. Ein Teil der Wissenschaftler vertritt die Auffassung, eine Änderung des Staatsangehörigkeitsrechts von diesem Ausmaß verlange eine Verfassungsänderung. So meint Professor Isensee: »Die Problematik besteht darin, daß geplant wird, durch einfachen Gesetzesbeschluß des Parlaments das deutsche Volk umzudefinieren und auf einen Schlag drei Millionen Personen als Deutsche zu bestimmen, obwohl diese sich nicht zur Gemeinschaft des deutschen Volkes, sondern zu der eines anderen, im wesentlichen des türkischen, bekennen. Eine solche obrigkeitliche Umdefinition durch das Parlament liegt außerhalb seiner verfassungsrechtlichen Befugnisse. Die Staatsangehörigkeit in ihren wesentlichen Strukturen wird vom Grundgesetz garantiert und kann nur durch Verfassungsänderung aufgehoben und wesentlich umstrukturiert werden.«[84]

Professor Rupert Scholz bewertet die vorgesehenen Änderungen als »ebenso revolutionär wie verhängnisvoll«. Deshalb erscheint die Forderung nach einer Konsenslösung zwingend.

Dies erscheint um so bedeutsamer, als die vorgesehenen Regelungen gegen die Mehrheit der deutschen Wahlbürger getroffen würden. Dies wird durch viele demoskopische Untersuchungen der Vergangenheit bestätigt. Noch in einer jüngsten durchgeführten Umfrage der *Nordsee-Zeitung*, die die Frage stellte:

»Sind Sie dafür, daß Ausländer, die seit mindestens acht Jahren hier leben, zusätzlich zu ihrer ursprünglichen auch die deutsche Staatsangehörigkeit erhalten können, sofern sie unbescholten sind?«

waren von 2410 Anrufern 77,3 % der Meinung, dies sollte nicht sein. Nach einer Emnid-Umfrage für den Sender *NTV* waren 53 % gegen und 39 % für die Doppelstaatlichkeit. *Die Woche* veröffentlichte am 6. 11. 1998 ein Umfrageergebnis, dem zufolge 50 % gegen »eine erleichterte Einbürgerung mit doppelter Staatsangehörigkeit; 40 % dafür« waren. Natürlich gibt es immer wieder Sachfragen, die man unpopulär entscheiden muß. Dazu besteht hier keine Veranlassung. Vielmehr sollte dann, wenn es um die

---

[84] Joseph Isensee, »Ein Staatsstreich des Parlaments«, in *Die Welt* vom 6. 1. 1999.

›Neuwahl‹ des Volkes durch Regierung und Parlament geht, das Volk gehört werden. Und gerade deshalb ist die Befragung der Bürger nicht unerlaubt, sondern geboten. Außerordentliche Entscheidungen und Situationen erfordern die Anwendung außerordentlicher Mittel. Nicht jeder Zweck heiligt alle Mittel. Aber der gute Zweck heiligt das wertneutrale Mittel allemal, so geschehen in Hessen. Es ist nichts als die Verdrossenheit der Verlierer, die Bürgerbefragung als ›unmoralisch‹, ›unanständig‹ oder dergleichen zu qualifizieren.

Doppelstaatler durch die Hintertür der Option

In jedem Fall kann man die Bürgerbefragung als erfolgreich bezeichnen. Sie war in der Lage, den hessischen Wahlkampf zu beflügeln. Und das Ergebnis der Wahlen tat ein übriges. Rot-Grün sah sich gezwungen, das Ziel einer generellen doppelten Staatsangehörigkeit zu verschieben. Des Volkes Wille war zu deutlich, und verfassungsrechtliche Bedenken bekamen ihr Gewicht. Nun soll es die doppelte Staatsangehörigkeit nicht für alle, sondern nur für in Deutschland geborene junge Ausländer geben, wenn ein Elternteil seit acht Jahren rechtmäßig seinen gewöhnlichen Aufenthalt im Inland hat und eine Aufenthaltsberechtigung hat oder seit drei Jahren eine unbefristete Aufenthaltserlaubnis besitzt. Es geht um den Einstieg in den Ausstieg aus der Integrationspolitik.

Der Gedanke, allen Ausländern die deutsche Staatsangehörigkeit zu geben, die länger als 30 Jahre in Deutschland leben, wurde unter dem Druck der Öffentlichkeit und der Argumente zunächst aufgegeben. Er spiegelt in besonderer Weise die Kuriosität und Absurdität der Regierungspläne wider. Danach hätten nach Schätzungen 450 000 Ausländer auch Deutsche mit Wahlrecht werden können. Was sind das wohl für Leute, die 30 Jahre in Deutschland leben, längst die Möglichkeit hätten, Deutsche zu werden, und es doch nicht taten? Es sind eben überzeugte Türken oder andere Ausländer. Das mögen sie auch bleiben, wenn sie wollen. Ihnen die deutsche Staatsangehörigkeit anzudienen, wäre töricht. Die Grünen meinen, weil deren Bindung an die alte Heimat noch so stark sei, soll man ihnen den Verzicht auf die alte Staatsangehörigkeit nicht zumuten. So weit, so gut. Offenbar ist die Bindung an den neuen, den deutschen, Staat so gering, daß sie nicht bereit waren, Deutsche zu werden. Hier will man offenbar das *jus sanguinis* sprechen lassen, das Recht des Blutes. Und hier wird es von Rot-Grün ganz offenbar akzeptiert. Auch daran wird erkennbar, daß die Kritik am sogenannten Recht des Blutes letztendlich eine Farce ist.

Diejenigen also, die nach 30 Jahren nicht integriert sind, sollen Deutsche werden. Und der Paß würde die Integration verständlicherweise nicht fördern. Deshalb war es richtig, daß die FDP, um deren Zustimmung gebuhlt wurde, zumindest diesen Unfug nicht mitmachte. Obwohl das sogenannte Optionsmodell den Eindruck vermittelt, es ginge schließlich um die Vermeidung der Mehrstaatigkeit, wird die Praxis eher das Gegenteil beweisen. Allerdings wird dieser Effekt zeitlich verschoben. Die Koalition wurde in der Durchsetzung des falschen Zieles gebremst, sie hat es nicht aufgegeben. Deshalb treffen die obengenannten grundsätzlichen Bedenken zur doppelten Staatsangehörigkeit auch auf das Optionsmodell zu.

Dieses wurde von der FDP bevorzugt, und diese wollte man mit im Boot haben, um den Eindruck zu vermitteln, für diese Lösung gebe es eine breite Mehrheit.

Die Kinder der genannten Ausländer werden also automatisch die deutsche Staatsangehörigkeit erhalten. So wird das Recht des Bodens verwirklicht. Da es daneben noch die Staatsangehörigkeit des Blutes gibt, sind sie Doppelstaatler. Weil auf deutschem Boden geboren: Deutsche; weil von türkischen Eltern geboren: Türken. So sollen sie leben, bis sie erwachsen sind. Dazu sollen sie rechtzeitig vor dem 23. Geburtstag entscheiden, wohin sie gehören wollen. Entscheiden sie sich für die türkische Staatsangehörigkeit des Blutes wegen, dann soll die deutsche automatisch verlorengehen. Entscheiden sie sich für die deutsche, dann müssen sie auf die türkische verzichten und die Entlassung betreiben. Aber – wie die *FAZ* schreibt:»Nach den Entwürfen von SPD, Grünen und FDP muß keine Wahl zwischen der deutschen und der ausländischen Staatsbürgerschaft getroffen werden, wenn die Aufgabe der ausländischen Staatsbürgerschaft nicht möglich oder nicht zumutbar ist.« Die Zumutbarkeit ist ein ziemlich dehnbarer Begriff.

Ob dieses Modell mit dem Begriff ›Optionslösung‹ die richtige Bezeichnung bekommen hat, ist überdies eine begründete Frage. Genau genommen, kann der Betroffene nicht zwischen zwei Dingen das ihm besser erscheinende auswählen. Er muß vielmehr von zwei Dingen, die er 23 Jahre lang besaß, eines aufgeben. Der für ihn wahrscheinlich optimale Zustand des Doppelstaatlers soll eingeschränkt werden. »In der Sache geht es also eigentlich nicht um eine (positive) Optionserklärung, sondern um eine (negative) Abwahlverpflichtung.«[85] Von daher ist zu erwarten, daß auch das Bestreben des Betroffenen darauf hinausläuft, die doppelte Staatsangehörigkeit zu behalten. Wer könnte ihm das auch nach 23 Jahren verübeln?

Im Zuge der Beratung hat der Bundestagsinnenausschuß eine öffentliche Anhörung zu den Vorschlägen der Koalition durchgeführt. Juristen, Sozialwissenschaftler, die Kirchen und die Bundesvereinigung kommunaler Spitzenverbände kamen zu Wort. Das Werk von 280 Seiten vermittelt Stellungnahmen, die je nach dem politischen Standort des Gutachters ausfallen und den Sachverhalt unterschiedlich beurteilen. Aber auch bei denen, die eine grundsätzliche Zustimmung signalisieren, gab es eine Fülle von Verbesserungsvorschlägen, weil offensichtliche Mängel erkennbar waren.

Auch auf diesen Entwurf trifft die schon zu einem Standard gewordene Kritik an der rot-grünen Regierung zu, wonach sie unausgereifte Texte durchpaukt, um sich dann einer Nachbesserungsdebatte zu unterziehen. In der Stellungnahme der kommunalen Spitzenverbände zum vorgelegten Optionsmodell der Koalition heißt es daher unmißverständlich: »Wir bedauern, daß die parlamentarischen Beratungen zu einem wichtigen und umfangreichen Gesetzgebungskomplex innerhalb so kurzer Fristen vorbereitet und durchgeführt werden müssen.«[86] Und diese Verbände sind nicht das Sprachrohr der Opposition, sondern die Praktiker, die die Gesetze anwenden müssen. Diese Vorhaltung müßte sich daher jeder zu eigen machen, dem es um eine solide Regelung geht. Für Eile und Hast gibt es einen Grund

---

[85] Dr. Günter Renner, aaO. (Anm. 41).
[86] Vgl. Anm. 41.

höchstens bei denen, die ein schlechtes Gewissen und daher die Angst des Scheiterns haben, wenn länger nachgedacht wird. Die Koalition zeigte eine verräterische Eile.

Die CDU / CSU faßte die Bewertung des Gruppenantrages nach der Anhörung wie folgt zusammen: »Der Gruppenantrag von SPD, Grünen und FDP ist

- integrationspolitisch fragwürdig,
- verfassungspolitisch riskant,
- verwaltungspraktisch kaum umsetzbar.«

Dieser Kritik kann sich jeder objektive Beobachter anschließen. Ob die Einbürgerung den *Abschluß des Integrationsprozesses* darstellen oder als Instrument der Integration benutzt werden soll, wird durchaus unterschiedlich gesehen. Aber auch diejenigen der Gutachter, die die Einbürgerung als Integrationsmittel verstehen wollen, bemängeln am Gruppenantrag fehlende andere Mittel, wie etwa entsprechende Kurse und zum Abschluß feierliche Einbürgerungsakte. Übereinstimmend ist jedenfalls klar, daß die Einbürgerung nicht als Allheilmittel im Integrationsprozeß verstanden werden kann. Die Vernunft der Auffassung, wonach Einbürgerung am Schluß des Integrationsprozesses zu stehen hat, behält ihr Gewicht. Insgesamt bleibt auffallend, wie wenig der Zusammenhang zwischen Zahl und Integrationsfähigkeit Beachtung findet. Es gibt eine kritische Größe, bei der die Zahl der Fremden die Integration nicht mehr möglich macht. Und diese kritische Größe ist erreicht. Nur der Bevölkerungswissenschaftler Josef Schmid aus Bamberg weist auf diesen Sachverhalt hin: »Der naive Glaube, daß eine Gesellschaft des abstrakten, reinen Menschenrechts (weil alles andere »nationale Mystik« wäre) friedlich und verträglich laufend Zuwanderer aufnehmen könne, die sich – vom Rechtsfrieden angesteckt – bald integrieren würden, entspricht nicht soziologischen Erkenntnissen.«[87] Der Prozeß der Integration werde durch verschiedene Faktoren zunehmend behindert. Und daran kann auch die zeitweise deutsche Staatsangehörigkeit nichts ändern. Dazu gehören neben dem ungebremsten Zuzug unter anderem die infolge

---

[87] Josef Schmid, aaO. (Anm. 41).

von Mehrstaatigkeit fehlende Chance der Integration über Arbeit und Beschäftigung und der nachlassende Integrationswille der Ausländer. Wenn das Ziel Integration wäre, kann das Optionsmodell dieses jedenfalls nicht befördern, weil es Integrationsbemühungen überflüssig macht. Schließlich bekommt man die deutsche Staatsangehörigkeit ohne Anstrengung. Die *verfassungsrechtliche Beurteilung* bei den Gutachtern ist ambivalent. Das Vorhandensein von Risiken kann allerdings nicht bestritten werden. Darauf wird einvernehmlich hingewiesen. Der Verfassungsrechtler Peter Badura stellt fest, die Novelle führe mit dem Staatsangehörigkeitserwerb durch Geburt im Inland »nicht nur einen neuen, das Abstammungsprinzip in breiter Front durchbrechenden Erwerbsgrund ein, sondern schafft eine Abart der Staatsangehörigkeit, die die konstitutiven Merkmale der Unbedingtheit und Unbefristetheit dieses mitgliedschaftlichen Status preisgibt. Die verschiedenen Ungereimtheiten, die sich daraus ergeben, sind Beweiszeichen dieser auch verfassungsrechtlich erheblichen Mangelhaftigkeit«.[88] Im einzelnen verweist er dann auf folgende Punkte:

1. »Um den Verstoß gegen das Verbot des Entzugs der Staatsangehörigkeit zu vermeiden, muß die fortbestehende Mehrstaatigkeit überall hingenommen werden, wo die Rechtsordnung oder die Verwaltungspraxis des Heimatstaates es dem Betroffenen verwehrt, aus der ausländischen Staatsangehörigkeit entlassen zu werden oder sie zu verlieren; denn sonst würde ihm die deutsche Staatsangehörigkeit nicht nur gegen seinen Willen, sondern ohne freie und selbstbestimmte Entschließung entzogen werden.«
   In der Tat wird die Abhängigkeit unseres Staatsangehörigkeitsrechtes von der Praxis fremder Staaten offenkundig. Mit dem Iran und der Türkei gibt es mindestens zwei Staaten, deren Staatsangehörige in großer Zahl in Deutschland leben, die aus unterschiedlichen Gründen die Entlassung nur zögernd oder unter »unzumutbaren« Bedingungen zulassen werden. Die Folge ist eine massenhafte Mehrstaatigkeit.

---

[88] Peter Badura, vgl. Anm. 41.

2. »Der zum Beamten ernannte Betroffene müßte, sofern nicht EU-Angehöriger, beim Verlust der Eigenschaft als Deutscher wieder entlassen werden.«

3. »Der ausländerrechtliche Status des mit Vollendung des 23. Lebensjahres wieder zum Ausländer werdenden Deutschen ist ungeklärt.«

4. »Die Kinder des Betroffenen erwerben die reguläre deutsche Staatsangehörigkeit, während Vater oder Mutter nach § 29 Staatsangehörigkeitsgesetz wieder Ausländer werden können.«

Nach Auffassung Baduras dürfte es nicht möglich sein, diese Ungereimtheiten durch ›Nachbesserungen‹ so weit zu beheben, daß die verfassungsrechtlichen Risiken ausgeschlossen sind. Offenbar ist dem Verfassungsrechtler klar, daß Zweifel sowohl daran bestehen, daß die Option der in Deutschland von ausländischen Eltern geborenen Kinder im Regelfall oder ganz überwiegend für die deutsche Staatsangehörigkeit erfolgt und dabei im Regelfall die Mehrstaatigkeit vermieden wird. In beiden Richtungen seien hinreichende Anhaltspunkte nicht ersichtlich. Deshalb kommt er zu der Schlußfolgerung: »Eine Regelung, die umgekehrt im Regelfall oder in nennenswertem Maße von vornherein das Entstehen und Fortbestehen von Mehrstaatigkeit in Kauf nimmt, verletzt ein wesentliches und verfassungsrechtlich vorausgesetztes Merkmal der Staatsangehörigkeit. Die Einführung eines dem *jus soli* (Bodenrecht) folgenden Erwerbstatbestandes mit nachfolgender Wahlmöglichkeit verzichtet auf die notwendigen Garantien für den Status der Staatsangehörigkeit, die dem Abstammungsprinzip inhärent sind und Anforderungen für eine Einbürgerung darstellen. Weder wird ein hinreichendes Band engerer Beziehung zum Staatsvolk gefordert, noch ist auch nur eine künftige Integration gewährleistet. Die Vorschriften der §§ 4 Abs. 3, 29, 40 b des Initiativentwurfs der Abgeordneten der Koalitionsfraktionen und der FDP sind verfassungsrechtlich angreifbar.«

Auch Professor Hailbrunner sieht in dem Gesetz die Gefahr, daß Mehrstaatigkeit auf Dauer nicht vermieden wird, unter anderem auch deshalb nicht, weil dies in den Händen des Herkunftsstaates liegt. Er stellt mit anderen übereinstimmend fest: »Schließlich ist darauf hinzuweisen, daß das Optionsmodell voraussichtlich zu einer Fülle komplizierter verwaltungsgerichtlicher Verfahren führen wird, ohne daß erwartet werden kann, daß die Optionsregelung in nennenswertem Umfang zur Durchsetzung des Grundsatzes der Vermeidung der Mehrstaatigkeit beiträgt.«[89]

Auch bei anderen Sachverständigen wird die Tendenz der Gesetzesfolgen eindeutig in der Vermehrung, und nicht der Vermeidung der Mehrstaatigkeit gesehen.

Genauso wenig können die Argumente jener weggewischt werden, die auf die komplexe und *kostenträchtige Verwaltungspraxis* verweisen. Keiner sieht sich hier in der Lage, Zahlen zu nennen. Aber nicht nur die kommunalen Spitzenverbände weisen auf »enormen« Verwaltungsaufwand hin. Es werden »umfangreiche Nachfragen« erforderlich. »Gänzlich unmöglich« sei es für die Standesbeamten auch, die ausländische Staatsangehörigkeit des Kindes zu beurkunden. Die Kontakte mit ausländischen Behörden und die Zustellungspflicht werden die Kosten erhöhen. »Ist die Zustellung ohnehin schon eine personal- und kostenaufwendige Versendungsform, so wird sich der Aufwand wegen der häufig notwendig werdenden besonderen Zustellungsarten, z.B. der öffentlichen Zustellung oder die der Zustellung im Ausland, noch zusätzlich erhöhen.« Die Stellungnahme derer, denen schließlich die praktische Durchführung obliegt, hat den Charakter eines vernichtenden Urteils. Jeder, der Kosten sparen und eine stärkere Bürokratisierung vermeiden will, hätte angesichts dieser Einwände alles noch einmal bedenken müssen. Aber eine bedenkenlose Regierung macht weiter. Koste es, was es wolle.

Dabei bringt uns Deutschen die ganze Geschichte überhaupt nichts. Es ist nichts als eine kostspielige gefährliche Geste an die Ausländer, die ohnehin Deutsche werden könnten, wenn sie es nur wollten. Aber sie wollen eben nur dann Deutsche werden, wenn sie Ausländer bleiben können. In der Stellungnahme des

---

[89] Kai Hailbrunner, vgl. Anm. 41.

Freistaates Bayern und des Landes Berlin heißt es zum Beispiel: »Die Standesbeamten sind bisher nicht mit der Prüfung und Feststellung von Staatsangehörigkeiten befaßt und müßten dies künftig in Tausenden von Fällen von Amts wegen tun. Falls diese Aufgabe auf die Standesbeamten übertragen wird, entsteht ein gigantischer Fortbildungsbedarf, der in kürzester Zeit abgearbeitet werden müßte, ohne daß dafür die personellen wie auch die finanziellen Mittel zur Verfügung stehen.«

23 Jahre alt und noch nichts für die Unsterblichkeit getan, meint Schillers Don Carlos über sich selbst. 23 Jahre müssen nun die Ämter den Lebensweg eines in Deutschland geborenen Kindes ausländischer Eltern überwachen, um die Hinweispflicht des Gesetzes erfüllen zu können. Das wird der Regierung auch nicht das Urteil einbringen können, etwas für die Unsterblichkeit getan zu haben.

Auch der Berliner Innensenator vermerkt in einer Stellungnahme, das eingeführte Optionsmodell verursache für die Standesämter und für die im weiteren Verlauf zuständigen Melde-, Paß- und Staatsangehörigkeitsbehörden »einen gewaltigen Verwaltungsaufwand«. Selbst der sozialdemokratische Innenminister Schleswig-Holsteins, Wienholtz, geht davon aus, daß das Optionsmodell zu einer »Vielzahl aufwendiger verwaltungsbehördlicher und -gerichtlicher Verfahren führen werde«.

Und alles das für nichts, was uns nützen könnte. Die Kurzsichtigkeit dieser Regierung ist kaum zu überbieten.

Die schwerwiegendsten Fragen bleiben natürlich die politischen. Mit 23 soll sich also ein Heranwachsender entscheiden, ob er Deutscher oder Türke sein will. Nach Lage der Dinge werden viele beides bleiben wollen. Sie stellen entsprechende Anträge, wie das Gesetz es erlaubt. Und wie wird das ausgehen? Schwierige Ermessensentscheidungen werden die Folge sein. Es wird öffentlichen Druck geben, der sich auch in Form von Demonstrationen äußern kann. Die Einheitlichkeit der Entscheidung in einzelnen Bundesländern kann kaum gewährleistet werden. Und wenn der junge Mensch sich schließlich für die deutsche Staatsangehörigkeit entscheidet, wie wird sich die türkische Regierung verhalten? Sie will ja die Doppelstaatler, um sie für ihre Zwecke instrumentalisieren zu können. Sie wird möglicherweise keine Entlassung aus der türkischen Staatsangehörigkeit gestatten. Der ausländische Staat habe es, so die bayerische Beurteilung, in der Hand »seinen Staatsangehörigen die deutsche Staatsangehörigkeit dadurch zu verschaffen, daß er die Bedingungen für eine Aufgabe seiner Staatsangehörigkeit verschärft«. Der junge Mensch tat sein Bestes. Mehr ist nicht zumutbar. Also bleibt er – wie das Gesetz es bei Unzumutbarkeit vorsieht – Doppelstaatler. Und der Grundsatz der Vermeidung der Doppelstaatsangehörigkeit bleibt auf der Strecke.

Mit diesen offenen unklaren Regelungen soll in der Praxis offenbar das Ziel der Mehrstaatigkeit – mit Verzögerungseffekt – erreicht werden. Mit dieser Wertung tut man der Regierung kein Unrecht. Ihr ganzer bisher erkennbarer Wille ging in diese Richtung. Und zwischen den Zeilen und den unklaren Buchstaben des Gesetzes wird dieser Wille sichtbar. Sie blufft die Öffentlichkeit mit der Anwendung des Grundsatzes: aufgehoben ist nicht aufgeschoben. Die Berliner Innenverwaltung bewertet denn auch den Sachverhalt so, »daß nach 23 Jahren mit der großzügigen Eröffnung von Beibehaltungsgenehmigungen praktisch regelmäßig die doppelte Staatsangehörigkeit durch die ›Hintertür‹ bestehen bleiben soll«.

Viele kuriose Fälle sind denkbar. In einem Zeitraum von fünf Jahren, zwischen dem 18. und dem 23. Lebensjahr, hat der Doppelstaatler das Wahlrecht und unterliegt der Wehrpflicht. Er kann mit 20 oder 21 in ein deutsches Parlament gewählt werden, wird mit 23 Jahren wieder Türke und bleibt als solcher Parlamentarier. Oder etwa nicht? Oder er wird mit 20 Beamter und was, wenn er mit 23 nur noch Türke wäre?

Eine türkische Doppelstaatlerin bekommt zwischen dem 18. und 23. Lebensjahr Kinder. Diese sind deutsch, auch wenn sich die Mutter mit 23 für die türkische Staatsangehörigkeit entscheidet. Die später geborenen Kinder wären wieder Türken. Das türkische Kind bekommt mit der Geburt – ohne seinen Willen – die deutsche Staatsangehörigkeit. Mit 23 will es die türkische behalten – vielleicht auch die deutsche. Wäre die Abgabe der deutschen, so stellt sich die Frage, geeignet, die Integration eines solchen Menschen zu fördern? Und wenn er nun mit 23 Jahren für die türkische Staatsangehörigkeit optiert und damit den Beweis mangelnden Integrationswillens erbracht hat, was macht man dann mit ihm? Fragen über Fragen. Eine Fülle ungelöster unnötiger Probleme.

Unsere Regierung tat uns keinen guten Dienst mit der Hast, ein unzulängliches Gesetz durchzupeitschen. Nach Lage der Dinge wird es im Ergebnis zu einer massenhaften Mehrstaatigkeit kommen. Damit würde das Institut der Staatsangehörigkeit seine schon erwähnte Bedeutung verlieren. Die damit verbundenen Gefahren und Probleme werden von Dr. Günter Renner, einem der Gutachter des Optionsmodells, eindrucksvoll beschrieben. Deshalb seien die entscheidenden Sätze wiedergegeben: »Falls sich dagegen Mehrstaatigkeit bei der Einbürgerung wie beim Geburtserwerb zur Regel entwickelte und Monostaatigkeit zur Ausnahme würde, liefe die Institution der Staatsangehörigkeit – zumindest allmählich und über Generationen hin – Gefahr, ihre Zuordnungs- und Abgrenzungsfunktion zu verlieren und die mit der Staatsangehörigkeit verbundenen Rechte und Pflichten zu entwerten, weil diese regelmäßig auf zwei und in der Tendenz auf mehrere Staaten verteilt wären. Diese Wirkungen würden noch verstärkt, wenn der Besitz mehrerer Staatsangehörigkeiten auf Dauer geduldet und mangels entsprechender Verlustgründe nicht aufgelöst, sondern über die Generationenfolge *ad infinitum* weitergegeben würde. Ein solchermaßen einseitiges System müßte – aus dem Blickwinkel des deutschen Rechts und ohne Rücksicht auf mögliche Verlustgründe der anderen beteiligten Rechtsordnungen – theoretisch im Chaos enden. Damit liefe die Institution der Staatsangehörigkeit Gefahr, aufgelöst zu werden, was unweigerlich die Destabilisierung der gegenwärtigen Organisation der Staatenwelt zur Folge hätte.«

Diese »Destabilisierung der Staatenwelt« nach einer Auflösung des deutschen Staatsvolkes wird von der rot-grünen Regierung offenbar bewußt in Kauf genommen. Damit würden die Mitglieder der Regierung den auf die Verfassung geleisteten Eid verletzen. Die beschriebene Entwicklung kann wohl nur abgewendet werden, wenn diejenigen, die diese Regierung wählten, sie möglichst bald wieder abwählten.

4. Kapitel

Es gibt nichts Gutes, außer man tut es

Nachdem die Rotation, sprich die Rückkehr ausländischer Arbeitnehmer nach einer gewissen Zeit, gescheitert war, beschäftigte man sich mit der Integration. Es gab und gibt eine Fülle von Vorschlägen, die dem Ziel der Integration dienen sollten. Von Sprachkenntnissen bis zum Instrument der doppelten Staatsangehörigkeit. Aber auch die Integration wird scheitern, wenn die Zahl der zu Integrierenden zu groß wird. Auch wenn man die die Grenze der Integrationsfähigkeit markierende Zahl nicht genau zu nennen vermag, kann die Größenordnung bestimmt werden. Diese hängt natürlich auch von der kulturellen Distanz der Zuwandernden ab. Ein katholischer Kroate ist gewiß leichter zu integrieren als ein muslimischer Türke. Der hohe Anteil türkisch-muslimischer Zuwanderer ist gewiß schwer integrierbar. Manche bezweifeln ohnehin, ob dies überhaupt möglich sein wird. Integration ist ein wechselseitiger Prozeß. Wenn bei einer großen Zahl der Zuwanderer der Integrationswille auf Dauer fehlt, dann entwickeln sich zwangsläufig Parallelgesellschaften. Und wenn die Vergrößerung der integrationsunwilligen Gruppe durch Geburten- und Wanderungsüberschuß sich ständig erhöht, stellt sich irgendwann die Frage nach der Selbstaufgabe der autochthonen Bevölkerung. Auch dafür kennt die Geschichte Beispiele. Wer jedenfalls die Integrationsfähigkeit einer Kultur aufrechterhalten will, muß die Zahl der Zuwanderer begrenzen. Daß für Deutschland ein Grenzwert bereits erreicht ist, stellt auch der neue Innenminister Schily nicht in Frage.

Ein wesentliches Ziel deutscher Politik müßte also in der Begrenzung der Zuwanderung, in einem kontrollierten Zuzug nach Deutschland erkannt werden. Mit diesem Thema beschäftigt sich die aktuelle Politik bedauerlicherweise überhaupt nicht. Dies wird sich als ein schwerwiegender Mangel erweisen. Man könnte meinen, die deutschen Politiker hätten Dürrenmatt gelesen und sich die Haltung des Romulus zu eigen gemacht, der im Nichtstun gegen den Ansturm der Germanen Rom aufs Spiel setzt, weil er meint, der Gang der Weltgeschichte verlange den Untergang Roms. Wenn jedenfalls der Zustrom von Ausländern nach Deutschland nicht auf eine Integration noch ermöglichende Dimension herabgesetzt wird, wird Deutschland als ein Staat mit einem eigenen Volk und eigener Kultur keine Zukunft haben. Entweder man sieht dem Geschehen fatalistisch wie jener Romulus zu, oder man versteht Politik als Problemlösung und unternimmt die notwendigen Schritte. Nach Lage der Dinge wird dies nicht einfach sein, aber es ist möglich.

Natürlich kann man auch als Illegaler nach Deutschland kommen, aber dies ist nicht der Weg der großen Zahl. Auch diejenigen, die illegal kommen, wollen zumeist in die Legalität, um Ansprüche auf Alimentation in der einen oder anderen Form zu verwirklichen. Der Illegale bekommt kein Geld. Deshalb will man auf Dauer legal werden.

Es gibt verschiedene Wege, nach Deutschland zu kommen. Wenn man diese Wege kontrollierbar machen will oder gar verschließen möchte, muß man sie kennen. Die Einreisetickets nach Deutschland haben unter anderem folgende Namen:

- Asylrecht,
- Familienzusammenführung,
- Kriegsflüchtlinge,
- Kontingentflüchtlinge, Aufnahme von Juden aus Rußland,
- Aussiedler.

Asylrecht, das bedeutet ein individuelles Verfahren für jeden Bewerber. Das Verfahren kann lang dauern und schon deshalb zu einem verfestigten Aufenthaltsstatus führen. Das Recht steht auch den Familienangehörigen zu.

Das Recht auf *Familiennachzug* gilt für die ausländischen Ehepartner und minderjährige Kinder (bis 16 Jahre) von in Deutschland lebenden Ausländern.

Die Aufnahme von *Kriegsflüchtlingen* wird nach aktueller Lage entschieden oder erfolgt zunächst illegal ohne Aufnahmezusage. Da die Konfliktsituation lange andauern kann, kommt es oft zu einem mehrjährigen Aufenthalt. Dieser vermindert die Rückkehrneigung und verfestigt den Aufenthaltsstatus. In den Jahren 1996 bis 1998 sind lediglich 45 % (260 000) der Flüchtlinge aus Bosnien-Herzegowina, deren Weg nach Westeuropa führte, in ihre Heimat zurückgekehrt. An diesem Beispiel soll deutlich gemacht werden, daß auch vorübergehende Kriegssituationen zu dauerhafter Zuwanderung führen.

Die Aufnahme von *Kontingentflüchtlingen* und Juden aus der ehemaligen Sowjetunion wird in der Regel durch die Regierung entschieden.

Die Aufnahme von *Spätaussiedlern* ist gesetzlich geregelt. Durch die Einführung eines Stichtages wird die Aussiedlerzuwanderung kein Dauerproblem sein. Die Tendenz ist rückläufig, weil die Aussiedlungsanträge abgenommen, der inzwischen verlangte Deutschtest nicht bestanden und viele Aufnahmebescheide nicht benutzt werden.

Die Gesamtzahlen sahen in den letzten Jahren wie folgt aus:

1994	222.591
1995	217.898
1996	177.751
1997	134.419
1998	103.080

Auch die Zahl der Aufnahmeanträge ist rückläufig.

Die Zuwanderung kann sich auch aus der *Freizügigkeit* für Bürger anderer EU-Staaten ergeben.

Gerade wegen der künftig zu erwartenden großen Zahl von Doppelstaatlern muß das Recht auf Zuwanderung oder auf *Rückkehr für im Ausland lebende deutsche Staatsbürger* genannt werden. Es kann der Fall eintreten, daß viele deutsch-türkische Doppelstaatler in die Türkei zurückkehren. Sie haben für sich und ihre Kinder das Rückkehrrecht.

Die Zahl der Zu- und Fortzüge von Ausländern hat sich in den Jahren von 1992 bis 1997 wie folgt entwickelt:

	Zuzüge	Fortzüge
1990	835.702	465.470
1991	920.491	497.476
1992	1.207.602	614.747
1993	986.872	710.240
1994	773.929	621.417
1995	788.337	561.091
1996	708.453	559.064
1997	615.298	637.066

In den neunziger Jahren haben demnach mehr als fünf Millionen Ausländer Deutschland verlassen. Bei einer generellen Verleihung der deutschen Staatsangehörigkeit würde ein erheblicher Teil die deutsche Staatsangehörigkeit mit Rückkehrrecht mitnehmen.

Deutschland will kein Einwanderungsland sein

Nun wird im Hinblick auf die Gesamtproblematik gelegentlich das Instrument eines Einwanderungsgesetzes angeboten. Schließlich gibt es eine faktische Einwanderung nach Deutschland. Sie ist allerdings ungewollt. Schon die Gastarbeiter, die man in den sechziger Jahren anwarb, sollten nicht Einwanderer werden, sondern nach dem Prinzip der Rotation später das Land verlassen. Deutschland wollte nach früheren Aussagen aller Politiker kein Einwanderungsland sein und werden. Es wurde Einwanderungsland wider Willen. Dies festzustellen ist wichtig. Denn die klassischen Einwanderungsländer wollten es sein. Sie wollten ihr Land ›populieren«, weil es groß und dünn besiedelt war. Deshalb benutzten sie auch das *jus soli,* damit sie möglichst viele Staatsbürger und Bewohner bekamen. Jeder, der im Lande geboren war, war automatisch Staatsbürger dieses Landes. Das Ziel war es, große Zahlen qualifizierter künftiger Bürger zu bekommen.

Noch im Juni 1996 stellte die Bundesregierung in der Beantwortung einer Anfrage der Fraktion der Grünen ihre Sicht der Dinge wie folgt dar:»Die Fragesteller gehen davon aus, daß die Bundesrepublik Deutschland ein ›Einwanderungsland‹ ist. Dabei wird verkannt, daß Deutschland keine aktive Politik der Aufnahme von Ausländern mit dem Ziel ihrer dauerhaften Niederlassung betreibt. Das ist auch in der Vergangenheit nicht der Fall gewesen. Sowohl die Bundesregierung als auch die ausländischen Arbeitnehmer gingen zu Beginn der Anwerbung in den Jahren seit 1955 von einem zeitlich begrenzten Aufenthalt aus. Die Bundesregierung verkennt jedoch nicht, daß unter den in Deutschland lebenden Ausländern viele sind, die sich auf einen dauernden Aufenthalt eingerichtet haben.

Deutschland hat auch heute keinen Bedarf für einen weiteren Zuzug von Ausländern.«[90]

Das Ziel eines Einwanderungsgesetzes in Deutschland hätte also derzeit den entgegengesetzten Sinn: Die Masseneinwanderung zu kanalisieren, die faktische Einwanderung zum Beispiel über das Asylticket zu reduzieren. Jedenfalls gilt dies für alle, die das deutsche Interesse der Integration im Auge haben. Es sollte dabei nicht übersehen werden, daß etwa die Grünen und ein Teil der Sozialdemokraten ein solches Einwanderungsgesetz deshalb wollen, weil sie die Zahl der Zuwanderer vergrößern möchten. Es geht also keineswegs um die Sorge, in der Zukunft zu wenig Menschen in Deutschland zu haben, sondern um den Schutz vor einer Überschwemmung. Ein solcher Schutz vor Überschwemmung wird für die nächsten Jahre notwendig sein – es sei denn, Deutschland geht pleite. Manche wollen mit einem möglichen Bevölkerungsschwund nach dem Jahre 2000 + X die Masseneinwanderung von heute rechtfertigen. Das ist Unfug. Hier und heute gibt es keinen Mangel an Zuwanderung, sondern das Gegenteil. Und auch in den nächsten Jahrzehnten müssen wir uns über Wanderungsbereitschaft keine Sorgen machen. Unsere Sorge muß dem Ziel gelten, die Wanderung so zu steuern, daß die Arbeitslosigkeit nicht zu hoch, die Wohnungsnot nicht zu groß, der soziale Friede nicht gefährdet und die Umwelt durch zu hohe Bevölkerungsdichte nicht Schaden leiden wird. Natürlich darf man hier auch bescheiden einfügen, damit Deutschland nicht finanziell überfordert wird.

---

[90] Deutscher Bundestag, 13. Wahlperiode, *Drucksache* 13/5065 vom 26. 6. 1996, S. 2.

Einwanderungsgesetze pflegen zumindest zwei Dinge zu regeln: Quoten und Qualitäten der Einwanderer. Und das müßte in unserem Falle auch geschehen. Die Quote wäre in jedem Falle niedriger als die derzeitige Zahl der Zuwanderer. Wenn derzeit mehrere hunderttausend Menschen jährlich nach Deutschland kommen, braucht man ein Einwanderer-Verhinderungsgesetz. Wir nehmen derzeit mehr Menschen auf als die Einwanderungsländer Kanada und Australien zusammen. Die USA haben derzeit eine Quote von etwa 700 000 festgesetzt. Das ist bezogen auf die Größe und Bevölkerungszahl des Landes erheblich weniger, als Deutschland leistet. Wir hatten im Jahr 1992 450 000 Asylbewerber, die USA rund 100 000. Die Zuwanderer in Deutschland setzen sich derzeit aus verschiedenen Gruppen zusammen, die die genannten unterschiedlichen Tickets in Anspruch nehmen. Jede denkbare Quote müßte alle diese Personen berücksichtigen. Das heißt, sie müßten auf die festzulegende Quote angerechnet werden. Wenn die Quote 200 000 im Jahr betragen soll, dann müßten wir Wege finden, die darüber hinausgehende Zahl zu verhindern. Deshalb hat es nur Sinn, von einem Einwanderungsgesetz zu sprechen, wenn man sich der Konsequenzen bewußt ist.

Einwanderungsgesetz – warum nicht?

Es gibt einen geradezu merkwürdig anmutenden Streit über ein Einwanderungsgesetz. Die SPD hatte sich programmatisch dazu verpflichtet, dafür zu sein. Offenbar geschah dies bei vielen Sozialdemokraten unter dem Gesichtspunkt, damit könne man den Zustrom steuern und erhöhen. Neben der ohnehin stattfindenden Einwanderung über unter anderem das Asylrecht, die Kontingentflüchtlinge, den Familiennachzug sollte eine weitere Möglichkeit gefunden werden, die Zahl der Zuwanderer zu erhöhen und Deutschland offiziell als Einwanderungsland zu erklären. Jedenfalls lautet die Begründung der Gruppe um Frau Däubler-Gmelin im September 1995, man wolle deshalb nunmehr auf ein Einwanderungsgesetz verzichten, weil zusätzliche Einwanderer nicht zu verkraften seien. Auch der Abgeordnete Marschewski von der CDU scheint der Auffassung zu sein, mit einem Einwanderungsgesetz müsse sich zwangsläufig die Erhöhung der Zuwandererzahlen verbinden. Denn er begründet den Gesinnungswandel in der SPD mit der Feststellung: »Eine Zuwanderung von jährlich mehreren hunderttausend Ausländern nach Deutschland« sei die tatsächliche Lage, und deshalb sei ein Einwanderungsgesetz nie geboten gewesen. Die Ausländerbeauftragte der Bundesregierung, die der FDP angehört, äußerte sich – sicher zur Überraschung mancher Beteiligter – in einem entgegengesetzten Sinne. Sie meinte: »Einwanderungsgesetze sind immer Einwanderungsbegrenzungsgesetze.«

In der Tat kann man durchaus der Auffassung sein, mit einem Einwanderungsgesetz den Zustrom von Menschen nicht nur zu kanalisieren, sondern auch zu begrenzen. Denn ein Einwanderungsgesetz muß zumindest auch zwei Dinge regeln: die Frage der Quoten und die der Qualität der Zuwanderer. So ist es in den Einwanderungsgesetzen anderer Länder vorgesehen. Wenn eine Obergrenze der Zuwanderung festgelegt wird, ist es klar, daß die Zahlen der Asylbewerber, Kontingentflüchtlinge und anderer angerechnet werden müssen. Bleiben diese Zahlen insgesamt unter der Quote, kann eine entsprechende Zahl weiterer Menschen aufgenommen werden. Liegt die Zahl jedoch darüber, müßten die Regelungen für die verschiedenen Bereiche von Zuwanderern mit dem Ziel einer Verringerung verändert werden. Klar sollte dabei sein, daß die in einem Einwanderungsgesetz festzulegende Quote erheblich unter den jetzigen Zuwanderungszahlen liegen müßte.

Die entscheidende Frage ist daher wohl nicht das Einwanderungsgesetz, sondern eben die Frage, wieviel wir aufnehmen können und wollen. Daß bei der Festlegung der Quoten zum Beispiel Arbeitsmarktfragen und Fragen des Wohnungsmarktes eine Rolle zu spielen haben, sollte unumstritten sein. Hinsichtlich der Qualitätsmerkmale spielt natürlich ebenfalls der Arbeitsmarkt eine Rolle. Daneben müßten aber auch Fragen der kulturellen Distanz der Zuwanderer beachtet werden. Unser Interesse kann es beispielsweise nicht sein, in erster Linie Muslime einreisen zu lassen. Über diese Fragen einer Begrenzung der Zuwanderung gilt es zu reden. Dann kann ein Einwanderungsgesetz durchaus einen Sinn ergeben. Es darf kein Instrument zur

Erhöhung der Zuwanderer sein, sondern zur Steuerung der Zahl auf einem niedrigeren Niveau.

Zunächst müssen wir also den Druck loswerden, der durch die hohen Asylbewerberzahlen entstanden ist. Niemand kann hier ernsthaft wollen, daß zu den faktischen Einwanderungszahlen noch eine gesetzlich festgelegte Quote dazukommt. Da die Quote in jedem Fall unter der derzeit faktischen Einwanderung liegen müßte, wäre das Problem: Wie verhindere ich Zuwanderer? Um dieses Ziel zu erreichen, brauche ich nun allerdings kein Einwanderungsgesetz. Man kann es machen, aber dadurch wird man kein Problem los. Man kann unrealistische Quoten und Qualitätsmerkmale in das Gesetz hineinschreiben, aber ohne das praktische Instrumentarium zur Einschränkung der Wanderung bleiben die Probleme, wie sie sind, oder sie vermehren sich noch.

Neben der Quote sollten – wie üblich – in einem Einwanderungsgesetz Qualitätsmerkmale stehen. Grob gesagt: Deutschland braucht keine Zuwanderung von Analphabeten, sondern von qualifizierten Arbeitskräften. Jedes Einwanderungsland hat seine Einwanderungspolitik an die Bedürfnisse des Arbeitsmarktes angepaßt. Das müßten und sollten auch wir tun. Um soziale Konflikte zu vermeiden, käme es auch darauf an, nur Menschen aus solchen Ländern kommen zu lassen, die keine große kulturelle Distanz zu uns aufweisen. Mit vielen schwarzen Muslimen zum Beispiel würde der soziale Friede bald nicht mehr halten. Dies bedenkend, fragt man sich, warum gerade diejenigen für ein Einwanderungsgesetz eintreten, die gegen eine drastische Einschränkung der gegenwärtigen Zuwanderung sind. Ich denke, diese Leute machen sich falsche Vorstellungen. Wir sollten deshalb nicht über ein abstraktes Einwanderungsgesetz reden, sondern über das, was der deutsche Arbeits- und Wohnungsmarkt und die Kasse verkraften können. Die derzeitigen Zahlen überfordern Deutschland in jeder Hinsicht. Wenn jemand glaubt, die Zuwanderung sei keine Mitursache für die hohe Arbeitslosigkeit und Wohnungsnot, dann lügt er sich in die Tasche. Die beste Regierung wäre in den neunziger Jahren nicht in der Lage gewesen, für die Massenzuwanderung die notwendigen Arbeitsplätze und Wohnungen zu schaffen.

Welche Quoten wir möglicherweise im Jahre 2000 + X brauchen, weiß niemand genau. Deshalb müssen wir jede Quotenregelung flexibel gestalten. Jetzt jedenfalls kommen zu viele. Und dies gilt es zu regeln. Die Parteien sollten sich also darüber verständigen, welche Zahlen unser Markt verkraften kann. Dann sollten sie sich darauf einigen, wie man die Zahlen der Zuwanderer drastisch senken kann, und dann können sie ein Einwanderungsgesetz machen, in dem Verfahren vorgesehen werden, die notwendigen Quoten zu bestimmen. Es kann kein Zweifel daran bestehen, daß in den nächsten Jahrzehnten genug Menschen da sein werden, die allzugern nach Deutschland kommen wollen. Ein Einwanderungsgesetz könnte den – hoffentlich gemeinsamen – Willen zur Zuzugsbegrenzung mit der Festlegung von Quoten und Qualität markieren. Es wäre nicht die Problemlösung. Dazu muß man die einzelnen Zuzugsmöglichkeiten entsprechend ändern.

Das Asylrecht bedarf weiterer Einschränkung

Das Asylrecht war in den vergangenen Jahrzehnten nach dem Anwerbestopp das größte Einfallstor für Zuwanderer. Trotz der vielen Änderungen des Asylrechts bis zur parteiübergreifenden Regelung einschließlich einer Grundgesetzänderung des Jahres 1992 gibt es Handlungsbedarf. Denn auch eine Zahl von etwa hunderttausend Asylbewerbern jährlich mit einer Anerkennungsquote, die weit unter 10 % liegt, und einer geringen Zahl von Abschiebungen signalisiert Handlungsbedarf. In den zurückliegenden Jahren entwickelte sich die Zahl der Abschiebungen von ehemaligen Asylbewerbern, deren Anträge unanfechtbar abgelehnt worden waren oder deren Verfahren sich auf sonstige Weise erledigt hatte, wie folgt:

1990	5.861
1991	8.232
1992	10.798
1993	36.165
1994	36.183

Zum Lobe des Innenministers Kanther sei der Rückgang der Zahlen von 1992 mit mehr als 400 000 auf nunmehr 100 000 genannt. Die Gesetzesänderungen waren das eine, seine konsequente Umsetzung das andere. Dennoch bleibt die Lage unbefriedigend und insofern ein Handlungsbedarf bestehen. Da es sich bei diesen Problemen um kein speziell deutsches Problem handelt, es vielmehr eine Herausforderung für alle Länder der Europäischen Union darstellt, muß das Ziel in einer Harmonisierung des Asylrechts in der Europäischen Union verwirklicht werden. Der Prozeß wurde in Gang gebracht. Das Ziel steht noch aus.

Am 19. Februar 1999 stellten die Vorsitzenden von CDU und CSU, Schäuble und Stoiber, ein Positionspapier mit dem Titel *Agenda 2000* vor. Darin wird eine »gerechte Lastenverteilung« der für die Aufnahme von Bürgerkriegsflüchtlingen und Asylbewerbern entstehenden Kosten gefordert. Die europäische Solidarität verlange, »daß ein Einzelner oder eine Gruppe von Mitgliedsstaaten nicht dauerhaft und überwiegend allein die Aufgaben tragen, welche nur in der Gemeinschaft aller bewältigt werden können«. Man fordert mehr Solidarität. Und man werde sein Augenmerk darauf richten, »welchen Stellenwert die Bundesregierung diesem Thema in den Verhandlungen tatsächlich beimißt und welche Erfolge sie erzielt«.

So weit, so gut. Das Thema der Harmonisierung und Lastenverteilung ist jedoch nicht neu. Mehr als zehn Jahre lang hat sich die Regierung Kohl damit herumgeplagt und nur mäßige Erfolge erzielt. Nun erwartet die Opposition von der neuen Regierung, was sie in vielen Jahren nicht erreichte. Dafür ist natürlich die Hartnäckigkeit der europäischen Partner verantwortlich, die keine Veranlassung zur Problemlösung sahen, solange die Deutschen allein die größere Hälfte der Last trugen. Aber dafür ist auch die Regierung Kohl verantwortlich, die sich mit großem Engagement für den kostspieligen Beitritt Großbritanniens und die gemeinsame Währung eingesetzt hat und dabei das selbst gesetzte Ziel der Harmonisierung im Bereich von Asyl- und Rechtspolitik vernachlässigte. Wenn sich Helmut Kohl mit derselben Intensität für die Harmonisierung des Asylrechts wie für den EURO eingesetzt hätte, dann wären wir heute weiter – und Helmut Kohl vielleicht noch Kanzler.

Die Geschichte der Harmonisierung ist eine Geschichte sehr kleiner Schritte, die jeweils nach großen Pausen erfolgen. In einem Bericht über den Stand der Harmonisierung des Asylrechts in Europa vom 29. Oktober 1987 bestätigte der zuständige Bundesinnenminister, daß die Bundesregierung gehalten sei, »im Rahmen der Vollendung des Binnenmarktes und im Hinblick auf die Verwirklichung eines einheitlichen Bewegungs- und Rechtsraums innerhalb der Europäischen Gemeinschaft auf eine baldige Harmonisierung der Antworten auf die Asylproblematik hinzuwirken«. Weiter heißt es in dem Bericht: Die Bundesregierung habe mit Kabinettsbeschlüssen vom 26. August 1986 beschlossen, »die Harmonisierung des Asylrechts und der Asylpolitik im europäischen Rahmen voranzutreiben«. Das war also 1986. Dann hat sie mehr als zehn Jahre vorangetrieben, und nun muß sie als Opposition die neue Regierung antreiben, die Sache erneut voranzutreiben.

Auch das Ministerkomitee des Europarates ließ in seinem Report *On Social Cohesion* des Generalsekretärs vom 2. April 1987 wissen, unzweifelhaft sei die Zeit gekommen, »to return to a more harmonised conception of the phenomenon of refugees in Europe by hammering out a joint and comprehensive approach«. (zu einer harmonischeren Konzeption des Phänomens der Flüchtlinge in Europa zurückzukehren, indem man eine gemeinsame und umfassende Regelung zustande bringe.) Unter dem Datum des 11. Oktober 1991 überließ der Parlamentarische Geschäftsführer der CDU/CSU-Fraktion Friedrich Bohl den Mitgliedern der Fraktion den Vorentwurf einer Mitteilung der Kommission der EU über das Asylrecht. Er meinte, dieses Papier sei für unsere Argumentation sehr hilfreich. Darin hieß es, der Wegfall der Grenzkontrollen zum 31. Dezember 1991 mache »ein gemeinsames Asylrecht der Mitgliedsstaaten besonders wichtig«. Aber schließlich hieß es ziemlich bescheiden:»Gleichzeitig muß das Asylrecht im Rahmen der Vertiefung der Europäischen Gemeinschaft durch die Vollendung des Binnenmarktes und langfristiger durch die Schaffung der politischen Union entwickelt werden.«

Was man auch liest – und da gibt es viel zu lesen –, es sind Beteuerungen, Forderungen, Wünsche, die Beschreibung von Zielen. Sicher, wer vom Ziel nichts weiß, kann den Weg nicht haben. Aber wer das Ziel nennt, hat sich noch lange nicht auf den Weg gemacht. Deshalb mußte der Bundeskanzler am 7. Dezember 1995 vor dem Bundestag erneut bekräftigen, daß die bevorstehende Regierungskonferenz 1996 eine »grundlegende weitere Verbesserung der Zusammenarbeit im Bereich der Innen- und Rechtspolitik« bringen müsse. Die Asylproblematik wurde konkret gar nicht angesprochen. Im Aktionsprogramm der EVP, das heißt der christlich-demokratischen und konservativen Parteien, für 1999 bis 2004 heißt es noch immer: »Die Vereinbarung einheitlicher Einwanderungs- und Asylgesetze innerhalb der Europäischen Union hält die EVP vor dem Hintergrund des fortschreitenden Abbaus der Grenzkontrollen für außerordentlich wichtig. Es ist unhaltbar, daß in der EU verschiedene Gesetze und Vorgehensweisen existieren. Die Asylbewerber müssen zwischen den EU-Mitgliedstaaten verteilt werden, wofür gemeinsame Regelungen anzunehmen sind.«

Jahr um Jahr die gleichen Forderungen, und das mehr als zehn Jahre lang. Das Ende der Forderungen ist nicht abzusehen, weil die Lösung nicht erkennbar ist. Sicher, es hat hinsichtlich bestimmter Verfahrensfragen Fortschritte gegeben. Durch die Öffnung der Binnengrenzen war dies zwingend geworden. Das materielle Asylrecht wartet indessen auf eine Harmonisierung. Dazu gehören Fragen der einheitlichen Auslegung der Genfer Flüchtlingskonvention, die materiell vergleichbare Behandlung der Asylbewerber in den einzelnen Ländern und die Verteilung der Lasten.

Der Text der Genfer Flüchtlingskonvention (GFK) läßt zunächst gar nicht erwarten, weshalb es hier Auslegungsschwierigkeiten geben kann. Er lautet: Danach soll der Begriff ›Flüchtling‹ auf eine Person Anwendung finden, die »aus der begründeten Furcht vor Verfolgung wegen ihrer Rasse, Religion, Nationalität, Zugehörigkeit zu einer bestimmten sozialen Gruppe oder wegen ihrer politischen Überzeugung sich außerhalb des Landes befindet, dessen Staatsangehörigkeit sie besitzt, und den Schutz dieses Landes nicht in Anspruch nehmen kann oder wegen dieser Befürchtungen nicht in Anspruch nehmen will; oder die sich als staatenlose infolge solcher Ereignisse außerhalb des Landes befindet, in welchem sie ihren gewöhnlichen Aufenthalt hatte, und nicht dorthin zurückkehren kann oder wegen der erwähnten Befürchtungen nicht dorthin zurückkehren will«.

Zu den offenen Fragen gehören zum Beispiel folgende: Wie sollen Personen behandelt werden, die nicht durch den Staat, sondern durch bestimmte private Gruppen verfolgt werden? Dies gibt es in Algerien, gab es im Libanon. Gerade dort tritt dieses Phänomen auf, wo die staatliche Ordnung ganz oder teilweise zusammengebrochen ist. Offen ist auch die Frage der Behandlung von Bürgerkriegs- oder Gewaltflüchtlingen. Immer wieder gibt es auch Bemühungen, den Verfolgungsbegriff auszudehnen, um sexuelle Verfolgungstatbestände bis hin zu Belastungen durch Umweltschäden als Asylgrund. In einem Entwurf für ein Einwanderungsgesetz haben die Grünen im April 1997 sogar gemeint, Ziel des Gesetzes sei »nicht die Verringerung von Einwanderung« nach Deutschland. Der Familiennachzug soll »unbeschränkt garantiert« werden, »einschließlich solcher Personen, denen als gleichgeschlechtliche Paare aus Rechtsgründen die Eheschließung verwehrt ist«. Die »großzügige Aufnahme von Flüchtlingen« sei »eine vorrangige menschenrechtliche Verpflichtung des Staates«. Zum Schluß heißt es bei der Frage der Kosten, die für jeden im Bundestag eingebrachten Gesetzentwurf beantwortet werden soll, es gebe Mehrkosten »in einer Höhe, die zur Zeit nicht zu beziffern ist«.

Einfach ausgedrückt: Die Grünen wollen Deutschland mehr oder weniger vollständig für den Zuzug von Ausländern aus allen Teilen der Welt öffnen – koste es, was es wolle. Die Grünen nehmen damit schließlich in Kauf, daß Deutschland durch eine Masseneinwanderung seinen deutschen Charakter und seine Identität verliert. Da man seine Heimat durch Masseneinwanderung ebenso verlieren kann wie durch Vertreibung, ist man bereit, den Deutschen die Heimat zu rauben.

Diese Haltung, Deutschland für jedwede Zuwanderung zu öffnen, wird auch deutlich, wenn man die Tätigkeit der Grünen beobachtet. So hat man den Vorsitz im Petitionsausschuß des Bundestages deshalb angestrebt, um sich »an die Seite von Asylsuchenden und Flüchtlingen« zu stellen. Um möglichst viele Asylbewerber in Deutschland zu behalten, hat man für den betroffenen Personenkreis eigens einen Leitfaden herausgegeben, damit sie das »Grundrecht auf Petition auch für das Menschenrecht auf Asyl effektiv und optimal« nutzen können. Nicht die

Interessen der Deutschen und Deutschlands stehen im Vordergrund grüner Politik, sondern das Wohl von zumeist fragwürdigen Asylbewerbern und Wirtschaftsflüchtlingen. Man will allgemein die Zulassung der doppelten Staatsangehörigkeit und ein Geburtsrecht auf einen deutschen Paß. Jeder, der also in Deutschland geboren wird, soll ein Recht haben, Deutscher zu sein. Dann werden wir solche Dinge wie in den USA erleben. Mexikanische Frauen versuchen, kurz vor der Entbindung nach USA zu kommen, um dort einem jungen Amerikaner das Leben zu schenken.

Die PDS, bestimmte Verbände wie ›Pro Asyl‹ und zum Teil die Kirchen vertreten durchaus eine Erweiterung oder großzügige Auslegung der Flüchtlingsdefinition der Genfer Flüchtlingskonvention. Wenn man davon ausgeht, daß die Aufnahme von Flüchtlingen eine gemeinsam zu tragende Last darstellt, dann bedarf es eines ›Burden-sharing‹-Verfahrens in der Gemeinschaft. Das kann in Form einer Verteilung der Kosten oder der Flüchtlinge auf die einzelnen Länder erfolgen. Denn auch bei vergleichbaren Regelungen können Länder aufgrund ihrer geographischen Lage unterschiedlich beansprucht werden. Europäische Solidarität verlangt eine Antwort auf diese Fragen. Bereits 1993 hatte der Rat auf seiner Brüsseler Tagung am 29./30. November beschlossen, in eine Prüfung der Frage der Lastenverteilung einzutreten. Im Juli 1994 ist vom Deutschen Ratsvorsitz der Entwurf einer Entschließung zur Lastenverteilung ausgearbeitet worden.

Die Wege zur Harmonisierung sind lang. Die Neigung zur Übernahme von Lasten gering. Warum soll man sich beeilen, wenn die Deutschen – auch hier – die Hauptlast tragen? Maastricht und Amsterdam war dann die Hoffnung. Im Vertrag von Amsterdam verpflichtet sich der Rat, innerhalb eines Zeitraumes von fünf Jahren, Maßnahmen in bezug auf Flüchtlinge und vertriebene Personen zu beschließen. Im Artikel 73 k und der Ziffer 2b heißt es:»Förderung einer ausgewogenen Verteilung der Belastungen, die mit der Aufnahme von Flüchtlingen und vertriebenen Personen und den Folgen dieser Aufnahme verbunden sind, auf die Mitgliedsstaaten.«

Aber dann kommt es mit der Ausnahmeregelung:»Der vorgenannte Fünf-Jahres-Zeitraum gilt nicht für nach Nr. 2 Buchstabe b... zu beschließende Maßnahmen.« Die Lastenverteilung wird also – wieder einmal – zu deutschen Lasten hinausgeschoben. Nicht einmal die Fünf-Jahres-Frist ist verbindlich. Für die deutsche Politik ergibt sich eine Alternative, wenn sie an einer Harmonisierung ernsthaft interessiert ist. Entweder muß sie die Harmonisierung in der Europäischen Union entschieden angehen, oder sie muß zumindest die deutschen Standards im Hinblick auf Alimentierung, Rechtsstellung der Flüchtlinge und Abschiebung an den Durchschnitt der anderen EU-Länder anpassen. Dazu war man bisher nicht in der Lage. Aber auch hier sollte schließlich gelten: Hilf dir selbst, dann hilft dir Gott.

Die Interessenlage ist eben unterschiedlich. Solange Deutschland den anderen die Kosten abnimmt, werden sie keinen Handlungszwang erkennen. Deshalb muß Deutschland sein eigenes Recht an die Standards der anderen Länder anpassen, solange die Harmonisierung nicht erreicht wurde. Der Zustrom von Asylbewerbern nach Deutschland ist unter anderem deshalb so groß, weil die Alimentierung in Deutschland großzügiger ist als anderenorts. Niemand kann uns hindern, die finanziellen Leistungen an die Asylbewerber anderer vergleichbarer Länder anzupassen.

Ein wesentlicher Mangel waren immer auch die langwierigen Verfahren. Oft genug wurde die Dauer des Verfahrens schließlich zur dauerhaften Begründung des Aufenthalts in Deutschland, obwohl das Asylrecht versagt wurde. Das Aussitzen des Verfahrens eröffnete den Dauerwohnsitz in Deutschland. Die vielen sogenannten Altfallregelungen haben ihre Ursache in der Verfahrensdauer, die auch heute noch zu lang ist. Diese mehrstufigen Verfahren sind insbesondere auf unser Asylrecht als Individualrecht zurückzuführen. Deshalb wäre es richtig, das Asylrecht aus dem Grundgesetz zu streichen oder als institutionelle Garantie zu formulieren. Auch eine Streichung würde das Recht auf Asyl bestehen lassen, so wie es in der Genfer Konvention formuliert ist. Dies wäre auch ausreichend.

Auch sollte in diesem Zusammenhang darauf hingewiesen werden: Das Asylrecht ist ein Recht auf Zeit, das seine Grundlage verliert, wenn die Zustände im Heimatland sich so geändert haben, daß keine politische Verfolgung mehr zu erwarten ist.

Hunderttausende von Polen und Libanesen haben beispielsweise das Asylrecht in Deutschland dadurch verloren, daß die Zustände in ihrem Heimatland keine politische Verfolgung mehr erwarten lassen. Dennoch haben sie die Heimreise nicht angetreten. Dieses müssen sie auch nicht tun, weil die Dauer des Verfahrens und des Aufenthaltes in Deutschland zu einem verfestigten Aufenthaltsstatus geführt hat. Das deutsche Interesse besteht insofern darin, einen verfestigten Aufenthaltsstatus möglichst zu verzögern, damit im Falle der Verbesserung der Zustände im Heimatland der Aufenthalt in Deutschland beendet werden kann.

Familienzusammenführung bedarf der Korrektur

Genaue Zahlen gibt es wohl nicht. Dennoch ist klar, daß aufgrund der Familienzusammenführung jedes Jahr mindestens hunderttausend Menschen nach Deutschland kommen. Vermutlich ist die Zahl erheblich höher. Ein wesentlicher Grund für den Nachzug entsteht durch die Neigung türkischer in Deutschland lebender Männer, ihre Frauen aus der Türkei zu holen. In Berlin sind es etwa 50 % der türkischen Männer, die ihre Frauen aus der Türkei holen. Dafür mögen sie ihre persönlichen Gründe haben. Nach deutschem Verfassungsrecht erscheint es nicht geboten, den Schutz der Familie, das heißt das Zusammenleben der Ehepartner, in Deutschland zu gewährleisten. Wer als Türke unbedingt eine in der Türkei lebende Türkin heiraten will, kann das gemeinsame Leben in der Türkei führen. Gerade bei dem Thema des Familiennachzuges spielt die große Zahl der hier lebenden Türken eine Rolle. Faktisch entsteht ein Schneeballeffekt, der sich zu einer Lawine ausweiten kann und unkontrollierbar wird.

Um den Nachzug von deutschstämmigen Aussiedlern zu kontrollieren und herabzusetzen, wurde schließlich von ihnen verlangt, über ausreichende deutsche Sprachkenntnisse zu verfügen. Namentlich bei jungen Aussiedlern war diese Voraussetzung nicht mehr gegeben. Der gewünschte Erfolg trat ein. Es bleibt die offene Frage, warum beim Familiennachzug von Ausländern auf diese Sprachkenntnisse als Zuwanderungsvoraussetzung verzichtet wird. Deutschland hat alle Veranlassung, von den Zuziehenden im Rahmen des Familiennachzuges zu verlangen, über ausreichende Sprachkenntnisse zu verfügen. Diese haben sie sich durch Eigeninitiative und auf eigene Kosten zu beschaffen.

Kriegsflüchtlinge in der Region betreuen

Immer wieder, wenn es irgendwo in der Welt Kriege und Krisen gab, vor denen die Menschen flüchteten, tauchten in Deutschland humane Geister auf, die sagten, man müsse die Menschen aufnehmen, bis es wieder Ruhe gebe. Sie behaupteten frisch und frei, schließlich sei es der sehnlichste Wunsch dieser Menschen, möglichst bald wieder in die Heimat zurückzukehren. So hätten wir ja nur für kurze Zeit diese Last zu tragen. Die Wirklichkeit sieht anders aus. Die unterstellte Heimatliebe der Menschen ist in der Regel nicht so groß, daß sie allesamt möglichst schnell nach Hause wollen. Umgekehrt wird ein Schuh daraus: Sie wollen dann alle möglichst lange in Deutschland bleiben, und gehen tun sie in der Regel nur, wenn man ihnen die Heimkehr versilbert. Man zahlt kräftige Rückkehrhilfen, die manchmal groteske Züge annehmen. Dazu ein Beispiel aus den Jahren 1989 bis 1992:

Ein Skandal ist die Geschichte der vorübergehenden Duldung von Sinti und Roma in Nordrhein-Westfalen. Im Sommer 1989 hatte Nordrhein-Westfalen einen Abschiebestopp für die rumänischen und die jugoslawischen Zigeuner verfügt, der aber im Dezember 1989 wieder aufgehoben wurde. Daraufhin kam es im Januar 1990 zu einem ›Bettelmarsch‹ von Zigeunern, die gegen ihre Abschiebung demonstrierten. Mit Erfolg: Das Düsseldorfer Innenministerium fühlte sich bemüßigt, den Demonstranten eine »Einzelfallprüfung« eventueller Abschiebehindernisse zuzusagen. Dies verlief zwar ergebnislos, die Zigeuner wurden aber mit ihrer Aktion zum Verhandlungspartner des nordrheinwestfälischen Innenministeriums. In Nordrhein-Westfalen wird die Ausländerpolitik offenbar von Ausländern gemacht. Der Druck von Ausländern, wirksam verstärkt durch linksliberale deutsche Ideologen, bestimmt die Innenpolitik eines Landes.

Die Farce ging weiter: Im Sommer verkündete das Innenministerium eine neue Flüchtlingspolitik, die auch die aktive Unterstützung für Rückkehrwillige vorsah. Als Teilnehmer an einem Modellversuch wurden 1900 der 5000 ›Bettelmarsch‹-Zigeuner ausgespäht, die aus Mazedonien stammten. Für sie sollten mit Mitteln der Landesregierung in der Nähe von Skopje Häuser, Kindergärten, Schulen und Arbeitsplätze geschaffen werden. Während also andere Zigeuner im Laufe der Zeit schlicht als abgelehnte Asylbewerber rumänischer oder jugoslawischer Nationalität abgeschoben wurden, durften die Teilnehmer des Modellprojekts erst einmal bleiben und weiter Sozialhilfe beziehen. Im Januar 1991 gab Bundesinnenminister Schäuble auch sein Plazet zur »Gruppenduldung« dieser 1900 Zigeuner gemäß Paragraph 54 Ausländergesetz. Fast anderthalb Jahre später, im März 1992, befand sich laut NRW-Innenministerium eine erste Gruppe von 250 Zigeunern in ihrem Ansiedlungsort Shutka, einem Vorort Skopjes. Sie stellten allerdings fest, daß in ihren Häusern Fernseher und Waschmaschinen »fehlten«, warfen ihren Partnern Vertragsbruch vor und drohten mit ihrer Rückkehr nach Deutschland. Dort fallen schließlich auch die Geldgeschenke höher aus: In Shutka erhalten sie noch ein Jahr lang monatlich 400 Mark pro Kopf, was etwas unter der Sozialhilfe in Deutschland liegt. Daß der Durchschnittslohn in der Region bei nur 100 Mark liegt, zählt nicht. 23 Arbeitsplätze, die den ersten Rücksiedlern angeboten wurden, wollten sie nicht, aus welchen Gründen auch immer. Und das, obwohl Arbeitsplätze im krisengeplagten Mazedonien dünn gesät sind.

Ungeachtet dessen fällt Faik Abdi, ein Vertreter der Roma im Parlament von Skopje, ein ebenso vernichtendes wie dreistes Urteil über die Rücksiedlungsaktion: »Eine zwangsweise Abschiebung wie unter Hitler.« Seine Landsleute, so Abdi, sollten in Deutschland bleiben und dort arbeiten. Einer von ihnen sieht es ein wenig pragmatischer: »In Deutschland hatten wir keine Arbeit, aber Sozialhilfe. Hier haben wir keine Arbeit und keine Sozialhilfe.« 1991 gab die nordrhein-westfälische Landesregierung für das Shutka-Projekt rund acht Millionen Mark aus. Im Jahr 1992 rechnete man mit Kosten in Höhe von 15 Millionen Mark.

Trotz aller Pannen und Peinlichkeiten hoffte die Düsseldorfer Landesregierung auf eine »ansteckende Wirkung« dieser Politik noch im Juli 1991. Kaum angesteckt sind offenbar die ›Flüchtlinge‹ selbst. Im März 1992 verlautete aus Düsseldorf: »Von insgesamt 300 Roma liegen derzeit noch Anträge auf eine Rückkehr nach Mazedonien vor.« Eine verräterische Wortwahl. Werden plötzlich nur noch Zigeuner rückgesiedelt, die einen Antrag stellen? Wo eine Pflicht zur Ausreise bestünde, darf man neuerdings einen speziellen Antrag stellen. Wiederum drängt sich das Wort von der Ausländerpolitik als ›Politik von außen‹ auf. Die Initiative geht vom Ausländer aus, die Deutschen haben das Gesetz des Handelns verloren. Die ›neue Flüchtlingspolitik‹ nordrhein-westfälischer Art wird auch kaum andere Bundesländer ›anstecken‹. Sie ist zu teuer. Mehr als 20 Millionen Mark für die Rücksiedlung von 500 bis 600 Menschen auszugeben, kann wohl kaum ein Modell für eine neue Flüchtlingspolitik sein.

Ob es die anderen Sinti und Roma in Deutschland vorziehen werden hierzubleiben oder ob sie ebenfalls in ihre von deutschen Steuergroschen erbauten Behausungen ziehen, erscheint in der Wirkung gleich. Gehen sie zurück, sind sie dort lediglich eine weitere Reklame für das großzügige Asylland Deutschland. Bleiben sie hier, fallen sie der öffentlichen Hand zur Last. Natürlich können sie dennoch in der Heimat Urlaub machen. Tatsächlich scheint es selbst in Rumänien für Sinti und Roma nicht so unerträglich zu sein, daß sie nicht – während des laufenden Asylverfahrens – ihr Sammellager in Deutschland für ein paar Wochen verlassen könnten, um zu Hause Verwandte zu besuchen.

Für die innenpolitische Diskussion wird dann zur Begründung gesagt, die Rückkehrhilfen seien immer noch billiger als das Verbleiben in Deutschland. So wurde es fast schon die Regel, daß Deutschland erst den Aufenthalt hier und dann zusätzlich die Heimkehr finanzierte. Es mutet pervers an, wenn bosnische Flüchtlinge in Deutschland alimentiert werden und deutsche Aufbauhelfer in Bosnien ihre Häuser und die Infrastruktur des Landes wieder aufbauen. Daraus sollte man lernen, keine Bürgerkriegsflüchtlinge nach Deutschland zu bringen, sondern die Versorgung in der Region sicherzustellen. Die Versuchung des deutschen Wohlstandes erscheint so groß, daß möglichst viele am deutschen Wesen genesen wollen, indem sie ganz einfach in Deutschland bleiben. Ganz gewiß aus diesem Grund hat Frankreich sich geweigert, Flüchtlinge aus dem Kosovo aufzunehmen. Unsere Regierung hat sich in einem ersten Schritt dafür entschieden, 10 000 aufzunehmen. Sicher werden es mehr werden. Und sicher wird der alte Mechanismus greifen. Wer hier ist, will hier bleiben und geht nur mit goldenem Handschlag. Ende April hatte die Europäische Union 10 900 Flüchtlinge aus dem Kosovo aufgenommen. Deutschland war mit 10 000 dabei. Die Agentur Reuters verbreitete, das Innenministerium in Bonn wolle sich für die Aufnahme weiterer Kosovo-Flüchtlinge einsetzen. Das Haus selbst erklärte, »vorerst« solle es bei 10 000 bleiben. Anfang Mai war diese Haltung nach widersprüchlichen öffentlichen Äußerungen obsolet. Man war nun bereit, 20 000 Flüchtlinge aufzunehmen. Zwar gab es in den unionsgeführten Bundesländern Widerstand, aber der wird nicht ausreichen, um die Erhöhung zu verhindern. Das Verhalten der anderen EU-Länder ist von Zurückhaltung gekennzeichnet. Dafür gibt es auch gute Gründe. Die Bundesregierung mahnte gegenüber den anderen im Sinne einer Lastenverteilung die Aufnahme von Flüchtlingen an. Sie hätte besser daran getan, auf eine Aufnahme in Deutschland zu verzichten. Einerseits hatte Deutschland Anfang der neunziger Jahre im Vergleich zu anderen EU-Ländern Flüchtlinge im Übermaß aufgenommen, andererseits sollte die Erfahrung mit Rückführungsproblemen zur Vorsicht mahnen.

Mehr als ein halbes Jahr vor dem Debakel im Kosovo hatte ich die Bundesregierung aufgefordert, ihren Anspruch auf Lastenverteilung geltend zu machen. Die Begründung dafür ist einfach. Die Verträge von Maastricht und Amsterdam sehen in diesen Problemen künftig zu lösende Gemeinschaftsaufgaben. Die Lastenverteilung kann in einer Teilung der Kosten oder in einer Verteilung der Flüchtlinge nach einem bestimmten Schlüssel liegen. Die Bundesregierung war und ist gegenüber dem deutschen Steuerzahler verpflichtet, alle Möglichkeiten unverzüglich und entschlossen anzugehen. Schließlich hatte der Europäische Rat in Madrid 1995 unter dem Stichwort »Einwanderung und Asyl« unter anderem festgestellt:

»Er (der Rat) stellt ferner mit Befriedigung fest, daß die Entschließung über die Lastenverteilung bei Aufnahme von Vertriebenen sowie der Beschluß über ein Warnsystem und ein Dringlichkeitsverfahren für diese Lastenverteilung verabschiedet worden sind.«

Die Bundesregierung stellt darüber hinaus fest:
»In bestimmten Situationen kann eine harmonisierte Aktion zugunsten von Vertriebenen erforderlich sein, z.B. wenn ein starker Zustrom von Vertriebenen in das Hoheitsgebiet der Mitgliedsstaaten stattfindet oder ein solcher Zustrom mit großer Wahrscheinlichkeit bevorsteht.« Dieser Sachverhalt war im September 1998 – spätestens – gegeben. Deshalb stellte ich der Bundesregierung am 2. September 1998 folgende Fragen:

1. Bemüht sich die Bundesregierung im Rahmen der EU um eine angemessene Lastenverteilung für den Fall, daß es zu größeren Flüchtlingsströmen aus dem Kosovo in die Länder der EU kommt, und wie begründet sie ihre Haltung?
2. Wie ist gegebenenfalls der Sachstand bei den Bemühungen um eine angemessene Lastenverteilung?

Vielleicht kann man Ernst und Eifer der Bundesregierung am ehesten beurteilen, wenn man einmal die ganze Antwort zur Kenntnis nimmt. Deshalb sei sie hier wiedergegeben.

»Zu 1.
Um eine Massenfluchtbewegung von Albanern aus dem Kosovo in die Staaten der Europäischen Union zu verhindern, ist die Politik der Bundesregierung zunächst auf Maßnahmen gerichtet, die zu einer Deeskalation der Situation im Kosovo beitragen und ein regionales Flüchtlingskonzept unterstützen. Die Bundesregierung setzt alles daran, daß durch ein solch regionales Flüchtlingskonzept die an die jugoslawische Provinz Kosovo angrenzenden Staaten in die Lage versetzt werden, Flüchtlinge für die Dauer des Konflikts aufzunehmen. Dem dienen die wiederholten Aufforderungen des Bundesministeriums des Innern an den früheren britischen Präsidenten des Rates der Innen- und Justizminister und an die Kommission, aus bereits laufenden

Hilfsprogrammen der EU oder über ad hoc-Fonds finanzielle Unterstützung zu leisten.

Das Auswärtige Amt hat bislang etwa 5 Mio. DM als bilaterale Hilfe zur Verfügung gestellt. In Anbetracht des nahenden Winters sollen weitere Geldmittel für die Instandsetzung von Häusern aufgewendet werden, um den Flüchtlingen eine Rückkehr in ihre Heimatorte zu ermöglichen. Allerdings müssen hierfür von jugoslawischer Seite noch die erforderlichen politischen Rahmenbedingungen geschaffen werden. Seitens des Bundesministeriums für wirtschaftliche Zusammenarbeit und Entwicklung werden 8,5 Mio. DM, vornehmlich als Nahrungsmittelhilfe und für die Einrichtung von Wasserleitungen und Unterkünfte für Flüchtlinge bereitgestellt.

Ferner wurde in den letzten Sitzungen des K.4-Ausschusses stets auf Wunsch der deutschen Delegation die Kosovo-Krise angesprochen. Dabei hat Deutschland geltend gemacht, daß ggf. ein ›Warn- und Dringlichkeitsverfahren zur Lastenverteilung hinsichtlich der Aufnahme und des vorübergehenden Aufenthalts von Vertriebenen‹ einzuleiten wäre.

Es gilt, eine zum Bürgerkrieg in Bosnien-Herzegowina analoge Situation zu vermeiden, in der Deutschland innerhalb der Europäischen Union den weitaus größten Teil von Flüchtlingen aufnehmen mußte.

Der Rat der Justiz- und Innenminister wird sich auf seiner Tagung am 24. September 1998 auch mit dem Thema ›Migrationsströme (insbesondere Irak, Kosovo) – Fortschrittsbericht‹ befassen.

Zu 2.

Die Bundesregierung hat sich bislang schon nachhaltig auf EU-Ebene für eine angemessene Lastenverteilung eingesetzt. Beispielsweise konnte in der Entschließung des Rates v. 25. 9. 1995 zur Lastenverteilung hinsichtlich der Aufnahme und des vorübergehenden Aufenthalts von Vertriebenen (Abl. EG Nr. C 262, 1 v. 7. 10. 1995) ein grundsätzliches Einvernehmen darüber erzielt werden, daß Aufnahme- und Aufenthaltsbedingungen auf der Grundlage der Konzertierung und Solidarität zu schaffen seien.

Nicht mehr den Charakter einer Absichtserklärung hat nunmehr der überarbeitete Entwurf der Kommission für eine Gemeinsame Maßnahme betreffend die Solidarität bei der Aufnahme und dem Aufenthalt von Vertriebenen, die durch eine Regelung über den vorübergehenden Schutz begünstigt werden (KOM (1998) 372 endg.). In diesem Entwurf wird der Grundsatz der Solidarität festgeschrieben, indem besonders betroffenen Staaten Unterstützung gewährt werden kann. Der Schwerpunkt liegt hierbei auf finanzieller Unterstützung, wie Beiträge für provisorische Unterkünfte, für Leistungen zur Sicherung des Lebensunterhalts o. ä.. Subsidiär hierzu wird jedoch erstmals eine Aufteilung von schutzsuchenden Personen unter den Mitgliedstaaten in Aussicht genommen.

Es ist beabsichtigt, die Frage der Lastenteilung zu einem besonderen Schwerpunkt der bevorstehenden EU-Präsidentschaft zu machen. Dabei wird darauf Wert gelegt weren, daß Beschlüsse zur Aufnahme von Vertriebenen auf EU-Ebene nur gefaßt werden, soweit auch beim Solidarausgleich eine befriedigende Lösung erreicht wird, d. h. es zu einer personellen und nicht nur finanziellen Lastenteilung kommt.«

Danach hatte Deutschland also geltend gemacht, daß »ggf.« das Warn- und Dringlichkeitsverfahren einzuleiten »wäre«.

Von Politikern verlangt man zu Recht eine Voraussicht der Dinge. Was im Kosovo geschah, war vorhersehbar. Schon damals mußte also die Behandlung des Problems einschließlich der Lastenverteilung geregelt werden. Schließlich sei man ja über »Absichtserklärungen« hinausgekommen und: »subsidiär hierzu wird jedoch erstmals eine Aufteilung von schutzsuchenden Personen unter den Mitgliedsstaaten in Aussicht genommen«. Was ist daraus geworden? Nichts.

Die Antwort war lapidar und unbefriedigend. So ist die Lage noch immer. Auch hier handeln die anderen im nationalen Interesse. Nur unsere Regierung glaubt, unsere Bürger besonders belasten zu dürfen.

Die massenhafte Aufnahme von Flüchtlingen hat überdies die ungewollte Nebenwirkung, daß auf diese Weise zu ethnischen Säuberungen ermuntert wird, weil sie erfolgreich sind. Warum konnte Deutschland nicht genau wie Frankreich mit diesem Hinweis die Betreuung der Kosovo-Flüchtlinge in der Region unterstützen und die weitere Aufnahme in Deutschland ablehnen? Auch wäre es ganz und gar normal, wenn Deutschland jetzt auf seine überdurchschnittliche Aufnahmebereitschaft bezüglich der Bosniaken verweist und nun von den EU-Partnern eine stärkere Lastenübernahme verlangt. Leider fehlen uns Regierungen, die unsere Interessen angemessen wahrnehmen. Wie meinte schon Bismarck treffend vor dem Preußischen Landtag im Jahre 1876: »Die Neigung, sich für fremde Nationalitäten und Nationalbestrebungen zu begeistern, auch dann, wenn dieselben nur auf Kosten des eigenen Vaterlandes verwirklicht werden können, ist eine politische Krankheit, deren geographische Verbreitung sich leider auf Deutschland beschränkt.« Es ist höchste Zeit, die Behandlung von Kriegsflüchtlingen in der Gemeinschaft grundsätzlich zu klären! Künftige Konflikte lauern am Horizont.

Kontingentflüchtlinge nur im Notfall

Ohne daß es die Öffentlichkeit so recht mitbekommen hätte und ohne den Bundestag einzuschalten, hat die vorherige Bundesregierung ihre Bereitschaft bekundet, Menschen jüdischen Glaubens aus Rußland in Deutschland aufzunehmen. Ob der Begriff ›Kontingentflüchtlinge‹ zutrifft, sei dahingestellt. Inzwischen ist eine beachtliche Zahl nach Deutschland gekommen. Die Zahl wird sich auf etwa 100 000 belaufen. Jeder weiß es, und auch Herr Bubis sagt es, daß ein wesentlicher Teil dieser Menschen zu Unrecht behauptet, Jude zu sein. Die Aufnahme in Deutschland wird faktisch ohne hinreichende Prüfung gestattet. Die Verfahren sind lapidar, die Gründe nicht erkennbar. Wenn es in Rußland Antisemitismus gibt, dann muß dieser thematisiert werden. Wenn es ihn nicht gibt, dann gibt es keine Gründe für die Aufnahme. Die israelische Regierung hat stets ihr Interesse bekundet, die in Rußland lebenden Juden mögen nach Israel kommen. Noch am 12. April 1999 erklärte der israelische Außenminister Sharon, es sei Pflicht der Juden in Rußland, nach Israel zu kommen, um Israel zu stärken. Diesen Wunsch der israelischen Regierung sollten wir nicht durch unsere Bereitschaft zu großzügiger Aufnahme in Deutschland konterkarieren.

Aussiedlerregelungen haben sich bewährt

Wenn man eine Beschränkung der Zuwanderung erreichen will, darf das Thema Aussiedler nicht übersehen werden. In den letzten Jahren handelt es sich bei diesen Personen zwar um solche, denen die deutsche Staatsangehörigkeit zuerkannt wird, aber im Regelfall wurden sie von der deutschen Bevölkerung als Ausländer angesehen, weil sie eben als solche ins Auge fielen. Auch stellen sich bei den jetzigen Aussiedlern Integrationsprobleme. Infolge der seit einiger Zeit abverlangten Sprachprüfung im Herkunftsland ist die Zahl erheblich zurückgegangen. Nach Lage der Dinge wird die Zahl weiter sinken. Langfristig tendiert sie gegen Null. Es bleibt bedauerlich, daß viele Einzelregelungen für die deutschen Volkszugehörigen härter und schärfer sind als für Ausländer, die den Weg nach Deutschland suchen.

Ob nun diese Fragen im Rahmen eines Einwanderungsgesetzes angesprochen werden oder unabhängig davon: Nur wenn man in den verschiedenen Feldern der Zuwanderung Einschränkungen vornimmt, kann es zu einer Kontrolle und Reduzierung der Zahlen kommen. Es ist unschwer vorstellbar, welche Auseinandersetzungen uns in der Gesellschaft erwarten, wenn diese Themen konsequent angegangen werden. Wer aber die Dinge einfach dem Lauf der Zeit überläßt und meint, die Fragen regeln sich von selbst, der muß sich im Klaren darüber sein, daß Deutschland so seine Identität und Zukunft verliert. Das zuzulassen, ist Deutschland nicht verpflichtet.

5. Kapitel

Deutschland darf normal werden

Völker sind gekommen und gegangen. Wenn sie zu Grunde gehen, liegt es zumeist an der inneren Dekadenz der Völker. Die Dekadenz kann viele Erscheinungsformen haben. Manche Buchtitel im Lande fragen, ob Deutschland noch zu retten sei, ob es ein Wintermärchen sei oder *quo vadis* Deutschland. Die verschiedenen Gefahren, denen Deutschland ausgesetzt ist, sind unverkennbar. Wenn andere Deutschland gern verschwinden sehen, kann man das kaum ändern. Am ehesten ändert man es, wenn man seinen Willen zur Selbstbehauptung bewahrt und den Gefahren trotzt. Das mag schwer sein. Nicht widerstehen kann man den Gefahren, wenn man sich selbst aufgibt. Die Schlüsselfrage richtet sich demnach an die Deutschen selbst. Es ist falsch zu sagen, wo ein Wille ist, da ist auch ein Weg. Aber zutreffend darf man feststellen, wo kein Wille ist, da wird auch kein Weg sein.

Selbstbewahrung und Selbstbehauptung gibt es nur, wenn es das Volk und die Nation gibt. Bei deren Definition mögen gemeinsame Sprache, Geschichte und Kultur eine Rolle spielen. Eine Rolle spielt immer auch der politische Wille, eine Nation zu sein, das heißt, ohne Selbstbewußtsein geht es nicht. Auf die Frage, woran man unsere Nation heute erkenne, antwortete Roman Herzog am 17. Juni 1988 in seiner Rede vor dem Deutschen Bundestag: »Da hört man dann in den einschlägigen Fachdisziplinen – ich selber habe kräftig daran mitgeschrieben –, es komme darauf an, daß ein Volk sich ›seiner selbst bewußt ist‹, daß es sich selbst noch als politische Schicksals- und Verantwortungsgemeinschaft versteht. Unüberhörbar ist hier übrigens das Element der Freiheit und der Selbstbestimmung, das da laut wird. So ist es seit den Tagen des Abbé Sieyès gewesen, und daran sollten wir auch festhalten.«[91] Schicksal und Verantwortung sind

---

[91] Deutscher Bundestag, Stenograph. Bericht vom 17. 6. 1988, S. 5778.

ziemlich konkret, und es führt nichts daran vorbei, daß die jeweils letzten großen Schicksalsschläge die Identität einer Nation weitgehend bestimmen.

Dazu meint Bernard Willms: »Die Nation ist, wie alles politisch Konkrete, objektiv identifizierbar durch ihre politische Lage, die von der globalen Mächtekonstellation ebenso bestimmt wird, wie von ihrer eigenen konkreten Geschichte. Das letzte große historische Ereignis, das unsere Lage definierte, waren der Zweite Weltkrieg und die Niederlage – und unsere Gegner wußten genau, was sie meinten, als sie gegen Deutschland Krieg führten, die Deutschen besiegen wollten, wenn möglich für immer.«[92]

Sicher wird man immer wieder darauf hinweisen dürfen, daß sich die deutsche Geschichte nicht auf zwölf Jahre Nationalsozialismus beschränkt, daß es in der Vergangenheit auch einiges gibt, das Genugtuung und vielleicht Stolz vermitteln kann. Aber solche Vergegenwärtigungen besserer Zeiten und Leistungen können nur ein schwacher Trost sein. Unsere Identitätsfindung kommt an der Niederlage von 1945 nicht vorbei. Die Niederlage war total wie der Krieg. Es war die Niederlage der Deutschen als Deutsche. Und die Sieger wollten sie so. Deutschland sollte nicht wieder handelndes Subjekt werden. Und auch in Deutschland wurde die Niederlage als eine Art Weltgericht empfunden, das den Mut zur eigenen Identität und zum Selbstbewußtsein in Frage stellte. »Nie wieder« und »ohne mich« waren weitverbreitete Standpunkte.

Es begann die Zeit einer mehrfachen Fluchtbewegung, die auch als Flucht aus der Verantwortung gesehen werden kann. Zum einen war es die Betonung jener Überhöhungen der nationalen Existenz, wie sie in dem Europagedanken, dem Weltbürgertum und schließlich in der offenen multikulturellen Gesellschaft zum Ausdruck kamen. Zum anderen war es eben die Übernahme eines moralischen Rigorismus, der sich in dem konsequenten Vertreten einer Gesinnungsethik wiederfindet. Auch gibt es einen bemerkenswerten Hang, sich auf die Seite der Opfer herüberzumogeln. Man will sich aus der Verantwortungsgemeinschaft

---

[92] Bernard Willms, »Die sieben Todsünden gegen die deutsche Identität«, in *Criticón* Nr. 78, Juli/August 1983, S. 158.

herausstehlen, indem man sich in die Klagegemeinschaft der Opfer begibt. Solche Fluchtbemühungen sind menschlich verständlich, aber nicht heilsam und nicht geeignet, das wirkliche Problem zu lösen.»Für die Besiegten selbst gibt es nur eine wirklich politische Reaktion auf eine solche Niederlage: Das ist die gründliche Rekonstruktion des Selbstbewußtseins oder das Bemühen um politische Identität der Deutschen als Deutsche.«[93] Auch nach dem Debakel haben die Deutschen ein Recht, wohl auch eine Pflicht, sich als Volk zu sehen und zu erleben. Die Flucht aus dem Nationalen ist keine Lösung.

Es gibt bekanntlich den Tatbestand des ›Völkermordes‹. Also muß es auch Völker geben, die man morden kann. Voraussetzung für den Begriff ›Volk‹ ist eine Identität, die über das Individuelle hinausgeht. Offenbar wird es als normal angesehen, daß sich Menschen als Volk empfinden und erleben. Einem Volk anzugehören, ist anscheinend ein Stück natürlichen Selbstbewußtseins und insofern ein Stück Selbstverständlichkeit. Über Selbstverständlichkeiten sollte man tunlichst nicht soviel reden.

Die Problematik beginnt da, wo man die Identität eines Volkes lediglich aus Teilen seiner Geschichte definieren will. Die Deutschen als die Verantwortlichen für Auschwitz zu definieren ist nicht falsch, wenn ihre Identität nicht nur vom Völkermord an den Juden bestimmt wird. Die Deutschen nur von Mölln und Remscheid her zu definieren ist falsch, weil ein Teil zum Ganzen gemacht wird. Man kann das heutige Frankreich und die Franzosen nicht nur von Napoleon und Robespierre her bestimmen, ebensowenig kann man das heutige Rußland von Stalins Taten her definieren. Stalin wiederum ›gehört‹ auch den Georgiern und wohl auch den Ukrainern und Weißrussen. Weder ist die Taufe Chlodwigs das einzige Definitionsmerkmal für das heutige Frankreich noch Stalin und Iwan der Schreckliche für Rußland. Auch Hitler und Auschwitz sind nicht die einzig bestimmenden Faktoren für die deutsche Identität. Es gibt eine deutsche Geschichte vor 1933 und nach 1945.

Nur die zeitliche Nähe zu einem geschichtlichen Ereignis läßt es plausibel erscheinen, zeitweise ein bestimmtes Bild besonders

---

[93] Willms, ebenda, S. 159.

zu betonen. Es widerspricht jedem sinnvollen Verständnis menschlicher Existenz, wenn ein Volk nach vielen Generationen, mit Schuld beladen, gebeugt herumlaufen soll. Wer alles müßte heute das Kainsmal vergangener Völkermorde tragen? Auch mit dem Verweis auf die Besonderheit oder gar Einmaligkeit der im Namen Deutschlands unter Hitler geschehenen Verbrechen löst man die Problematik nicht. Selbst eine hochmotivierte Holocaust-Industrie kann gegen die Zeit und die menschliche Natur nicht erfolgreich ankämpfen. Jedes geschichtliche Ereignis dieser Art ist auf seine Weise einmalig. Und die vielleicht einmalige Besonderheit des Holocaust kann man auch nur im Vergleich feststellen. Deshalb muß es solche Vergleiche und die Historisierbarkeit des Nationalsozialismus geben.

Trotz allem werden künftige Generationen von Deutschen – wenn es sie denn gibt – das Recht und die Pflicht haben, mit aufrechtem Gang durch die Geschichte zu gehen, um den Versuch zu machen, ihre Gegenwart und Zukunft zu bewältigen. Wer dauernd damit beschäftigt ist, die Vergangenheit zu bewältigen, wird weder die Gegenwart noch die Zukunft meistern. Wer dauernd in den Rückspiegel schaut, wird weder sicher vorwärtskommen noch das Ziel erreichen. In vergleichbarer Weise äußert sich auch der italienische Autor Angelo Bolaffi: »Es besteht die große Gefahr, daß sich das zunehmende Mißtrauen gegenüber Deutschland für Europa als tödlich erweisen könnte. Obwohl sie nicht leicht fällt, ist die Erkenntnis unumgänglich: Die Zeiten, in denen Europa das ungeliebte Deutschland einfach mit dem Hinweis auf die geschichtliche Schuld bestrafen konnte, sind vorbei. Kein Land kann ewig so vorgehen wie jener Angelus Novus von Paul Klee, der Walter Benjamin so beeindruckte: Mit dem Rücken zur Zukunft und dem Blick auf die Trümmer der Vergangenheit. Deutschland hat die historische Gelegenheit wahrgenommen, um das Recht auf Normalität zurückzuerobern.«[94] Auch wenn die schreckliche Vergangenheit der Deutschen nur langsam vergeht, darf sie auf Dauer nicht der einzige Maßstab für die Bewertung der Deutschen sein.

---

[94] Angelo Bolaffi, »Der herbeigeredete Feind«, in *Der Spiegel*, Nr. 51 vom 14. 12. 1992, S. 29.

Auch die letzten vierzig Jahre gehören zu unserer Vergangenheit. Und die kann sich sehen lassen. Auf diese Entwicklung zu verweisen, hat nichts mit einer Flucht aus der Geschichte zu tun. Gerade der Konservative erlebt sich – nach Edmund Burke – als einer, der von den Generationen vor ihm und für die Generationen nach ihm lebt. Er sieht sich in der Kette der Erfolge und Mißerfolge, des Stolzes und der Scham. Es gibt diesen natürlichen Prozeß der Relativierung aller Ereignisse und allen Geschehens durch die Zeit und in der Zeit. Die Zeit heilt, sie macht vergessen. Und das braucht der Mensch, weil er ein Mensch ist. Es ist ganz und gar ›normal‹, wenn der Mensch ohne Neurosen, Stigmata, Traumata und Komplexe durchs Leben gehen will. Auch ohne Stolz kann auf Dauer kein Mensch leben. Es war immerhin die Sozialdemokratie Willi Brandts, die Anfang der siebziger Jahre in einem Wahlkampf beachtlich groß den Satz plakatieren ließ: »Deutsche, wir können stolz sein auf unser Land«.

Mit der Schuld der Deutschen wird ein Kult betrieben. Um sie auch auf ewig zu erhalten, werden einige intellektuelle Kunstgriffe angewendet. Die deutsche Schuld wird zur Einzigartigkeit und Einmaligkeit stilisiert. Angesichts ihrer Singularität werden alle Vergleiche verboten. Auch wird das Verbot der Aufrechnung ausgesprochen. »So wird den Deutschen alles, was auch nur im entferntesten an eine Verharmlosung oder Relativierung nationalsozialistischer Verbrechen anklingen könnte, von den Akteuren des Tugendterrors als Todsünde angelastet.«[95] Die Zielvorstellung ist klar: Der ewig Schuldige ist ewig erpreßbar. Der ewig Schuldige erhebt sein Haupt nicht, er geht geduckt und gedemütigt durch die Geschichte. Bei den Deutschen soll eine Art »Moralneurose künstlich geschaffen und für unabsehbare Zukunft aufrechterhalten werden, um sie dadurch in demütiger Unterwürfigkeit gegenüber den inquisitorischen Hütern der angeblich wahren politischen Moral zu erhalten«.[96] Die selbstzerstörerische Wirkung solcher Haltungen ist unverkennbar. Die

---

[95] Ernst Topitsch, »Moralneurose: Der deutsche Schuldkult und seine Hohepriester – Bußkämpfe und massenmediale Betroffenheitsrituale«, in *Epoche*, 20 ff., Nr. 130, S. 29.
[96] Ebenda.

deutsche Identität würde im Erfolgsfalle auf der Strecke bleiben. Ein immer latentes Schuldgefühl »legt sich wie Mehltau über alles Errungene, alles Bejahende, alles Vitale, alles Glück, alle Zukunft«.[97] Eine solche Konsequenz haben kein Mensch und kein Volk verdient.

So total die Niederlage, so schwer die Schuld sein mag, sie haben nicht zur totalen Vernichtung Deutschlands und der Deutschen geführt. Wir sind geblieben und müssen mit Anstand leben und überleben. Zu einem menschenwürdigen Leben gehören der aufrechte Gang ebenso wie das Gefühl des Stolzes. Das sind Ausdrücke einer Normalität, die wir uns nicht ausreden lassen sollten. Und dafür gibt es eine ganz einfache Begründung: Wir müssen bedenken, daß wir »nicht Gottes Auftrag vollbringen können, wenn wir von Schuldgefühlen für vergangene und bereute Sünden besessen sind«.[98] Hier stellt Franz Oppenheimer schlicht und einfach eine Wahrheit fest, die mit unserem Dasein und Sosein zutiefst verbunden ist. Es ist ganz und gar normal, wenn wir uns dieser Erkenntnis wieder bewußt werden. Der Zeitpunkt, aus dem Schatten der Vergangenheit selbstbewußt herauszutreten, ist nahe. Dafür spricht einiges. Die Nachkriegszeit ist mit dem Ende des Kalten Krieges und der Wiedervereinigung Deutschlands vorbei. Die sozialistische Utopie ist tot. Nur mit Mühen wird die politische Linke den Faschismus als Legitimationsmerkmal finden. Die Generation, der die Täter entstammten, stirbt aus. Die Lebenden gehören nicht mehr der Erlebnisgeneration an. Das Recht der Sieger, die selber keine Richter haben, kann nicht mehr Maßstab der Dinge sein. Nach dem Ende der Teilung und dem Zusammenbruch des real existierenden Sozialismus kann Deutschland sich nicht mehr auf eine Sonderrolle berufen, die die Übernahme internationaler Verantwortung ausschließt.

Es gibt hinreichend Veranlassung, sich den aktuellen Völkermorden zu widmen, und nicht in Erstarrung zu verharren, weil es den Holocaust gegeben hat. Sinn kann es nur haben, sich an

---

[97] Bernard Willms, aaO. (Anm. 92), S. 159.
[98] Franz Oppenheimer, »Vorsicht vor falschen Schlüssen aus der deutschen Vergangenheit«, in *FAZ* vom 14. 5. 1986.

den Holocaust zu erinnern, um künftige Völkermorde zu verhindern. Insofern haben nicht nur die Deutschen aus der Geschichte der Deutschen zu lernen, sondern alle. Zum Beispiel sollte es eine Lehre sein, die Be- und Verurteilung des Völkermordes nicht nur einer Siegerjustiz ohne Rückwirkungsverbot zu überlassen. Vielmehr bedarf es im internationalen Recht einer klaren Tatbestandsbeschreibung und eines zuständigen Gerichtes, damit jedem, der Völkermord begehen will, vorher klar ist, was ihn erwartet.

Aber drinnen wie draußen wird immer noch die Sonderrolle Deutschlands gepflegt. Nicht immer sind dafür edle Motive erkennbar. Man kann an die Darstellungen in englischen Zeitungen während der Fußballeuropameisterschaft im Jahre 1996 erinnern, an die Debatten nach Mölln und Remscheid, aber auch an Goldhagen. Es macht manchen offenbar Vergnügen, das Feindbild der Deutschen zu pflegen. Schließlich kann man Schuld und Verantwortung instrumentalisieren und in bare Münze verwandeln. Und immer noch fallen die Deutschen darauf herein.

Es ist durchaus unnormal, wenn gerade das Land, das in den Gremien der Europäischen Union den Mehrheitsentscheid einführen will, sich nach besten Kräften dagegen wehrte, als einmal die israelische Politik unter dem Ministerpräsidenten Netanjahu kritisch bewertet werden sollte. Deutschland war nicht bereit, sich mit 14 : 1 überstimmen zu lassen, weil man sich aufgrund seiner Vergangenheit nicht traute, kritische Worte gegenüber Israel mitzuzeichnen.

Es war durchaus unnormal, daß Deutschland sich lange um internationale Verpflichtungen herumdrückte, weil das Auswärtige Amt das Grundgesetz bewußt so interpretierte, daß der ›Ohne-mich-Standpunkt‹ gepflegt wurde: Drückebergerei aus Rücksicht auf die Vergangenheit.

Es ist keineswegs normal, wenn Deutschland die mit Abstand höchsten und sachlich nicht gerechtfertigten Beiträge zur Europäischen Union bezahlt, weil man aufgrund seiner nationalen Vergangenheit internationaler Musterschüler sein möchte.

Es ist auch keineswegs normal, daß Deutschland etwa 400 000 Flüchtlinge aus dem ehemaligen Jugoslawien aufnahm, während England und Frankreich zusammen nur 40 000 aufnahmen.

Es wäre auch nicht normal, wenn wir angesichts einer Fülle authentischer Denkmale mitten in Berlin ein monströses Holocaust-Monument errichten würden, weil vor allem die amerikanische Ostküste das so möchte. Die Liste ist beliebig fortsetzbar. Es gehört zur Normalität, Deutschland als einen Staat zu behandeln wie andere auch. Aber zur Normalität gehört es auch, sich selbst so zu verhalten, wie andere Staaten dies tun. Ob man diesen Weg in die Normalität mit ›Erwachsenwerden‹ oder anders bezeichnet, tut nichts zur Sache. Wie sagte Wolfgang Schäuble auf dem 12. Parteitag der CDU in Erfurt:»Die Entscheidung für die NATO-Aktionen und die deutsche Beteiligung an Kampfeinsätzen fällt uns nicht leicht. Sie ist der erste Ernstfall für das erwachsen gewordene Deutschland. Die Zeiten, als sie uns aus guten Gründen zurückgehalten haben, ohne dadurch die Solidarität mit unseren Partnern zu verlassen, waren vielleicht bequem. Erwachsensein ist aber nicht immer bequem, und es bedeutet Verantwortung.«

Hier geht es nicht darum, anderen etwas nahezulegen. Sie mögen Deutschland behandeln, wie sie es für richtig halten. Es ist jedenfalls kaum zu erwarten, daß andere Staaten Deutschland behandeln wie ihresgleichen, solange die Deutschen sich selbst nicht normal verhalten. Deshalb sollten wir nur vor der eigenen Haustüre kehren. Dabei erscheint es als ganz und gar selbstverständlich: Wenn man stets die eigene abgrundtiefe Schuld und Verantwortung vor Augen hat, dann führt dies mehr oder weniger zwangsläufig zu einer ebenso einseitigen wie kräftigen Betonung der Gesinnungsethik.

Die hinter uns liegenden Jahre sind von den Protesten und Prophetien der Gesinnungsethiker begleitet: Die Stationierung von Pershing II werde zum dritten Weltkrieg führen, die Atomenergie zerstöre den Globus, ziviler Ungehorsam in demokratischen Staaten sei angesagt, Deserteure – ob im Zweiten Weltkrieg oder Amerikaner beim Golfkrieg – sollten am besten heilig gesprochen werden. Es gipfelt schließlich in der These, man müsse die Bergpredigt so ernst nehmen, daß auf jedwede Gewalt zu verzichten sei. Namentlich die Grünen waren Vertreter und Gewinner dieser gesellschaftlichen Situation. Sie halten sich für eine pazifistische Partei. Das ist nun vorbei. Und manche haben auf dem Weg in die Normalität ihre gesinnungsethische Unschuld verloren. »Der gesinnungsethische Protest« wurde, wie Wilhelm Hortmann meint, zum »prägenden Element« der inneren Entwicklung der Bundesrepublik Deutschland. Nach dem Zusammenbruch des Kommunismus und dem damit verbundenen Verlust einer sozialistischen Utopie sowie dem Golfkrieg und dem Krieg im ehemaligen Jugoslawien sieht die Welt anders aus. Wir sind gehalten, nun die Prinzipien der Verantwortungsethik zu beachten und danach zu leben. Nachdem Joseph Fischer feststellte, die Grünen seien eine pazifistische Partei, meinte er: »Ich persönlich war in meinem Leben noch nie Pazifist; das hängt mit meinem Verhältnis zum deutschen Nationalsozialismus zusammen.« Im Falle von Völkermord, »dort, wo es um die Ultima ratio geht, Völkermord zu verhindern, kann man militärische Zwangsmittel nicht definitiv ausschließen. Wir hatten diese Situation nach Srebrenica«.[99]

Die Zeit des gesinnungsethischen Rigorismus ist vorbei oder geht dem Ende entgegen. Auch dies ist ein Schritt in die Normalität. Allzu leicht konnte man mit gesinnungsethischen Protesten sein Gewissen beruhigen und vor der Welt eine Sonderrolle beanspruchen. So einfach ist das nun nicht mehr. Mit der Pflege eines schlechten Gewissens durch Proteste, Lichterketten, den Verzicht auf öffentliche Lustbarkeiten nach Beginn des Golfkrieges und ähnlichem ist es nun nicht mehr getan, weil damit eben nichts getan ist. Verantwortliches Handeln ist schwierig. Es setzt Wägen voraus und schließt Wagen ein. Der Weg in diese internationale Verantwortung ist auch der Weg in die Normalität. Die Zeit der Gesinnungsethiker, die deutsche Schuld und Verantwortung zum Angelpunkt ihres Denkens machten, geht vorbei. Nach Auschwitz meinten einige von ihnen, wie zum Beispiel Günter Grass, wir hätten weder das Recht auf Wiedervereinigung noch auf eigene Identität. Die Teilung sei Strafe, Schutz vor künftigem Faschismus und ein Mittel zur Friedenssicherung, konnte man von ihnen hören. Nun wird es ihnen schwer, die

---

[99] Zitiert nach *Exclusiv-Dienst*, v. Meissner-Verlag, Bonn.

veränderte Welt zu begreifen. Dazu Wilhelm Hortmann: »Worauf aber weder sie noch andere vorbereitet waren, ist der sich abzeichnende Verlust von Auschwitz als Dreh- und Angelpunkt des politischen Denkens, als Fluchtpunkt der deutschen Geschichte, als negativer Gottesbeweis und einmaliger Zivilisationsbruch, als singuläre deutsche Erbschuld und als in Ewigkeit festzuschreibende Basis deutschen Selbstverständnisses.«[100] Der daraus folgenden Verantwortung müssen wir uns selbstbewußt stellen. Nicht nach dem Motto, wir sind wieder wer, aber auch nicht nach der Devise, wir sind ein Nichts. Der Weg in die Normalität ist nicht einfach der Weg zurück in eine Vergangenheit vor Hitler und Auschwitz. Es ist der Weg in die Gleichberechtigung zwischen den demokratischen Staaten ohne Diskriminierung wegen der Vergangenheit. Auch die Neigung zur Selbstbezichtigung löst keine Probleme.

Als es 1992 schwere Straftaten gegen Ausländer gab, waren die Reaktionen von tiefer Betroffenheit und Selbstanklage gekennzeichnet. »Ich schäme mich, Deutscher zu sein«, zitierte ein deutsches Massenblatt den Fußballtrainer Kalli Feldkamp, der in der Türkei tätig war. Auch eine Vielzahl von Politikern würzte damals die Reden mit dem Bekenntnis, sich zu schämen. Wer sich nicht schämte, schien ein Ausländerfeind zu sein. Tatsache ist, daß die vermeintliche ausländerfeindliche Bundesrepublik Deutschland sage und schreibe zwei Drittel aller Asylbewerber in der Europäischen Union aufnimmt und angemessen alimentiert. Tatsache ist auch, daß Deutschland zehnmal soviel Flüchtlinge aus dem ehemaligen Jugoslawien aufgenommen hat wie England und Frankreich zusammen. Tatsache ist, daß in Deutschland mehr als 7 Millionen Ausländer ohne größere Konflikte leben.

Sind die Engländer nicht mehr stolz auf ihr Land, obwohl es dort 1991 – so eine Aufstellung der *Financial Times* – insgesamt 7780 rassisch motivierte Übergriffe gegeben hat im Vergleich zu 2427 Übergriffen in Deutschland? Oder schämen sich die Franzosen deshalb, weil sie so wenige Flüchtlinge im Vergleich zu Deutschland aufgenommen haben?

---

[100] Wilhelm Hortmann, »Was es heißt, Deutscher zu sein«, in *FAZ* vom 27. 2. 1991.

Daß rechtsextreme deutsche Gewalttäter es 1992 schafften, 17 Menschen umzubringen, ist ein Fall für die Justiz, für Erzieher und Lehrer. Aber es ist kein Grund für die den gesinnungsethischen Fanatikern gegenüberstehende Mehrheit von Demokraten, nun wieder in Sack und Asche zu gehen. Sie müssen sich mit ruhigem Selbstbewußtsein behaupten, nicht aber in eine völlig sinnlose und destruktive Schamhaltung verfallen. Solche Kollektivscham mag finanziellen und politischen Interessen anderer Länder entgegenkommen und mag darüber hinaus in Deutschland die ›antifaschistische Linke‹ stärken, die jüngst ihre Freund- und Feindbilder verloren hat. Doch müssen wir uns fragen: Haben sich ›die Deutschen‹ der RAF-Morde geschämt? Und verzichten die bei uns lebenden 7 Millionen Ausländer auf ihren jeweiligen Nationalstolz, weil im Jahre 1990 134 Ausländer wegen Mord und Totschlag verurteilt wurden? Sicher nicht. Die Tat von Mölln ist genauso wenig eine ›Schande für Deutschland‹ wie etwa die Mordtat eines nigerianischen Asylbewerbers eine ›Schande für Nigeria‹ ist.

Trotz Mölln sind ›die Deutschen‹ keine Ausländerfeinde. Deshalb sind folgende Modesprüche überflüssig: »Wir sind alle Ausländer«, »Nie wieder Deutschland« und »Ausländer, laßt uns mit den Deutschen nicht allein«. Solche Parolen meint Hans-Magnus Enzensberger, sind nichts anderes als eine »pharisäerhafte Umpolung rassistischer Klischees«. Recht hat er, es ist Heuchelei. Die Welt ist nicht am deutschen Wesen genesen. Am deutschen Weltschmerz und Selbsthaß wird sie aber erst recht nicht genesen. Ein Teil der Deutschen möchte den Landsleuten einreden, daß Nationalstolz etwas Falsches, Unanständiges wäre. Jedoch:»Selbstherabsetzung, Selbstbeschuldigung und unentwegte Übung in Selbstzerknirschung führen zu Selbstzerstörungen«, analysiert der Verhaltensforscher Irenäus Eibl-Eibesfeldt. Es gilt, schlicht und einfach zu begreifen, daß wir Deutschen nicht besser, aber eben auch nicht schlechter sind als andere Nationen. Eine in Deutschland lebende Peruanerin ließ die Leser einer Tageszeitung kürzlich wissen:»Nur wer Selbstachtung hat, wird auch von anderen geachtet.«

Alfred de Zayas meinte kürzlich in einem Interview:»Für mich als Amerikaner ist es kaum nachzuvollziehen, warum die Deutschen ihre eigene Geschichte so tabuisieren, daß es so schwierig ist, über die Vertreibung zu publizieren oder zu diskutieren, ohne schief angesehen zu werden – aber nicht etwa von Amerikanern oder Briten, sondern von Deutschen. Es sind deutsche Meinungsmacher, Politiker, Professoren, Gymnasiallehrer, die die Vertreibung der Deutschen tabuisieren, weil für sie diese Thematik nicht opportun ist, eben nicht ›politisch korrekt‹. Dies ist Hohn und Unbarmherzigkeit den Opfern gegenüber.

Ich frage mich, warum zeigen die Deutschen so wenig Respekt vor sich selbst? Sie sagen überall ›mea culpa, mea culpa‹, respektieren aber nicht die eigenen Opfer. Sie bitten überall um Verzeihung – als wäre Deutschland eine Canossa-Republik geworden, eine Republik der Reue. Aber wenn man Moral zur Schau trägt, riskiert man, nicht sehr ernst genommen zu werden. Man kann einem Volk nicht trauen, das sich nur selbst bezichtigt. Diese anormale Haltung wirkt auf viele Ausländer, nicht nur auf mich, als ein Ritual, eine Pflichtübung, unecht, überflüssig, schließlich sogar als respektlos. Um glaubwürdig zu sein, muß man auch bereit sein, ähnliche Verbrechen zu verurteilen, überall in der Welt, auch dann, wenn die Opfer Deutsche waren oder sind.«[101]

Nach dem Kosovo-Krieg sollte sich das Bild ändern. Auch die Vertreibung der Deutschen darf nicht mit anderen Maßstäben gemessen werden. Derartige Zitate, die keine Seltenheit sind, sollten uns zu denken geben. In diesem Sinne: Wir haben allen Grund, auf unser funktionierendes politisches Gemeinwesen Deutschland und die humanitären Leistungen in dieser Republik stolz zu sein. Und wir haben allen Grund, selbstbewußt den Gefahren zu trotzen. Die vermeintlich politisch korrekte Welt der »Gutmenschen« steht dem entgegen. Hoffen wir mit Hölderlin: »Wo aber Gefahr ist, da wächst das Rettende auch.«

---

[101] *DOD (Deutscher Ostdienst)*, Nr. 19 vom 12. 5. 1995.

Die Bundesrepublik Deutschland und ihr Staatsvolk

Dr. Felix Buck

Einleitung

Erst langsam wird einer größeren Öffentlichkeit deutlich, daß mit dem durch die Wahl vom 27. 9. 1998 hervorgerufenen Regierungswechsel mehr als ein parlamentarischer Rollentausch, der zudem noch als allgemein gefällig inszeniert wurde, in Gang gesetzt wurde unter der Firmierung eines Generationswechsels. Es sind weniger die Ansätze auf wirtschafts- und finanzpolitischem oder auf energie- und sozialpolitischem Gebiet als vielmehr die Vorstellungen für gesellschaftliche und volkspolitische Veränderungen, die, wenn sie im ursprünglichen Sinne verwirklicht würden, von geradezu schicksalhaft negativen Auswirkungen für die zukünftige Entwicklung des deutschen Volkes sein würden. Der Kampf hiergegen kann daher nicht ernsthaft und nachhaltig genug geführt werden.

Das Vorhaben der neuen Regierung, das Staatsangehörigkeitsrecht entscheidend, das heißt in seiner grundsätzlichen inhaltlichen Zielsetzung und Struktur, zu ändern, stellt das gefährlichste Moment in dem immer noch undeutlichen Gesamtkonzept der ›neuen Politik‹ von Rot-Grün dar. Um den zerstörerischen Stoß gegen die Zukunftsgestalt des deutschen Volkes zu verschleiern, ist von vornherein von Regierungsseite die Begründung einerseits emotionalisiert und andererseits als pragmatische Reaktion auf die Verhältnisse in der bundesdeutschen Wirklichkeit getarnt worden.

Das Regierungsvorhaben wird unter dem Vorwand der Schaffung eines ›modernen Staatsangehörigkeitsrechts‹ von vornherein mit massenwirksamem Propagandaeffekt verkauft. Das Festhalten an der bisherigen Regelung mit dem Grundtenor des Gesetzes von 1913 wird dabei als starres Verharren auf antiquierten Regelungen des Obrigkeitsstaates des ehemaligen Kaiserreichs dargestellt, und das damit verbundene Abstammungsprinzip wird als Ausfluß völkisch-rassistischer Tendenzen gebrandmarkt und folgerichtig die Ablehnung des Regierungsvorhabens als Ausländerfeindlichkeit verurteilt.

Daß unter diesen Voraussetzungen der Opposition gar nichts anderes übrig blieb, als mit ihr erforderlich erscheinenden Mitteln das Volk aufzurütteln, ihm seine Existenzgefährdung deutlich zu machen und es zur Bekundung seiner Auffassung gegenüber dem Gesetzgeber zu ermuntern, ist mehr als verständlich. Und daß die Gegenreaktion der rot-grünen Initiatoren, ohne im geringsten auf die historischen und sachbezogenen Zusammenhänge einzugehen, sich auf die bewährte Anwendung der emotionalen Keulenmethode mit Ausgrenzungswirkung konzentriert, beweist nur, daß hinter dem vorgespiegelten Bild angewandter Menschenfreundlichkeit ganz andere, in höchstem Maße die Zukunft Deutschlands gefährdende Zielsetzungen stekken. Der Verdacht wird bestärkt, daß es auch hier um die lebenszerstörende Tendenz zur Auflösung gewachsener Bindungen geht. Was besagt denn die Zielsetzung sogenannter Modernität anderes als eine Verschleierung hintergründiger Absichten? Die Regieeinfälle sind geradezu entlarvend. So erscheint zum Beispiel bei der Darstellung der dringlichen Modernisierung im Fernsehen (ARD) bei der Bezugnahme auf das Staatsangehörigkeitsgesetz von 1913 als Hintateruntermalung das Bild von Kaiser Wilhelm II. in schnauzbärtiger Herrscherpose mit Pickelhaube. Das erspart jede anderweitige Beweisführung für die Behauptung, daß die Grundzüge dieses Gesetzes nunmehr völlig antiquiert seien und einer dringenden Anpassung an die heutigen Zeitumstände bedürften. Jedwedes Eingehen auf die historische Entwicklung, auch Weiterentwicklung bis heute, sowie die Berücksichtigung gewachsener deutscher Rechtstraditionen erübrigt sich dann von selbst. Daher muß es erlaubt sein, eindringlich zu hinterfragen: Handelt es sich bei den Regierungsplänen um ernsthafte Überlegungen zur organischen Weitergestaltung deutschen Rechts mit Hinblick auf die Zukunft oder um eine semantisch untermalte Kampagne zur Verbreiterung der Machtbasis der Regierungsparteien im Hinblick auf bestimmte Interessengruppen? Das deutsche Staatsvolk muß wissen, welcher Geist, welche wirkliche Zielsetzung hinter dem Plan eines so einschneidenden Bruchs der deutschen Rechtstradition steckt.

Dieser Fragestellung werden wir nur gerecht, wenn wir uns der Mühe unterziehen, die geschichtliche Entwicklung von ihren Ursprüngen und von den sie begleitenden geistigen Bewegungen her nachzuvollziehen. Nur daraus können dann die Folgerungen für Regelungen gezogen werden, die auch für die Zukunft den Bestand des Staatsvolks der Deutschen und seiner Kultur gewährleisten.

Überblick über die geschichtliche Entwicklung bis zur Aufklärung

Vorweg ist festzustellen, daß es ein Staatsangehörigkeitsrecht im eigentlichen Sinne des Wortes erst seit dem Einfluß der Ideen der Aufklärung gibt – insbesondere unter dem Einfluß der französischen Revolution mit der Bildung der europäischen Nationalstaaten.

Das Staatsangehörigkeitsrecht ist das rechtliche Bindeglied zwischen den Menschen und dem Staat. Es bestimmt, wer Mitglied einer staatsbildenden Gebietskörperschaft ist. Es regelt die mitgliedschaftliche Verbindung und rechtliche Zugehörigkeit zur staatlichen Gemeinschaft, dem Staatsvolk. Es hat den Charakter einer rein innerstaatlichen Regelung, Einwirkungen des Völkerrechts sind gering.[1]

Die klassischen Merkmale für die Existenz eines Staates sind Staatsgebiet, Staatsvolk und Staatsgewalt. Die Lebenswirklichkeit eines Staates hängt von Zusammensetzung und Charakter seines Staatsvolkes ab. Nach neuerer allgemeiner Lehre ist der Begriff ›Staat‹ jedoch nicht nur anwendbar auf den Staat der Neuzeit, sondern er ist ein sinnvoller und unentbehrlicher Oberbegriff für die unterschiedlichsten Herrschaftsformen des Abendlandes, also auch für die *politeia*, die *civitas* und die *res publica*. Danach bedeutet Staat ›die Herrschaftsordnung eines Volkes auf abgegrenztem Gebiet mit hoheitlicher Gewalt zur Wahrung der gemeinsamen Werte und Güter‹. Die Begriffsbezeichnung ›Staat‹ ist erst in der Neuzeit aufgetreten.

Der größte Teil der Staatsrechtler stützt sich auf die rein rechtspositivistische Auffassung von Hans Kelsen in einer rein normativen Erfassung der Funktionen des Staates, der ihm zuge-

---

[1] Wilfried Bergmann u. Jürgen Korth, in *Deutsches Staatsangehörigskeitsrecht und Paßrecht*, Carl Heymann, Köln–Berlin–München 1989..

sprochenen Souveränität, nebst seiner Stellung im Völkerrecht. Kelsens *Allgemeine Staatslehre* ist völlig frei von allen ideologischen, mythologischen, politischen, psychologischen und soziologischen Bezügen und führt zu einem rein juristischen Staatsbegriff. Die Folge ist: Der Staat wird einfach zu einer juristischen Person deklariert. In heutiger Ausdrucksweise könnte man sagen: der Staat – eine Dienstleistungs-GmbH.

Aber der Staat ist nicht etwa eine gegebene Hülle, in der sich ein irgendwie zusammengewürfeltes Konglomerat von Bevölkerung oder Gesellschaft angesammelt hat. Das ist eine aus dem früheren dynastischen System überkommene Vorstellung, die auch im modernen Staat eine Grundstimmung von Obrigkeitsgefüge hat entstehen lassen. Mit dem Ergebnis: alles vom Staat fordern, aber unablässig über den Staat schimpfen.

Gegenüber der formalrechtlichen Einstufung des Staates als juristischer Person bleibt festzuhalten: Der Staat ist in erster Linie der Lebensraum – geographisch wie in übertragenem Sinne – eines Volkes, in dem es sich feste Formen für die Gestaltung des gemeinsamen Lebens gegeben hat. Der schwedische Staatsrechtler Kjellen – der Begründer der Geopolitik – hat den dynamischen Charakter des Staates in seinem Werk *Der Staat als Lebensform* herausgestellt. Für ihn war der Staat ein lebendiger Organismus.

Das ging den Rechtspositivisten zu weit. Sie sahen darin die Gefahr, daß diese Auffassung die stärkeren Staaten dazu verleiten würde, Möglichkeiten zu Expansion und Hegemonie auszunutzen. Dennoch bleibt bestehen: Gerade für die heutige Form der Volksstaaten ist es das Volk, das seinem Staat das Leben einhaucht, das seinen Charakter bestimmt, seine Stärke und seine Möglichkeiten begründet. Zuerst gab es das Volk oder die Völker, dann gab es die Entwicklung zum Staat. Das Durchlaufen der Entwicklungsstufen hat sich für alle Völker in völlig unterschiedlicher Weise vollzogen. Dabei ist es wichtig, von den historischen Vorbildern in der Antike und ihren Rechtsordnungen auszugehen, die für das Verhältnis der Einwohner zu ihren jeweiligen Gebietskörperschaften maßgebend waren, und von da aus die Entwicklung bis in die durchaus unterschiedliche Gestaltung in den großen europäischen Ländern zu verfolgen.

Heute gibt es vornehmlich in unserem Staat Tendenzen, der eigenen Entwicklung abzuschwören oder sie möglichst gar nicht erst zur Kenntnis zu nehmen und die Entwicklung anderer als leuchtenden Beispiels nachzuholen sowie unter dem Ruf nach Modernität lebensbedrohende Gefahren für das eigene Staatsvolk in Kauf zu nehmen. Um so notwendiger ist es, die Entwicklung des deutschen Volkes in seiner Rechtsgestaltung vom Beginn an in seiner Verbundenheit mit der abendländischen Geschichte zu verfolgen. Dabei gehe ich davon aus, daß das deutsche Volk derzeit noch in seiner Grundsubstanz durch die Generationen hindurch das gleiche geblieben ist.

Die Antike war beherrscht vom Verhältnis der Freien zu den Unfreien und den Sklaven. Politische Mitwirkung hatten sowohl in der griechischen *polis* (Stadt) als auch im römischen *imperium* nur die freien Bürger. Die Gesetzgebung gab einen weiten Raum für die Regelung der Freilassung und die Rechte der Freigelassenen. Die vollen Bürgerrechte mit politischer Mitwirkung, also die eines *civis romanus* (römischen Bürgers), gab es nur in besonderen Fällen. Erst in der Spätphase Roms gelangten Germanen aus dem Sklavenstand in höchste politische Machtstellungen.

Daß sowohl bei den Griechen als auch bei den Römern die rechtlichen Verhältnisse in der Wirklichkeit des alltäglichen Lebens andere waren, als sie in der idealisierenden Interpretation des philosophischen und politischen Gedankenguts bei den Neoklassizisten zum Ausdruck kamen, sei hier ausdrücklich hervorgehoben. Die viel beschworene unmittelbare Demokratie bei den Griechen konnte nur funktionieren, weil bei der Kleinheit der Verhältnisse und der Unübersichtlichkeit des gesamten hellenischen Landes für den entscheidenden Lebensraum der einzelnen Gemeinschaften die in ihrer Enge ruhende *polis* wie ein abschirmender Schutzwall wirkte. Natürlich bestand ihre Demokratie in direkter Herrschaft der gesamten Bürgerschaft. Die Meinungsbildung erfolgte auf der Agora (Marktplatz), in den Gymnasien und Symposien, die Entscheidung fiel in der Vollversammlung der Bürger, meist im Theater. Aber diese entscheidenden Bürger waren nur eine kleine Elite aus den alten landbesitzenden Familien, also gewissermaßen eine Adels- oder Patrizierherrschaft. Keinerlei Rechte aber gab es für die übrigen Halbfreien, Heloten und Sklaven oder gar für Angehörige nichthellenischer Völker, für die Barbaren. Es wird selten erwähnt, das die Abgrenzung, ja Ausgrenzung bei den Griechen besonders scharf war, auf alle Fälle schärfer als später in Rom.

Das klassische Rom war ebenfalls ein Adelsstaat, dessen politische Macht in den Händen der alten landbesitzenden Familien lag. Sein Aufbau war durch die drei Institutionen: Volksversammlung, Magistrat und Senat gekennzeichnet. Wobei der Senat zwar nur beratende Funktion hatte, aufgrund der Tatsache aber, daß die Häupter der großen Familien in ihm saßen und ein wechselseitiger personeller Austausch zwischen Magistrat und Senat stattfand, letztlich die tatsächliche Politik bestimmte. Es gab also ein ausgeprägtes volles Bürgerrecht für das Patriziat. Es gab außerdem Halbfreie (ohne Mitsprache in politischen Angelegenheiten) und Unfreie (Sklaven). Eine Verleihung des Bürgerrechts an Angehörige dieser Gruppen war äußerst selten. Erst später, im Zuge der Vergrößerung des Imperiums, wurde die strenge Handhabung aufgeweicht. Die Verleihung des Bürgerrechts ging parallel mit dem Eindringen von Italikern und Provinzialen in Führungsstellungen in Rom; schließlich ab 212 n. Ch. verbreitete sich dieses Verfahren über das gesamte Imperium. Am Aufstieg in höhere Positionen waren besonders freigelassene Haussklaven beteiligt, unter denen Germanen einen herausragenden Anteil hatten.

Alle gesetzlichen Regelungen und Erlasse aus dieser Zeit finden sich in der umfassenden Sammlung römischen Rechts, die Kaiser Justinian (Byzanz) in den Jahren 533–42 n. Chr. unter der Bezeichnung *codex iuris civilis* betrieb, die weit später entscheidende Bedeutung bei der Rechtsgestaltung fast aller abendländischen Staaten erlangte. Ihre Weiterentwicklung und Verbindung mit Anschauungen des mittelalterlichen Germanentums, insbesondere in der durch die Rechtsschule in Bologna im 12. bis 14. Jahrhundert entwickelten Form, fanden seit Ende des Mittelalters breiten Einzug in Deutschland.

Seit dem 3. Jahrhundert sind die großen Stammesverbände der Germanen geschichtlich bekannt. Die Darstellungen über sie verdanken wir weniger eigenen schriftlichen Bekundungen als Berichten durch die Römer. Die im 4. Jahrhundert beginnende

Völkerwanderung brachte die Verschmelzung zu großen Stammesverbänden und deren Verschiebung, wie sie noch bis in die heutige Zeit das Bild der stammesmäßigen Zusammensetzung des deutschen Volkes erkennen läßt. Die germanischen Völkerschaften bildeten Volksstaaten mit unmittelbarer Demokratie, zwar mit monarchischer Verfassung, aber sie blieben Volksstaaten mit direkter Wahl ihrer Könige oder Herzöge. Gerade in der Völkerwanderungszeit bildete sich bei ihnen die Rechtsstellung des Einzelnen zur Gemeinschaft nachhaltig aus. Grundlage ist die Stammeszugehörigkeit. Politische Mitsprache hatten nur die Angehörigen des Things, des eigentlichen Entscheidungsorgans. Maßgebend für die Stellung der Freien war das Recht zum Waffentragen. Gemeinschaftlich von ihnen wurde der König gewählt.

Das Thing oder Ding war wahrscheinlich religiösen Ursprungs mit mythologischem Hintergrund. In ihm hatten Fürsten und Adel priesterliche, richterliche und militärische Funktion. Die höchste Gewalt ging von der Stammes- oder Volksgemeinschaft aus, die jedoch nur von den Freien, den Waffenträgern, vertreten wurde. Sie allein bilden die Kriegsmannschaft und wählen ihre Fürsten oder Könige normalerweise aus den führenden Geschlechtern. Falls sie über keinen König verfügten, wählten sie zur Führung im Krieg einen Herzog. Außer den Freien gab es Halbfreie, die an den Boden gebunden waren, keinen Kriegsdienst leisteten und nicht am Thing teilnahmen. Sklaven gabt es ebenfalls. Die Thinggenossenschaft entschied über Krieg oder Frieden und war für die Ausbildung der Jungmannschaft verantwortlich. Neben den wichtigen Treffen der Dinggenossenschaft bildeten sich im Laufe der Zeit Dingversammlungen mit besonderen Aufgaben, wie Gerichtsverhandlungen und Heeresmusterung, ferner bildeten sich Grafen- oder Schultheißding und auf abgelegenen Höfen ein eigenes Hofding unter Vorsitz eines Meiers oder Vogts.

Im Mittelalter fand die Institution des Dings (Things) ihre Fortsetzung im Bereich der ständischen Gliederung. Schließlich wandelte sie sich in der obrigkeitlichen Rechtsgestaltung der Territorialstaaten in politische Organe wie Landtage der Stände und Landfriedensversammlungen. Bei den Skandinaviern fand die Anknüpfung an den Thinggedanken ihren Widerhall in der traditionellen Benennung ihrer Volksvertretungen: *Folketing* und *Storting*.

Die germanischen Volksrechte fanden Niederschlag in den mittelalterlichen Rechtssammlungen. Die ältesten stammten von den Burgundern und vor allem den Westgoten. Der *Codex Euricianus* (475 n. Chr.) galt nur für die gotischen Untertanen, während für die römischen Untertanen unter Alarich II. die *Lex Romano Visigotorum* (506) geschaffen wurde. Besonders bekannt ist die *Lex salica* unter Chlodwig I. (6. Jahrhundert). Im Ostgotenreich entstand der Versuch Theoderichs I., ein gemeinsames Recht – für tägliche Streitfälle – für Goten und Römer mit der *Lex edictum Theoderici* zu schaffen. Die umfassende deutsche Rechtsentwicklung beruhte also auf den Regelungen des Stammesrechts für die einzelnen Stämme in der Völkerwanderungszeit, wie sie in der Zeit vom 5. bis 9. Jahrhundert aufgezeichnet wurden. Sie fand über viele Jahrhunderte hinweg ihre Fortsetzung in den Rechtssystemen und Verfassungen in den einzelnen deutschen Ländern. Sie sind somit ein entscheidendes Grundelement des Föderalismus in Deutschland. Es handelt sich um eindeutig aus dem Volkstum entwickeltes Recht.

Unter den späteren mittelalterlichen Kodifikationen erlangten *Sachsenspiegel, Schwabenspiegel* und das Magdeburger Stadtrecht besondere Bedeutung. Der *Sachsenspiegel* ist das bedeutendste Rechtsbuch des Mittelalters. Er wurde in den Jahren 1220–1235 von Eike v. Repgau erarbeitet als Zusammenfassung des überlieferten ungeschriebenen Gewohnheitsrechts in niederdeutscher Sprache. Er beinhaltet vor allem Land- und Lehnsrecht, erlangte praktisch Gesetzeskraft und bildete außerdem die Grundlage anderer Rechtsbücher. So fußte der *Schwabenspiegel* vom Jahre 1274/5 weitgehend auf dem *Sachsenspiegel*. Er regelte kaiserliches Land- und Lehnsrecht und war besonders in Süddeutschland und der Schweiz verbreitet. Er wurde ins Lateinische, Französische und Tschechische übersetzt.

Das Magdeburger Stadtrecht, ebenfalls auf dem *Sachsenspiegel* fußend, war das meistverbreitete Stadtrecht des Mittelalters. Seine Geltung erstreckte sich über das ganze deutsche Reichs- und Sprachgebiet und im Zuge der Hanse und der Ostsiedlung über weite Teile Osteuropas. Es regelte die Rechte der Bürgerschaft sowie den politischen Einfluß der freien Bürger, des Patriziats und der Zünfte. Der Magdeburger Schöppenstuhl war praktisch die Richtgröße im gesamten Geltungsbereich. Sein berühmtes Archiv wurde bei der Eroberung Magdeburgs 1631 zerstört. Dies und die sich langsam durchsetzende Aufnahme des römischen Rechts setzten der Bedeutung Magdeburgs als Rechtszentrum ein Ende. War im germanischen Stammesrecht das von den Freien getragene Wahlkönigtum ein Hauptmerkmal, so bildete sich später bei den Merowingern und Karolingern, besonders aber bei den Kapetingern, ein Königtum eigenen Rechts aus, also auch mit Erbfolge. Aber erst in der folgenden Kaiserzeit setzte sich das monarchische Prinzip voll durch. Das heißt: regieren nicht aus abgeleitetem Recht, sondern ausschließlich kraft eigenen Rechts.

Der ruhende Pol durch alle späteren Entwicklungen hindurch blieben der deutsche Kaisergedanke und, mit ihm verbunden, der Reichsgedanke. Dieser jedoch ist nicht germanischen, sondern römischen Ursprungs. Der Höhepunkt des Wirkens der Reichsidee lag in der Stauferzeit; danach schwächte sich eine gesamtdeutsche Staatlichkeit mehr und mehr ab. Auf dem Kurverein zu Rhense setzte sich das Prinzip der Verbindung von Kaiser- und Königswürde durch.

Das mittelalterliche Reichsrecht beschränkte sich auf einzelne Gesetze zur Reichsverfassung und zum Landfrieden. Höhepunkt der mittelalterlichen Reichsgesetzgebung war die sogenannte Goldene Bulle. Sie stellte geradezu ein Reichsgrundgesetz dar, das Karl IV. 1356 auf den Reichstagen zu Nürnberg und Metz durchsetzte. Es blieb das bedeutendste Verfassungsgesetz des deutschen Reichs bis 1806. Es regelte die Privilegien der Kurfürsten, die Unteilbarkeit ihres Gebiets, die Primogenitur sowie die endgültige Bestätigung des ausschließlichen Rechts zur Königswahl. Das Gesetz enthielt ferner ein Gebot des Landfriedens mit der Beschränkung des Faustrechts, außerdem ein Verbot von Städtebündnissen. Die mittelalterliche Landfriedensgesetzgebung war ebenfalls bis 1806 gültiges Gesetz. Ihre Hauptinhalte waren: Verbot der Fehde, Schutz der Reisenden, der Bauern und Fischer, der Kirchen und der Mühlen sowie der Königsstraßen. Besondere Bedeutung hatte der Reichslandfriede von Mainz unter Friedrich II. 1235, der 1281 von Rudolf von Habsburg endgültig zum Gesetz erhoben wurde. Der 1495 von Maximilian I. verkündete ewige Reichslandfriede lebt bis heute im § 125 unseres Strafgesetzbuches fort.

Wie schon erwähnt, wurden gegen Ende des Mittelalters in das im wesentlichen volkstümliche deutsche Recht durch einen heranwachsenden gebildeten Juristenstand wichtige Bestandteile aus dem Justinianischen *corpus iuris civilis* in der bologneser Bearbeitung übernommen. Das gilt besonders für das Eigentumsrecht, das gegenüber den bisherigen genossenschaftlichen Elementen an Boden gewann.

Gleichzeitig entwickelte sich eine Art Verweltlichung des Kaisertums, was aber gleichzeitig eine Verdeutschung bedeutete. Der gewählte deutsche König wurde *ipso iure* (mit von selbst eintretendem Recht) Kaiser. Das alte Deutsche Reich war ein Staatenbund, dessen oberstes Organ der Reichstag war, die Versammlung der Reichsstände. Unter Vorsitz des Kaisers hatten die Reichsstände ein oberstes Mitbestimmungsrecht. Die Reichsstände waren die Kurfürsten, die Reichsfürsten und die Reichsstädte. Die Kurfürstentümer waren Mainz, Köln, Trier, Sachsen, Pfalz, Böhmen und Brandenburg. Ab 1648 nahm der Reichstag einen anderen Charakter an. Er wandelte sich von einem innerstaatlichen zu einem zwischenstaatlichen Organ, nahm also völkerrechtlichen Charakter an. Später verfiel er zu einem Gesandtenkongreß, der von diplomatischen Vertretern fremder Staatsoberhäupter getragen wurde. Die Völker spielten in diesem Ensemble keine staatsrechtliche Rolle mehr.

Die Ära dieses alten Reiches ging praktisch mit dem Preßburger Frieden 1805 zu Ende. Sein formelles Ende erfolgte 1806 mit dem Ablegen der Kaiserkrone durch Kaiser Franz II. Von den Reichsständen blieben nach dem Reichsdeputationshauptschluß von 1803 und später dem Wiener Kongreß 33 Einzelstaaten, 29 Landstände und 4 freie Reichsstädte übrig. Sie bildeten zusammen keine staatliche Einheit mehr. Der deutsche Staatsgedanke jedoch überlebte in diesen souveränen Einzelstaaten dank des politischen Bewußtseins und des Willens des Volkes und seiner Führungsschichten.

Das Zeitalter der Aufklärung und seine Nachwirkungen.

Unter dem Einfluß des Humanismus und der Aufklärung gelang unter wesentlicher Berücksichtigung des Naturrechts ein Gesetzgebungswerk, das eine glückliche Verbindung von Elementen mit römischen und germanischen Wurzeln darstellte und die zum Teil eingetretene Vorherrschaft römischer Rechtsgedanken wieder ausglich. Es handelte sich um das so bezeichnete Allgemeine Preußische Landrecht und das ihm nahezu identische Allgemeine Bürgerliche Gesetzbuch in Österreich. Es ging dabei vor allem um die Behandlung wirtschaftsnaher Rechtsgebiete wie Handel, Wertpapiere, See, Forst und Wasser, Jagd und Fischerei, Urheber- und Verlagsrecht, die auf der Grundlage traditioneller deutscher Rechtsgedanken entstanden waren.

Mit dem Allgemeinen Landrecht für die preußischen Staaten von 1794 präsentierte sich Preußen als modernster Staat seiner Zeit.[2] Nach Hans Hattenhauer und Günther Bennent[3] ist dieses Rechtswerk die bedeutendste gesetzgeberische Leistung des preußischen aufgeklärten Absolutismus. Es ist die Frucht der Gedanken und der Initiative des › Philosophen von Sanssouci‹ Friedrichs II. von Preußen, des Großen. Erste Anregungen stammten bereits von seinem Vater, der schon 1714 den Auftrag für ein allgemeines Gesetzbuch an die Juristen-Fakultät der Universität Halle, des damaligen Mittelpunktes aufklärerischer Ideen, erteilt hatte. Es gab einen eigenen Entwurf Friedrichs von 1749, der ganz unter dem Eindruck der Ideen Montesquieus stand. Der endgültige Auftrag konnte allerdings erst 1780 erteilt werden, und die abschließenden Arbeiten nach vielen Auseinandersetzungen und Positionskämpfen erst nach Friedrichs des Großen Tod, unter dessen Nachfolger Friedrich Wilhelm II., erfolgen.

Der Erfolg des Gesetzes ist der praktisch fünfzehnjährigen Arbeit einer Reformergruppe zu danken, deren Hauptfiguren

---

[2] R. Kosellek, *Preußen zwischen Reform und Revolution*, 1967.
[3] Hans Hattenhauer u. Günther Bennent, *Allgemeines Landrecht für die Preußischen Staaten v. 1974*, Metzner, Frankfurt/M.–Berlin 1970.

Graf v. Carner, Carl Gottfried Suarez und Ernst Ferdinand Klein waren. Sie sahen ihre Aufgabe nicht nur darin, eine dringend gebotene Bereinigung des aus den unterschiedlichsten Teilen bestehenden Rechts vorzunehmen, sondern die Grundideen des philosophischen Ideals der Aufklärung entsprechend der ursprünglichen Absicht Friedrichs zu verwirklichen. Das ist ihnen aufgrund starker Gegenkräfte aus der noch bestehenden ständischen Grundordnung Preußens nur in in allerdings wegweisenden Ansätzen gelungen. Besonders der Adel kämpfte verbissen um seine Privilegien. Die Reformer holten sich Stärkung und Unterstützung im Rahmen der Berliner Mittwochsgesellschaft, in deren Gesprächsrunde ihre Gedanken in strenger Prüfung und Fortentwicklung zur Veröffentlichungsreife gediehen.

Zu den wesentlichen Inhalten des Gesetzes: Das Menschenbild der Verfasser bildet die Grundlage für die Leitlinien des Gesetzes. Mit den Worten Kleins (gemäß Einleitung zur Textausgabe des Landrechts)[4] heißt es:

»Meines Erachtens ist der Grundsatz der möglichsten Freiheit die Hauptregel, nach welcher sowohl das, was Recht ist, als das, was Gut ist, beurteilt werden muß. Der Staat ist kein Marionettenspiel, nach welchem man die Puppen nach der Willkür eines einzigen sich bewegen läßt. Ein Staat ist glücklich, wenn er aus Menschen besteht, welche ungehindert nach ihrer eigenen Überzeugung handeln, und der Zwang, der darin ist (im Staat), muß nur gebraucht werden, um diejenigen einzuschränken, welche gewalttätige Eingriffe in die Freiheit anderer wagen. Je einsichtsvoller die Nation ist, desto weniger wird es nötig sein, ihrer Freiheit Schranken zu setzen. Schärfere Zucht ist erforderlich, wenn das Volk sich noch im Stande der Kindheit befindet. So wenig ausgebildet auch die Nation sein mag, so muß sie doch nach und nach gewöhnt werden, sich selbst zu beherrschen, wenn sie nicht ewig im Stande der Kindheit bleiben soll. Deswegen muß sowohl der, welcher das gemeine Wohl, als der, welcher die Gerechtigkeit zu handhaben hat, von dem Grundsatz ausgehen, das sowenig als möglich Zwang herrschen müsse, und daß dieser Zwang nur das Mittel sei, die Freiheit derer, welche davon

---

[4] Siehe ebenda, Einleitung.

rechten Gebrauch machen, gegen die Eingriffe der übrigen zu schützen.«

Das ist, könnte man in heutiger Sprechweise sagen, Aufklärung pur: Erziehung des Individuums zur Freiheit und zu verantwortlichem Handeln. Unter diesem Gesichtspunkt hatte das Allgemeine Landrecht praktisch Verfassungsrang und stand den im Ausland entstehenden Verfassungsentwürfen in nichts nach. Es wurde in der Tat ein Grundgesetz der Freiheit und enthielt einen entscheidenden Angriff auf die bisherigen Autoritätsverhältnisse. Es garantierte Gewissensfreiheit und forderte Toleranz. Es koppelte Freiheit und Verantwortung und griff dabei auf die philosophischen Grundlagen des großen hallensischen Rechtslehrers Christian Wolf (1679–1754) zurück, von dem der preußische Pflichtbegriff ausgegangen war.

Das Gesetz enthielt auch eine Regelung für die Befehlsempfänger, die Widerstand bei rechtswidrigen Befehlen leisteten. Es garantierte das Eigentum und gewährte Ausgleichsforderungen des Einzelnen gegenüber dem Staat bei Eingriffen in seine Rechte. Dieses Rechtsinstitut erschien hier erstmalig, es fand unter dem Begriff ›Aufopferung und Ausgleich‹ Eingang in zahlreiche Rechtsordnungen.

Eingehende Regelungen enthielt das Allgemeine Landrecht für Erziehung und die Aufgaben der Schulen. Es schrieb unter anderem die Pflicht der Gutsherrschaft zur Ausbildung der Kinder ihrer Untertanen vor. Trotz aller Versuche der Reformer blieb aufgrund der politischen Gewichte die Festschreibung der Sozialverfassung auf den Ständestaat erhalten: Bauern, Bürger, Adel, König, Staat.

Eine rechtliche Regelung für die Staatsangehörigkeit gab es noch nicht. Hier herrschte weiterhin Gewohnheitsrecht, das sich aus den Obrigkeitsverhältnissen ergab. Der Adel war eben Untertan des Königs von Preußen, die unfreien Bauern Untertanen der Gutsherren. Die Bürger genossen die vollen Rechte, die einer Stadt jeweils vom Staat verliehen wurden, in der Form, wie sie für alle Gewerbetreibenden vom Magistrat festgelegt waren. In der Regel wurde das Bürgerrecht durch Eintragung in die Bürgerrolle begründet und durch den Bürgereid bekräftigt. Außer bei den freien Städten war dem Stadtrecht das Recht der jeweiligen Provinz übergeordnet, das für alle Einwohner galt.

Das Allgemeine Landrecht war ursprünglich als subsidiäres Recht gedacht, ist sehr bald aber in der Praxis als alleingültig behandelt worden. Über der ständischen Ordnung schwebte, ausdrücklich im Gesetz erwähnt, die Verpflichtung für alle, im Sinne des ›gemeinen Wohls‹ zu handeln. Dieser Begriff war von hier aus zum rechtlichen Leitbild der nachrevolutionären Gesellschaft geworden, wie die Verfasser der Einleitung zum Allgemeinen Landrecht, Hattenhausen und Bennent, feststellten.

Die Reformer haben versucht, in der absoluten Monarchie erste Schritte in Richtung auf eine konstitutionelle Ausrichtung zu erreichen. Die Person des Königs wurde auf eine Rolle im Rahmen der Hierarchie beschränkt und unterlag in zivilen Rechtsbeziehungen der allgemeinen Gerichtsbarkeit wie jeder andere Einwohner.

Das Allgemeine Landrecht stellte insgesamt einen Versuch des Übergangs vom Ständestaat zur bürgerlichen Gesellschaft dar. Sein Sozialmodell sah bereits die Zulassung von Freimeistern vor, gewissermaßen eine Vorstufe der Gewerbefreiheit, wie sie später durch den Freiherrn vom Stein geplant wurde. Es war ferner die erste großrahmige Kodifizierung eines allgemeinen Rechts in deutscher Sprache mit dem deutlichen Bemühen, außer der Anerkennung des Juristenstandes Volkstümlichkeit zu erlangen.

In seiner Systematik und seiner umfassenden Behandlung aller praktischen Lebensbereiche eines Staates und seiner Bevölkerung sowie der Schlüssigkeit seiner Regelungen kann es durchaus mit dem klassischen *corpus iuris civilis* verglichen werden, und es gehört in eine Reihe mit den Kodizes der napoleonischen Ära, die erst später, im ersten Jahrzehnt des 19. Jahrhunderts, erlassen wurden.

Am Schluß der Betrachtung über das Allgemeine Landrecht für die preußischen Staaten sei es erlaubt, darauf hinzuweisen, daß wir Deutschen keinesfalls Veranlassung haben, ständig im Ausland nach richtungweisenden Vorbildern für die eigene Lebensgestaltung zu suchen. Gerade die deutsche Rechtsentwicklung gibt in ihrer historischen Traditionslinie Beispiele genug,

welche Ethik, welche Moral und welche philosophischen An-
bindungen ihr zugrunde liegen – oft genug in forschrittlicherem
Verlauf gegenüber den Nachbarn, wenn man sich nur gerech-
terweise dazu entschließt, das jeweilige Geschehen aus seiner
Zeit heraus zu beurteilen.

Die Gruppe der preußischen Rechtsreformer, die das Allgemeine Landrecht geschaffen haben, verdient es ohne Abstriche,
den späteren zum historischen Begriff gewordenen ›preußischen
Reformern‹ für Staatsverwaltungs- und Militärwesen der Epoche des Freiherrn vom Stein ebenbürtig an die Seite gestellt zu
werden.

Von der Französischen Revolution
bis zum Deutschen Kaiserreich

In die Phase der Endzeit des alten Deutschen Reiches sowie der
unmittelbar anschließenden Zeit haben zwei weittragende Ereignisse hineingewirkt, die durch umwälzende geistige Ideen
zu Bewegungen führten, die in völlig unterschiedlicher Weise
die Geschichte Deutschlands nachhaltig beeinflußten. Das eine
ist der radikale Umbruch der weltweit ausstrahlenden Französischen Revolution mit ihrer Nachwirkung in der napoleonischen
Epoche. Das andere ist die schon früher im 18. Jahrhundert in
Deutschland beginnende philosophische und später auch künst-
lerische Bewegung, die auch als Zeit der Romantik bezeichnet
wurde.

Vereinfacht ausgedrückt führte die Französische Revolution
mit ihrer napoleonischen Folgezeit zur Zerschlagung der einheitlichen deutschen Staatlichkeit, die ›Deutsche Bewegung‹ zum
geistigen Aufbruch des ganzen deutschen Volkes zur Überwindung der Fremdherrschaft und in Richtung auf ein freiheitliches
und vereintes Zusammenleben des gesamten deutschen Volkes
in einem Staat.

Daß dieser Aufbruch durch die gegebenen Zeitumstände, insbesondere durch die Reaktion der bestehenden Machtfaktoren,
die ersehnten Ziele nicht erreichte, nimmt ihm nichts von seiner
dauerhaften Bedeutung für das weitere deutsche Schicksal. Ohne
ihn wäre die Niederringung des napoleonischen Frankreichs

nicht möglich gewesen, ohne ihn wäre der gemeinsame Wille der Deutschen zu gemeinsamer einheitlicher Staatlichkeit nicht so unbeirrbar und mächtig geworden, daß der eingefleischte Preuße Bismarck zur Überzeugung gelangte, ihn, wenn auch nur in kleindeutschem Rahmen, verwirklichen zu müssen.

Die Französische Revolution, die zunächst im äußeren Ablauf den Charakter eines etwas blutrünstigen Volksfestes hatte, zog ihre geistigen Wurzeln aus den Ideen des Rationalismus, also aus der Auffassung, daß die Welt nach rein verstandesmäßig erfaßbaren Gesetzmäßigkeiten der Vernunft und der Logik strukturiert sei. So bei Descartes (1596–1650), der von der Mathematik herkam, mit dem berühmten Ausspruch *cogito ergo sum* (ich denke, also bin ich), und bei Spinoza (1632–1677): »Denken und Kausalität«. Das bedeutet Erkenntnis durch Schlußfolgerung, Ablehnung der Offenbarung und damit eine durchgreifende Säkularisierung aller Ergebnisse. Die aus dem Geist des Rationalismus entstandenen Lehren von Montesquieus Gewaltenteilung und Jean-Jacques Rousseaus Gesellschaftsvertrag (*contrat social*) entstandene Staatslehre bildete die Ideengrundlage für die Französische Revolution.

Die konsequente Weiterführung und Umsetzung dieser Ideen, die den Keim zum unumstößlichen Wahrheitsanspruch in sich trugen, mündeten in der Schreckensherrschaft der Jakobiner. Das Christentum wurde durch einen Kult der Vernunft ersetzt, dem die Bevölkerung ganzer Landstriche zum Opfer fiel. Daraufhin folgte das Direktorium und die Alleinherrschaft Napoleons. Die berühmte ›levée en masse‹ (Aushebung der Massen) war mehr eine Art Kunst des arrangierten Schaugeschäfts als eine tiefgreifende eigenständige politische Bewegung. Trotzdem hat der Gedanke der Befreiung des Bürgertums schließlich in ganz Europa zu dessen erfolgreicher Wirkung und Machtentfaltung im beginnenden Industriezeitalter beigetragen. Es war im Ergebnis eine Revolution zugunsten des Bürgertums, nicht etwa des Volkes insgesamt, die schließlich die Geburt des vom Bürgertum geprägten Nationalstaats gebracht hat. Mit der Verabschiedung der französischen Verfassung von 1791 hatte sich die konstitutionelle Doktrin durchgesetzt und verbreitete sich über die nördliche Halbkugel.

Bei der derzeitigen Auseinandersetzung in Deutschland über wesentliche Änderungen des Staatsangehörigkeitsrechts wird gern mit dem Hinweis gearbeitet, daß es notwendig sei, uns den Vorgaben in wichtigen Nachbarländern endlich anzupassen. Dabei wird der Eindruck erweckt, als hätte Deutschland schon mehr als hundert Jahre der so vorbildlichen freiheitlichen Entwicklung in diesen Ländern hinterhergehinkt und als hätte der Gedankenstrom der Freiheit erst mit der Französischen Revolution begonnen.

Die Gedanken des Humanismus und der Aufkärung waren in Deutschland mindestens ebenso, wenn nicht stärker, gegenwärtig und bewegend, haben eher und entschiedener in die Rechtssetzung und Regierungswirklichkeit durchgeschlagen als anderswo. Vor allem aber hat die philosophische Durchdringung einen völlig anderen lebensnäheren Weg eingeschlagen als etwa in Frankreich. Das werden wir in der Folge am Beispiel der Deutschen Bewegung sehen. Vor allem waren in Frankreich die obrigkeitsstaatlichen Gegebenheiten ganz andere, mit derart krassen Auswüchsen – einen Großen Kurfürsten und einen Friedrich II. hat es dort eben nicht gegeben –, daß ein derartiger Umsturz mit Mord und Blutrausch und dem Ende in einem autoritär diktatorischen System die Folge war. Die Entwicklung, die die Rechtsstellung des Bürgers in Frankreich seit der Verfassung von 1791 genommen hat, ist nicht etwa in gleichmäßigen und logischen Stufen, also einer rationalen Grundtendenz folgend, verlaufen, sondern im Zuge eines ständigen Wechsels völlig unterschiedlicher Gestaltungsarten als Ausdruck machtpolitischer Einflüsse mit zum Teil gewaltsamen Auseinandersetzungen. Das wird später im einzelnen zu erläutern sein.

An dieser Stelle wollen wir uns aber zunächst dem deutschen Gegenstück zur Französischen Revolution, jedenfalls, was dessen geistige Grundlagen betrifft, widmen. Es handelt sich um eine Entwicklung, die völlig eigenständig aus dem deutschen Geistesleben entstand und auch wesentlich früher, nahezu ein halbes Jahrhundert eher, zum Tragen kam. Man kann ihr durchaus revolutionären Charakter zubilligen, weil sie von ihren Anfängen bis zur Zeit der preußischen Reformer eine völlige Umwandlung der bisherigen geistigen und philosophischen Grundlagen für Lebensanschauung, Kultur und Politik bedeutet hat. Man hat mit Recht die Bezeichnung ›Deutsche Bewegung‹ dafür gewählt, dagegen ist der vielfach verwendete Begriff ›Romantik‹ eher mißverständlich als sinnstiftend.

Ich beziehe mich im folgenden im wesentlichen auf die Darstellung von Professor Ernst Anrich in seinem Werk *Die Entstehung der beiden Weltkriege.*[4] Die beiden bisher erschienenen Bände erfassen die Zeit von 925 bis 1815 und behandeln schwerpunktartig die Epoche von 1648 und die wichtigsten Ansätze zu ihrer Überwindung. In dem Abschnitt über die Grundlagen dieser Epochenwende (Band I, ab S. 265) gibt Anrich eine Darstellung der Deutschen Bewegung in einer Tiefgründigkeit, Ausführlichkeit und Breite, wie sie meines Wissens an keiner anderen Stelle zu finden ist. Dabei berührt sie eins der wesentlichsten Elemente, vielleicht das entscheidende überhaupt, das die deutsche Entwicklung des 19. Jahrhunderts bis ins zwanzigste hinein geprägt hat und das, weil es sich um eine ausgesprochen eigenständige deutsche Entwicklung handelt, in der heute üblichen Betrachtungsweise der Geschichte mehr oder weniger übergangen wird.

Anrich leitet das Kapitel mit dem Satz ein: »Diese entscheidende schöpferische Leistung der Gestaltschaffung des Neuen war ab etwa 1755 vorgenommen worden von dem Königsberger Johann Georg Hamann (1730–1785), dieses Neue herausschleudernd wie ein Vulkan. Dieses Neue stellte sich vereinfacht gesagt wie folgt dar: Die Entdeckung der Welt als Universum. Als eine Einheit von Rationalem und Irrationalem, von Endlichem und Unendlichem. Der Mensch selbst ist eine universale organische Einheit. Seine Erkenntnis der Welt erfolgt daher nicht nur aus rationalen, sondern ebensosehr aus erlebenden und erfühlenden Kräften. Der Mensch ist ein unteilbares Ganzes, also ein Individuum, mit seiner absoluten Eigenständigkeit und der dementsprechenden Würde. Aus dieser Fähigkeit, die Welt zu erfassen, erwächst ebenfalls die Fähigkeit zur Gestaltung in Poesie und Kunst.«

Den Durchbruch seiner Ideen zum Anstoß und als Grundlage einer wirklichen Bewegung hatte Hamann seinem Schüler und Königsberger Landsmann Herder (geb.1744) und dessen vielfältigen freundschaftlichen Verbindungen – unter anderem zu Goethe – zu verdanken. Konzentriert war bei Herder in seinem im wesentlichen bis 1780 reichenden Schaffen die Arbeit über die Vielfalt der Ausdrucksformen der Menschen und Völker in ihrer Sprache und ihrer darstellenden Kunst, dabei auch die volkliche Eigenständigkeit herausstellend. Zum Beispiel war für Herder die antike Klassik eben das ausschließliche Merkmal der eigenständigen künstlerischen Lebensempfindung der Griechen, nicht geeignet, einen allgemeingültigen Maßstab für die übrigen Völker zu setzen – sehr im Gegensatz zu dem Großteil der Vertreter der neuzeitlichen Klassik.

Ein Element von höchster Bedeutung für die Erfüllung und Wirkung der Bewegung war Herders Entdeckung der Geschichte als wesentlicher Erkenntnisquelle des Seins und damit der Pflicht, sich der Geschichte gleichwertig neben der Philosophie zu widmen. Das erforderte den Rückgriff auf alle kulturellen Äußerungen der Völker in ihren Mythen, Liedern und Sprachformen bis zu den ältesten Dichtungen.

Für die weitere Entwicklung von entscheidender Bedeutung waren die Begegnung und der Austausch Herders mit Goethe, was einen Durchbruch in Goethe bewirkte, der sich in einer Äußerung zu seinem *Götz* offenbarte: ».. . er stand für die Herrschaft des lebendigen Volksgeistes, der sich in der organischen Entwicklung der staatlichen und rechtlichen Verfassung des Volkes manifestiert.«

Es ist hier nicht der Platz, alle Einzelheiten des weiteren Weges der Bewegung aufzuführen. Ich will nur mit Bezug auf Anrich die Namen erwähnen, die wesentlich und bedeutungsvoll sind: Pestalozzi und Kant, später Fichte und Schiller, dann Schelling, Novalis und Schleiermacher, Schlegel und Tieck, Hölderlin und Arndt, Görres und Savigny.

Schließlich geht es um den Eingriff der neuen Ideen in die Sphäre der Politik, das heißt in die gedankliche Erfassung von Wesen und Aufgabe des Staates.

Nach der ersten Kritik der revolutionären französischen Staatsidee durch den Engländer Burke war es im Rahmen der deutschen geistigen Bewegung vor allem Wilhelm v. Humboldt, der mit seinen 1791 geäußerten »Ideen über eine Staatsverfassung«

die Gegenstimme erhob. 1792 erschien seine Schrift *Ideen zum Versuch, die Grenzen der Wirksamkeit des Staates zu bestimmen.* Im weiteren Verlauf der Entwicklung, schon mit den ersten Erfahrungen über die praktischen Auswirkungen der Französischen Revolution auf die nun entstandene französische Republik, wuchs das Ausmaß der Deutschen Bewegung und verdeutlichte sich die Schlüssigkeit ihrer den französischen rationalistischen Ideen entgegenstehenden Gedanken. Mit dem Rückgriff auf die geistige und kulturelle Volkssubstanz entstand unter dem Druck der napoleonischen Besetzung ein immer stärker wachsendes deutsches Nationalbewußtsein mit dem Wunsch nach Freiheit und Selbstbestimmung und dem Zusammenleben in einer staatlichen deutschen Einheit. Wie Schiller es ausdrückte: »Das Deutsche Reich ist untergegangen, aber die deutsche Nation wird bestehen.«

Aus der sich in den Jahren ab 1802 immer stärker abzeichnenden Gefahr der Zerreißung Deutschlands, teilweise unter aktiver Mitwirkung der deutschen Fürsten, erwuchs zunehmend die Notwendigkeit, aus der geistig-philosophischen Entwicklung der Deutschen Bewegung zur Umsetzung in politische Wirklichkeit zu kommen, und zwar zum Widerstand und zur Niederringung des Gegners wie zur Verwirklichung eines freiheitlichen Staates, der den Gegebenheiten des deutschen Volkstums entsprach.

Es war Arndt, der am stärksten zur Tat drängte und das im Frühjahr 1806 in *Geist und Zeit* in einer für das Volk begreifbaren Sprache zum Ausdruck brachte. Napoleon begann, die Gefahr zu begreifen, die ihm von der Bewegung her drohte, und befahl sofort nach der Auflösung des Reiches die Verfolgung der Verfasser, Verleger, Drucker und der verbreitenden Buchhändler aller gegen ihn gerichteten Schriften. Musterbeispiel war der Fall Palm.

Bei Arndt klang zum ersten Mal ganz deutlich an, daß nach einem erhofften Sieg keinesfalls im alten Status weitergelebt werden konnte, sondern daß etwas Neues, Einheitliches und alle Deutschen Erfassendes geschaffen werden mußte und daß das Volk sich über die Engstirnigkeit und den Eigennutz der Fürsten hinwegsetzen mußte.

1807 erfolgte die Verlegung der Universität Halle, einer Hochburg der Bewegung, nach Berlin mit Einverständnis des preußischen Königs, der dazu sagte:»Der Staat muß durch geistige Kräfte ersetzen, was er an physischen verloren hat.«

In Berlin gelang auch die Einbindung Fichtes. Die volle Umsetzung des Wirkens der Deutschen Bewegung in den Bereich der Politik erfolgte mit den preußischen Reformern Scharnhorst, Gneisenau und Clausewitz unter enger Mitwirkung der Österreicher Stadion und des Erzherzogs Johann sowie, alle überragend und gleichzeitig alle zusammenfassend: Stein, 1752 geboren als Sproß einer alten Reichsfreiherrenfamilie mit Stammsitz in Nassau an der Lahn.

Stein war 1792 Provinzialdirektor im Clevischen, ab 1795 Oberpräsident aller preußischen Gebiete in Westfalen. Er verfaßte eine scharfe Stellungnahme gegen die preußische Neutralität gegenüber Napoleon. 1804 kam er an den preußischen Hof und wurde Staatsminister für Zoll-, Handels- und Fabrikwesen.

Bei Anrich finden wir zudem eine eingehende Schilderung aller der Deutschen Bewegung nahestehenden Persönlichkeiten mit dem Nachweis, daß sie trotz mancher Meinungsverschiedenheiten alle ihrer persönlichen Grundeinstellung nach wie aus ihrer Erfahrung und Erkenntnis heraus voll im Sinne der Grundideen der Bewegung dachten und handelten; dazu gehörte vor allem die grundlegende Ablehnung der französischen rationalistischen Revolutionsideen. Stein hatte sich darüber hinaus intensiv mit den Ideen von Adam Smith über eine liberale Wirtschaftsordnung und die Ablösung des Merkantilismus befaßt, selbst aber die Wirtschaft immer in der Bindung an die Verpflichtung gegenüber der Gemeinschaft des Volkes gesehen, also im Sinne einer wirklichen Volkswirtschaft.

In der notwendigen Umformung des gesamten Staates sah Stein nicht nur die Änderung der Regierungsspitze, sondern den Gesamtumriß einer organischen Struktur als Grundelement des gesamten Staates mit dem Ziel der Freiheit des Menschen, des Volkes und der Grundeinbettung des Staatlichen, des Geistigen und des Politischen im Volkstum – so etwa in seiner berühmten *Nassauer Denkschrift* vom Jahre 1807.

Aus allem wird unmißverständlich deutlich, daß alle Gedanken über die Freiheit und Eigenständigkeit des Menschen und des Volkes in Deutschland schon vor der Französischen Revolution entstanden waren und von der Deutschen Bewegung weitergetragen und weiterentwickelt wurden. Aber der praktische Durchbruch in die gestaltende Politik wurde erst durch den Vernichtungsschlag Napoleons ausgelöst, der bis in die äußersten Winkel Preußens wie Österreichs hinein geführt wurde. Es ist die befreiende Tat Friedrich Wilhelms III., auf den Rat Hardenbergs, der Königin Luise und des Kabinettchefs Beyme Stein im September 1807 an die Spitze der preußischen Regierung zu berufen. Stein ging mit folgender Zielsetzung an die Arbeit: vor allem die richtige Zuordnung von Volk und Staat zu erreichen, dazu die Bauernbefreiung, die früheren Pächter in Hof- und Grundeigentum zu bringen und die Untertänigkeit aufzuheben; ferner die Veränderung der Staatsspitze im Sinne der Errichtung einer fachlichen Arbeitsteilung; eine neue Städteordnung auf der Grundlage der Selbstverwaltung, ebenso für die Gemeinden; Neuordnung des Schulwesens; ein repräsentatives System für die Volksvertretung, um allen entscheidenden Männern ein Stimmrecht zu geben. Stein bevorzugte die ›Nationalrepräsentation‹ über die Stände, und nicht die über individuelle, aber anonyme Mehrheiten. Von einer gesunden funktionsfähigen Konstitution versprach er sich eine mobilisierende Kraft. Ihm gelang die Verkündung des königlichen Dekrets über die innere Umgestaltung des Staates in gleichlautenden »Veröffentlichungen« in der *Königsberger Zeitung* (29. 9. 1808) und dem *Hamburgischen Correspondenten* (5. 10. 1808). Im November desselben Jahres war die neue Städteordnung unter Dach und Fach. Ende November wurde Stein auf Druck Napoleons entlassen.

Doch blieb ihm noch die Zeit, die Einrichtung des Staatsrats, der neuen Regierungsspitze, sowie die Berufung Humboldts für das gesamte Bildungswesen zu erreichen. Die geistige Fortsetzung der Deutschen Bewegung fand ihren Weg insbesondere durch Fichtes *Reden an die Deutsche Nation* wie auch durch die Vorlesungen des Dresdners Adam Müller über Staatslehre. Über die Hochschulen gelangten Geist und Ideen in die studentische Bewegung der Burschenschaften. Die insgesamt entstandene Bewegung hatte entscheidenden Anteil am Aufstand gegen die französische Herrschaft und lebte fort in der Erhebung, die das ganze Volk zu seiner Befreiung ergriff.

Es ist hier nicht die Aufgabe, auf Einzelheiten der Befreiungskriege einzugehen, sondern es kommt mir darauf an, die Weiterentwicklung der politischen Gestaltungsideen, die aus der Deutschen Bewegung entstanden waren, zu verfolgen. Nur soviel, daß der ewig vorwärts drängende Geist Steins auch aus seinem Exil in Böhmen und dem späteren Aufenthalt am Hof Alexanders I. entscheidenden Einfluß auf die Entwicklung genommen hat: sowohl auf das große Signal zur Wende durch den Aufstand in Österreich als auch auf den Entschluß Alexanders zur Fortsetzung des Krieges nach der Vertreibung Napoleons aus Rußland wie auch zur Zusammenarbeit mit Yorck.

Das große Anliegen Steins wie der ganzen Bewegung, die auch ihre Vertreter in Österreich einschließlich des Erzherzogs Johann hatte, nach dem militärischen Befreiungssieg auch die geistige und politische Befreiung des Volkes zu erreichen, dessen Hingabe den Erfolg erst möglich gemacht hatte, gelangte leider nicht zur Verwirklichung.

Das Ziel eines einheitlich organisch aufgebauten deutschen Staates, in dem das deutsche Volk als Staatsvolk entscheidend in die Gestaltung durch Mitbestimmung und Selbstverwaltung auf allen Ebenen eingebunden war, erwies sich als noch nicht durchsetzbar. Stein, obwohl Mitglied des Wiener Kongresses, konnte sich gegen die Kräfte, die noch im alten absolutistischen System wurzelten, vor allem unter der Führung des übermächtigen Metternich, nicht behaupten. Der dringend nötige Aufbruch in eine neue Epoche der völligen organischen Umgestaltung wurde im operettenhaften Glanz des Wiener Kongresses erstickt. Statt dessen war das politische Ergebnis der Deutsche Bund, gegründet durch die Deutsche Bundesakte von 1815 als Bestandteil der Wiener Kongreß-Akte, ergänzt durch ein zweites Staatsgrundgesetz, die Wiener Schlußakte von 1820. Ein Gebilde völkerrechtlichen Föderalismus unter österreichischer, das heißt Metternichscher Führung, ein rein legitimistischer und dynastisch orientierter Staatenbund. Die Mitgliedstaaten besaßen absolute eigene Souveränität bezüglich Unabhängigkeit sowie innerer und äußerer Sicherheit. Der Bund bestand aus 29 Monarchien und 4 freien Städten. Dem Bundestag oder der Bundesversammlung gehörte dabei auch der König von England, als König von Hannover, an. Insgesamt war es eine ähnlich illustre Versammlung, wie wir sie schon vom 1648er System kennengelernt haben. Der Bund besaß keine eigene Gesetzgebung und Jurisdiktion. Auch das vom Bund erarbeitete Handelsgesetz von 1868 erhielt erst durch identische Landesgesetze Gültigkeit.

Es war klar, daß der einmal angestoßenen Bewegung im ganzen deutschen Volk eine derartige staatsrechtliche Lösung nicht gerecht werden konnte. Der Ruf nach Reformen, nach Umwandlung dieses völkerrechtlichen Verbandes in einen staatsrechtlichen und nach einer angemessenen Beteiligung des Volkes blieb nach wie vor unüberhörbar. Ein kleiner Teilerfolg ergab sich mit dem preußisch-deutschen Zollverein von 1834, der jedoch Österreich nicht einschloß.

Unter Nachwirkung der französischen Revolutionsideen, die zur Herrschaft des Bürgertums geführt hatten, sowie des noch bestehenden Ideengefüges der Deutschen Bewegung und der geistig-seelischen Grundhaltung in den Befreiungskriegen entstand aus der Mitte des Volkes die aristokratisch-demokratische Einheits- und Freiheitsbewegung, die zur Paulskirchenversammlung 1848/49 führte. Auf Anordnung des Bundestages des Deutschen Bundes nach Wahlen in den einzelnen Ländern konstituierte sich die Nationalversammlung am 18. 5. 1848 in der Paulskirche als Organ der Souveränität des Volkes. Ziel war die Errichtung eines Bundesstaates. Zunächst waren ein Reichspräsident und eine provisorische Zentralgewalt unter Erzherzog Johann als Reichsverweser vorgesehen. Nach langen Debatten über letztlich ungelöste Probleme (klein- oder großdeutsche Lösung, Republik oder Monarchie, Direktorium, Präsident oder Kaiser) kam eine Entscheidung für das Angebot eines Erbkaisertums an den König von Preußen zustande. Nach dessen Ablehnung durch König Wilhelm erfolgte die Verlegung der Versammlung nach Stuttgart und bald danach deren Auflösung. Dennoch war ein Verfassungsentwurf im *Reichsgesetzblatt* (1849 Nr.16) erschienen. Hauptpunkte: Bundesstaat, Reich und Länder je eigene Staatlichkeit; Verfassungsform aristokratisch-demokratische Scheinmonarchie; umfassende Freiheitsrechte; Parlament mit Staatenhaus und Volkshaus. Die Ideen Steins und der Deutschen Bewegung waren hierin allerdings kaum noch zu erkennen.

Nach den Ereignissen von 1866 wurde der Deutsche Bund aufgelöst, die Aufgabe der Verwirklichung einer einheitlichen Staatlichkeit wurde an Preußen und damit an Bismarck weitergereicht. Das geschah zunächst mit der Bildung des Norddeutschen Bundes 1867. Dabei kam es zur Umwandlung des bisherigen völkerrechtlichen Staatenbundes in einen staatsrechtlichen Bundesstaat, dessen durch den König von Preußen im Namen der norddeutschen Staaten verkündetes Grundgesetz die Beteiligung einer Volksvertretung aus allgemeinen und gleichen Wahlen vorsah. Mit den süddeutschen Staaten wurden ein Schutz- und Trutzbündnis sowie ein Zoll- und Handelsverein begründet und ihr staatsrechtlicher Beitritt zum Bund vorgesehen. Das wurde durch Vertrag vom 1. Januar 1871 in der Form des Bundesstaates Deutsches Reich vollzogen und durch die Proklamation vom 18. Januar 1871 in Versailles äußerlich dokumentiert. Ihr folgte die Verfassung durch Reichsgesetz vom 16. April desselben Jahres. Deren Grundelemente waren Kaiser, Kanzler, Reichstag und Bundesrat. Das Kaiserreich war staatsrechtlich ein obrigkeitlicher Fürstenstaat, der Föderalismus war Verfassungsprinzip, der Staat also ein echter Bundesstaat, dessen Spitze der Kaiser als Souverän war.

Wenn auch von den großen Ideen der Deutschen Bewegung, die im Endergebnis auf einen organisch gegliederten Volksstaat zuliefen, im Grundgesetz des Reichs nicht mehr viel zu spüren war, so ist doch unter unvoreingenommenen Staatsrechtlern die Meinung vorherrschend, daß angesichts der seinerzeit gegebenen politischen Wirklichkeit die Bismarcksche Verfassung ein Meisterwerk praktischer Staatskunst war. Der Bundesrat war kein parlamentarisches Oberhaus, sondern höchstes Regierungskollegium. Der Reichstag war keine allgemeine, dennoch eine echte und wirksame Volksvertretung, wie wir aus den großen Auseinandersetzungen Bismarcks mit seinen Gegenspielern wissen. Für die Gesetzgebung war eine Übereinstimmung von Reichstags- und Bundesratsmehrheit erforderlich. Die Reichsangehörigkeit, die mittelbar mit der Staatsangehörigkeit der Länder verbunden war, wurde durch Gesetz von 1913 geregelt, das auf dem Grundsatz der Abstammung beruhte (*ius sanguinis*).

An dieser Stelle sollten wir einen kleinen Rückblick auf die bisherige Entwicklung des Staatsangehörigkeitsrechts nicht nur in Deutschland, sondern auch im übrigen Europa richten. Dabei ist völlig klar, daß ein autonomes Staatsangehörigkeitsrecht naturnotwendig erst mit der Entstehung der Nationalstaaten geschaffen werden konnte. Bis dahin galt einfach vielfältiges Gewohnheitsrecht. Im monarchistischen Obrigkeitsstaat war eben der Status des Untertanen maßgebend, der einerseits vom Wohnsitz, andererseits von der Stellung in der ständischen Ordnung abhing. Eigene Regelungen galten überwiegend für die Städte, vor allem für die freien Städte. Das Bürgerrecht beinhaltete eine Art Staatsangehörigkeitsrecht, das durch den Bürgereid begründet und den Bürgerbrief bescheinigt wurde.

So war zum Beispiel auch in Frankreich zu Beginn des 16. Jahrhunderts, als es ja bereits ein geschlossener Flächenstaat war, völlig unklar, wer eigentlich Franzose war. In England wurde im wesentlichen nur in Erbrechtsfällen im Einzelfall festgestellt, ob und wieweit jemand Engländer war.

Erst gegen Ende des 18. und zu Beginn des 19. Jahrhunderts führten wirtschaftliche und politische Gründe zu gesetzlichen Regelungen. In Frankreich gaben zwei große Gesetzeskomplexe erst eindeutige Ansätze: die schon erwähnte Verfassung von 1791 und der wichtigste und bekannste der fünf in der napoleonischen Zeit von 1804–1810 entstandenen Gesetzes-Kodizes, der Code Civil von 1804. Naturgemäß atmete die Verfassung von 1791 den Geist der Revolutionsideen: Freiheit der Justiz, Gleichheit vor dem Gesetz, Garantie des Eigentums, Unabhängigkeit des Rechts, Freiheit des religiösen Bekenntnisses.

Bei der heute nachgeholten Begeisterung für die französischen Revolutionsideen wird gern vergessen, daß ihre Umsetzung in die politische Praxis des Alltags ganz anders verlaufen ist, als es das Bild der Nostalgiker hergibt. Die politische Macht hatte nur eine kleine privilegierte Schicht des Bürgertums, nicht etwa das Volk. Der berühmte *Citoyen français* war zunächst Angehöriger einer Elite.

Der Titre II / Art.2–6 der Verfassung begründete die Rechte eines französischen Bürgers. Neben dem gewöhnlichen Bürger gab es den *citoyen actif*, den Bürger, dem die Ausübung politischer Rechte zustand. Es gab nicht etwa ein eindeutiges Territorialprinzip, sondern eine Mischung, wobei der Geburtsort nur eine

Nebenbedeutung neben dem als Normalfall angesehenen Abstammungsprinzip spielte. Der Originaltext lautete: »toute personne, née d'un Français, et en France« (jede von einem Franzosen abstammende und in Frankreich geborene Person). Im *code civil* wird das durch zahlreiche Einzelheiten ergänzt, wie der angehängte Satz klarstellt: »jouit de tous les droits résultant de la loi civile française« (genießt alle Rechte, die aus dem französischen Zivilrecht hervorgehen). Ein solches Recht kann für Ausländer zum Beispiel nur gelten, wenn das gleiche Recht auch Franzosen in deren Heimatland zusteht. Die zugestandene Staatsbürgerschaft nach dem Geburtsortsprinzip ist dabei vor dem Hintergrund zu sehen, daß sie auf das Interesse des Staates zurückgeht, jede in Frankreich verfügbare Person für den Einzug zum Militär zu erfassen, da mit der Einführung der Militärdienstpflicht laut Dekret von 1793 die »réquisition permanente« aller Franzosen verfügt wurde.

Eine autonome Gesetzgebung des Staats war damit immer noch nicht gegeben. Der französische Begriff für Staatsbürgerschaft, wie sie dem Nationalstaatsprinzip entsprechen würde, *nationalité*, tauchte zuerst im *Dictionnaire de L'Académie Française* von 1835 auf. Die erste ausschließlich die Staatsangehörigkeit betreffende Gesetzgebung erging in Preußen im Jahre 1842 als Gesetz über Erwerb und Verlust der Eigenschaft als preußischer Untertan.

In England tauchte der Begriff *nationality* erst im Naturalisationsgesetz von 1870 auf. Im Staatsangehörigkeitsgesetz von 1914 wurde der Staatsangehörige als *subject* (Untertan) bezeichnet und in seinen Rechten definiert. In den USA wurden die entsprechenden Rechte des *citizen* im Nationality Act von 1940 endgültig geregelt.

Das preußische Gesetz von 1842 war im übrigen Vorlage für die weitere Entwicklung in Deutschland, insbesondere bei den nord- und mitteldeutschen Staaten. Es war es gleichzeitig für die Regelung im Norddeutschen Bund und anschließend für das Deutsche Reich. Durch das Gesetz über Erwerb und Verlust der Bundes- und Staatsangehörigkeit (RGBl. 1870 Nr. 20) wurde endgültig der Begriff ›Staatsangehörigkeit‹ geschaffen. Nach § 1 war deutscher Staatsangehöriger jeder, der die Landeszugehörigkeit zu einem Bundesstaat besaß. Durch Vereinbarung mit allen Bundesstaaten trat es am 1. 1. 1871 in Kraft, in Bayern am 13. 5. 1871. In Bayern gab es seit 1818 eine Regelung über das Indigenat (Eingeborensein) als Begründung der Staatsangehörigkeit, womit das Wohnsitzprinzip durch das Abstammungsprinzip abgelöst wurde. Die Erwerbsgründe im Gesetz von 1871 waren Abstammung, Eheschließung, Legitimation und Einbürgerung. Eine endgültige Regelung für das Kaiserreich erfolgte durch das Reichs- und Staatsangehörigkeitsgesetz vom 22. 7. 1913, in Kraft ab 1. 1. 1914. Der Notwendigkeit des Bundesstaatscharakters (Fürstenstaat) folgend, blieb es bei der mittelbaren Reichsangehörigkeit, die im übrigen bis 1934 galt. Das Gesetz enthielt weitere Einzelheiten, zum Beispiel für Eheleute, für Beamteneinstellungen und im Zusammenhang mit den Kolonialvölkern, wobei es ausschließlich um Einzelgenehmigungen ging.

Während in Deutschland, besonders in Preußen, nach der Ära der Französischen Revolution und Napoleons eine in großen Zügen ruhige evolutionäre Entwicklung des Staats- und Verfassungsrechts ablief, durchlebten die französischen Bürger sehr viel turbulentere Phasen. Die Verfassung von 1791 hatte mit einer politischen Vollinthronisierung des gesamten Volkes – wie es als Grundton allgemeiner Beurteilung heute immer wieder durchklingt – nicht das geringste zu tun. Sie war eine monarchistisch-repräsentative Verfassung, die sich bezüglich der Menschenrechte und der *égalité* (Gleichheit) an das Vorbild der amerikanischen Verfassung hielt. Die staatliche Ordnung sah vor: die unteilbare Nation als Souverän, die Gewaltenteilung im Montesquieuschen Sinne, den König als Vollstrecker der vollziehenden Gewalt. Seine Anordnungen bedurften lediglich der Gegenzeichnung eines nur ihm verantwortlichen Ministers.

Die gesetzgebende Gewalt lag bei der *assemblée législative,* den gewählten Repräsentanten der Nation. Das Wahlrecht besaß allerdings nur die kleine Schicht der ›aktiven Bürger‹, die Steuern in Höhe einer bestimmten Anzahl von Tagessätzen bezahlten. Im September 1792 verkündete der Nationalkonvent die Republik und erließ am 24. 6. 1793 eine radikaldemokratische Verfassung mit direkter Wahl der Abgeordneten, ferner Zulassung des Volksentscheids und Recht auf Arbeit und Unterstützung. Sie trat wegen der nunmehr einsetzenden Schreckensherrschaft jedoch nie praktisch in Kraft. Erst nach Liquidierung der Jakobiner trat im Mai 1795 eine halbliberale Direktoriatsverfassung in Kraft. Die eigentliche Leitung des Staates blieb wiederum den wohlhabenden Schichten vorbehalten. Die gesetzgebende Gewalt war geteilt, der ›Rat der 500‹ schlug vor, der Rat der Alten beschloß oder verwarf. Die Exekutive lag in der Hand von fünf Direktoren.

Da das praktisch nicht funktionierte, setzte Napoleon 1799 eine Konsulatsverfassung durch, die durch Plebiszit sanktioniert wurde. Die Regierung bestand aus drei Konsuln, von denen der erste allein entschied. Ein Tribunal von 100 Mitgliedern hatte Vorschlagsrecht, das *corps législatif* aus 300 Mitgliedern konnte allein entscheiden. Ein Senat von 80 lebenslangen Mitgliedern wählte Tribun, Gesetzgeber und höchste Beamte.

Ein ›dynamischer Senatsbeschluß‹ schuf 1804 das erbliche Kaisertum mit einem großen Rat aus Würdenträgern des Kaiserreiches. Für den gewöhnlichen *citoyen* blieben der Grundsatz der Gleichheit sowie die Ergebnisse der sozialen Umwälzung erhalten. Die Verfassung galt bis Napoleons Abdankung 1814.

Im selben Jahr erließ König Ludwig XVIII. eine Verfassungscharta, die das englische Vorbild einschloß und ein Zweikammersystem vorsah. Die praktische Umsetzung wurde allerdings durch die vorübergehende Rückkehr Napoleons unterbrochen. Wichtige Ergebnisse der Revolution wurden in dieser Charta fortgeschrieben, so Gleichheit vor dem Gesetz, Freiheit des Einzelnen, Freiheit der Kultur, Garantie des Eigentums.

Das Prinzip der Gewaltentrennung blieb jedoch unvollkommen. Der König erhielt als Oberhaupt des Staates die alleinige Exekutivgewalt. Er besaß das Vorschlagsrecht für Gesetze und konnte Vorschläge der Kammern zurückweisen. Die Angehörigen der Kammern, die Pairs, wurden vom König auf Lebenszeit oder mit Erbfolge bestimmt. Für die Abgeordnetenkammer war nur das Besitzbürgertum wahlberechtigt. Gesetze bedurften der Zustimmung beider Kammern. Damit waren Adel und Besitzbürgertum die einzigen politisch berechtigten Schichten.

Die Julirevolution von 1830 brachte eine Veränderung der Charta. Der Zensus (die Abgabenhöhe für die Wahlberechtigung) wurde abgeschafft, beide Kammern erhielten Vorschlagsrecht, aber der König behielt ein Ablehnungsrecht. Das mittlere Bürgertum erhielt etwas mehr politischen Einfluß. Im Zuge der 48er Revolution erließ die Nationalversammlung am 4. 11. 1848 eine republikanische demokratische Verfassung. Die Exekutive mit leicht autoritärem Charakter lag bei dem direkt vom Volk gewählten Präsidenten, der nicht wiedergewählt werden konnte. Erster Präsident wurde Louis Napoleon, der sich durch Staatsstreich im Dezember 1851 praktisch zum autoritären Alleinherrscher aufschwang und dies durch Plebiszit bestätigen ließ. Im Januar 1852 folgte eine Verfassung, die eine zehnjährige Amtszeit des Präsidenten vorsah und ihm die alleinige Exekutive zusprach, in der die Minister nur ihm verantwortlich waren. Der Fortschritt lag in der Gewährung des allgemeinen Wahlrechts ohne jede Beschränkung. Im Dezember 1852 erreichte Louis Napoleon durch Plebiszit wieder ein erbliches Kaisertum. Die Machtfülle des Herrschers wurde durch Dekret aus dem Jahr 1860 eingeschränkt und 1869 durch Erweiterung der Befugnisse der Kammern bezüglich der Einsetzung der Minister weiter begrenzt. Von dieser Zeit an kann man von einem liberalen Kaisertum reden.

1871 wurde Frankreich durch Beschluß der Nationalversammlung wieder Republik. 1875 wurden drei Verfassungsgesetze erlassen, die die Beziehungen der Hauptorgane des Staates regelten und in etwa bis 1940 in Kraft blieben. Der Präsident wurde von Deputiertenkammer und Senat gemeinsam auf sieben Jahre gewählt, besaß ursprünglich alleinige Exekutivgewalt mit autoritären Nuancen, die dann dem später eingeführten Ministerpräsidenten zufiel.

Die Minister waren beiden Kammern gegenüber verantwortlich. Das allgemeine Wahlrecht galt ab 21 Jahre. Bei kritischer Betrachtung der Entwicklung bei unseren Nachbarn ist, so hoffe ich, deutlich geworden, daß trotz dort früher erreichter formeller Freiheitsrechte der Bürger die Entwicklung in Deutschland und besonders in Preußen wesentlich weniger verworren verlief und eine gerade im Sinne der Aufklärung viel folgerichtigere Gestalt annahm, die den praktischen Lebensverhältnissen viel besser entsprach und dem Bürger einen wesentlich besseren Schutzraum gewährte.

Da heute in den öffentlichen Meinungsäußerungen in großem Umfang damit argumentiert wird, wir müßten uns nun endlich der modernen Verfassung bei unseren westlichen Nachbarn angleichen, sei auch noch ein kurzer Blick auf die staatsrechtliche Entwicklung in Großbritannien erlaubt. Im Mittelalter verlief die Rechtsentwicklung ähnlich der auf dem Festland. Ab Ende des 9. Jahrhunderts erst rechnet man mit einem gemeinsamen englischen Königtum (Wessex, Alfred der Große 879–99). Unter den Normannenkönigen ab 1066 entwickelte sich so etwas wie ein allgemeines Recht (*common law*). Die germanisch-angelsächsische Hundertschaftsverfassung blieb erhalten, aber daraus entwickelte sich eine streng feudale Militär- und Lehnshierarchie. Die berühmte *Magna Charta Libertatum* von 1215, als Grundgesetz der Freiheit bezeichnet, war im Grunde nichts anderes als die Fixierung der Rechte des Feudalsystems und kam in der Praxis der Stellung der Kirche wie der der Barone unter Begrenzung der Königsrechte zugute. Der Grundsatz der Vorherrschaft des Rechts gegenüber der Willkür als Grundgedanke einer Friedensordnung nahm von daher später Eingang in die praktizierte englische Verfassung. In der Praxis der Lebensgestaltung waren die Wirkungen des Feudalsystems keineswegs anders als auf dem Kontinent, eher schärfer. Im Vergleich wird die in Deutschland gebräuchliche Landfriedensgesetzgebung günstiger abschneiden. Die ursprünglich volksrechtlichen Elemente des angelsächsischen Königtums – den übrigen germanischen Rechtssystemen gleichgerichtet – wurden damit ausgeschaltet.

Die sich im Laufe der Zeit bildenden Ratsversammlungen aus geistlichen und weltlichen Kronvasallen bekamen unter Heinrich III. den Namen ›Parlament‹, das durch Aufnahme der Vertreter der Grafschaften (niederer Adel) ergänzt wurde. Im Laufe des 14. Jahrhunderts erfolgte eine Trennung in Ober- und Unterhaus. Bis ins 17. Jahrhundert hinein war das Parlament ohne wirkliche eigene politische Wirksamkeit, da es einem ständigen Wechselspiel zwischen König und Parlament oder König und Ober- oder Unterhaus unterworfen blieb. Erst als Folge der Revolution von 1688/89 kam unter Wilhelm III. von Oranien die *Declaration of Rights* als *Bill of Rights* der Rolle eines Staatsgrundgesetzes gleich. Es handelte sich dabei um eine Erklärung des

Parlaments zur Einschränkung der Rechte des Königs, unter anderem bezüglich der Steuererhebung und des Unterhalts eines stehenden Heeres, sowie um eine Einschränkung der Rechte kirchlicher Würdenträger, ferner um ein Verbot der Zugehörigkeit zur katholischen Kirche für den König und seine Ehefrau. Diese Rechtserklärung bildete eine wichtige Grundlage für die spätere verfassungsrechtliche parlamentarische Entwicklung, ohne an den tatsächlichen Machtverhältnissen etwas Entscheidendes zu ändern. Ein wichtiges, wenn auch mehr formelles Element für den parlamentarischen Ablauf war die Gewährung der Redefreiheit im Parlament.

Bis Mitte des 19. Jahrhunderts blieb das Parlament eine reine Angelegenheit der führenden Schichten, also des Adels und des Großbürgertums. Erst dann führten Reformen zur Beteiligung des Mittelstandes und breiterer Schichten. Erst der »Representation of the People Act« von 1918 brachte das volle und gleiche allgemeine Wahlrecht für Männer mit 21 und Frauen mit 30 Jahren. Erst ein Gesetz von 1928 brachte volle Gleichstellung von Frauen und Männern.

Die Entwicklung des englischen Parlamentarismus als einer überwiegend ständisch bestimmten Institution hat insbesondere wegen seiner weniger durch Gesetz als durch Gewohnheit gebildeten Verfestigung des formellen Erscheinungsbildes wie vor allem der früh gewährten Redefreiheit beispielhaft und beeindruckend auf die entsprechend interessierten Kreise in fast allen anderen europäischen Staaten gewirkt. Ob die tatsächliche Rechtsverwirklichung in England gegenüber den breiten Schichten des Volkes wie etwa den Bauern ebenso beispielhaft war, ist mehr als zweifelhaft – vor allem, weil bei der Vorherrschaft gewohnheitsrechtlicher und traditionsgebundener Tendenzen in der letztendlichen Rechtsfindung die gegebenen gesellschaftlichen Machtverhältnisse eine ausschlaggebende Rolle gespielt haben.

So gilt nach wie vor, daß in bezug auf die breiten Bevölkerungsschichten Preußen trotz absolutistischer Verfassung mit seinem Allgemeinen Landrecht von 1794 damals der modernste Staat in Europa war. Der Nachholbedarf in Modernität ist für das deutsche Volk auch heute nicht größer, wie wir noch sehen werden.

Die Entwicklung von Weimar bis heute

Der Niedergang des Kaiserreiches mit der Niederlage im Ersten Weltkrieg und der anschließenden Revolution brachte das endgültige Ende des Obrigkeitsstaates, der Grundbestand des Reiches und damit seine Weiterexistenz als Deutsches Reich konnten jedoch gerettet werden. Mit der Weimarer Verfassung wurde das Deutsche Reich ein Volksstaat. Das Volk wurde endgültig der Souverän. Ob es sich dabei allerdings in seiner Gesamtheit der Verantwortung für Fortbestand und Weiterentwicklung bewußt und sie auch zu tragen bereit war und es gar heute noch ist, ist aus heutiger Sicht eher zu verneinen. Das Delegieren an Repräsentanten schützt es vor den Folgen nicht, das dabei verursachte Schicksal selbst tragen zu müssen.

Die Weimarer Verfassung von 1919 erklärte das Deutsche Reich als unitarischen Bundesstaat, in dem die Reichsspitze unmittelbar die souveräne Staatsgewalt besaß. Das Staatsvolk war nicht etwa die Summe aller Landesvölker, sondern die nationale Einheit aller Deutschen war höchstes Reichsorgan. Die Länder waren lediglich an der Bildung des Gesamtwillens beteiligt. Die Verfassungsform stellte eine konstitutionelle parlamentarische Volksrepublik dar. Die Reichsangehörigkeit richtete sich unverändert nach dem überkommenen Gesetz von 1913, also mit reichsdeutschem Personalitätsprinzip, dem sogenannten *ius sanguinis*, das heißt, die deutsche Abstammung war ausschlaggebend. Die Verfassung maß den Grund- und Freiheitsrechten große Bedeutung zu, forderte aber gegenüber den Rechten auch Pflichten. Etwa in Art. 163 I: »Jeder Deutsche hat die sittliche Pflicht, seine geistigen und körperlichen Kräfte so zu betätigen, wie es das Wohl der Gesamtheit erfordert.« Art. 153/III gab eine Eigentumsgarantie, mit der Verpflichtung, den Gebrauch zugleich in den Dienst für das gemeine Ganze zu stellen.

Aus dem Schweizer Recht wurden Volksbegehren und Volksentscheid übernommen, aber begrenzt auf bestimmte Fälle. Der Reichstag war politisch Volksorgan, staatsrechtlich Reichsorgan, aber keine juristische Person oder Behörde. Seine Mitglieder genossen freie Amtsausübung gegenüber Staat, Parteien und Wählern. Eine starke Stellung hatte der unmittelbar vom Volk gewählte Reichspräsident im Fall von Notständen. Der Artitel 48 erlaubte ihm praktisch eine diktatorische Form des Regierens durch Notverordnungen. Die Weimarer Republik geriet durch völlige Selbstblockade ihres Parteiensystems in die Regierungsunfähigkeit, die nur mit Hilfe des Artikels 48 umgangen werden konnte. Als Hitler 1933 an die Regierung gerufen wurde, trat er also bereits in ein autoritäres System ein, das er dann später mit Hilfe des Ermächtigungsgesetzes in den Stand der Allgemeingültigkeit erhob.

Da die Weimarer Verfassung nicht ausdrücklich außer Kraft gesetzt wurde, blieb es mindestens bis Kriegsbeginn 1939 eine ständig heiß erörterte Frage, ob und wie weit die Verfassung noch weiterhin in Geltung geblieben war, was sicherlich für große Teile, abgesehen von der Machtverteilung, der Fall war.

Auf dem Gebiet des Staatsangehörigkeitsrechts wurde nichts Grundsätzliches geändert. Lediglich die Staatsangehörigkeit der einzelnen Länder wurde durch Gesetz von 1934 aufgehoben und eine einheitliche unmittelbare Reichsangehörigkeit begründet. Heute gibt es wiederum eine Reihe gewichtiger Stimmen, die eine Wiedereinführung einer länderspezifischen Staatsangehörigkeit begrüßen würden. Am Anfang der nationalsozialistischen Epoche konnte man der Auffassung sein, daß es das politische Ziel sei, etwa in Analogie zu den Gedanken der Deutschen Bewegung, das Deutsche Reich zu einem organisch gegliederten wirklichen Volksstaat zu machen. Ansätze dazu gab es genug. Professor Ernst Forsthoff hatte in seiner Vorlesung an der Hansischen Universität Hamburg im Herbst 1935 unter dem Titel »Volk und Staat« entscheidende Grundgedanken entwickelt. Er sah die Entwicklung in der Ausgestaltung sogenannter konkreter Ordnungen mit eigener Rechtsetzung wie Familie, Gemeinde, Betrieb, Nährstand und Wehrstand, zusammengefügt in einer übergreifenden organischen Gesamtordnung von Volk und Staat, wie sie unter dem Allgemeinbegriff ›Volksgemeinschaft‹ zu verstehen war.

Zu einer staatsrechtlichen Entwicklung, die in gesunder Evolution auch das verständnisvolle und verinnerlichte Mitgehen des Volkes bewirkt hätte, ist es nicht gekommen. Der Totalansturm nahezu der ganzen Welt gegen das deutsche Volk löste eine Phase aus, die wegen der Übersteigerungen, der Selbstüberschätzung sowie der absoluten Konzentration auf die Figur eines Mannes und dessen Durchsetzungswillen und wegen der aufkommenden Hybris, allein Schicksal spielen zu wollen oder zu müssen, den Keim des Untergangs in sich trug. Die Überbeanspruchung der körperlichen und moralischen Kräfte des ganzen Volkes führte nicht nur zum militärischen und wirtschaftlichen Zusammenbruch, sondern hinterließ auch wegen des Versäumnisses der Setzung eines stabilen Verfassungsrahmens ein staatsrechtliches Chaos. Deswegen war es den Alliierten ein Leichtes, eine Weiterexistenz des Deutschen Reiches als obsolet anzusehen. Erst als es im Laufe der vorhersehbaren Auseinandersetzung unter den Siegern mit der Frontstellung Ost-West den Westalliierten im Sinne ihrer Interessen zu liegen schien, besannen sie sich darauf, die Existenz Deutschlands als Ganzes anzuerkennen und sich zum mindesten mit Worten für dessen Verwirklichung einzusetzen.

Ich will hier nicht auf Einzelheiten der weiteren staatsrechtlichen Entwicklung eingehen. Mir kommt es nur darauf an, in großen Zügen die Umstände und den geschichtlichen Verlauf anzuzeigen, die die Rolle verdeutlichen, die das deutsche Volk als Träger eines Staates gespielt hat, zur Zeit spielt und in Zukunft spielen kann oder können sollte.

Die nächste Stufe in dieser Rolle, die eben jetzt und auf absehbare Zeit gilt, ist die der Deutschen als Staatsvolk der Bundesrepublik Deutschland in seiner heutigen Gestalt und Verfassung. Sie besaßen diese Rolle auch in der ehemaligen DDR. Da dort aber gegenüber der eingeschränkten Selbstbestimmung im Westen auch nicht der leiseste Anflug von Freiheit und Selbstbestimmung bestand, beschränken wir uns auf den Verfassungsrahmen der Bundesrepublik, in den ja inzwischen die mitteldeutschen Länder vereinnahmt sind.

Die Väter der am 14. 8. 1949 installierten Verfassung, die Mitglieder der Parlamentarischen Versammlung, hatten außer dem verhältnismäßig allgemein gehaltenen Rahmen der Alliierten sich gewissermaßen in Selbstverpflichtung zwei Maximen gesetzt: 1. keine Bestimmungen aufzunehmen, die auch nur im entferntesten eine Anlehnung an den NS-Staat darstellen könnten, und 2. möglichst weitgehend auf die so hoch gelobte Weimarer Verfassung zurückzugreifen, mit Ausnahme des direkten Volkseinflusses wie bei der Präsidentenwahl und dem Volksentscheid und natürlich der diktatorischen Sonderrechte des Art. 48.

Der Staatscharakter der Bundesrepublik wurde trotz der seinerzeit fortbestehenden militärischen Besetzung der eines echten Staates, der die Voraussetzungen Staatsgebiet, Staatsvolk und Staatsgewalt besaß, wenn auch nach außen beschränkt. Das Bundesvolk ist ein echtes Staatsvolk, es umfaßt laut Präambel das gesamte Deutschtum. Als Deutscher gilt auch, wer im ehemaligen Deutschen Reich bis zum 31. 12. 1937 Deutscher war. Das Bundesvolk ist Staatsorgan und umfaßt alle staatsrechtlich handlungsfähigen Staatsbürger. Deutscher ist (GG Art 116) jeder Besitzer der deutschen Staatsangehörigkeit nach dem Gesetz von 1913, also unverändert nach dem Abstammungsprinzip. Es erscheint mir ganz wesentlich, deutlich festzuhalten, daß weder die Schöpfer der Weimarer Verfassung noch die Väter unseres Grundgesetzes auch nur im entferntesten daran gezweifelt haben, daß Deutschland als Staat ausschließlich von Bürgern deutscher Abstammung gestaltet werden soll. Insbesondere belegen die Bestimmungen über die staatsrechtliche Einordnung der Flüchtlinge sowie der Angehörigen deutscher Volksgruppen, die in fremden Siedlungsgebieten ansässig waren, wie einheitlich und unwidersprochen die frühen Vertreter der Bonner Republik an der deutschen Volkszugehörigkeit als Grundvoraussetzung für die deutsche Staatsangehörigkeit festgehalten haben.

Die Bundesrepublik ist ihrer Verfassung nach ein Freistaat und ein Rechtsstaat, bezüglich der Staatsform eine Republik und staatsrechtlich ein Bundesstaat, der in Artikel 120 des Grundgesetzes als demokratischer und sozialer Staat definiert wird, eine bindende Vorschrift, die das wirtschaftliche und soziale Ordnungsgefüge des Staatsvolkes bestimmt.

Von der gesetzlichen Konstruktion her ist das deutsche Volk der uneingeschränkte Souverän, der die Ausübung seiner Regierungsgewalt gewählten Vertretern überläßt. Die Parteien sind Rechtsgebilde privaten Rechts – wie Vereine –, die nach Artikel 21 lediglich bei der Willensbildung mitwirken. Die Abgeordneten sind nach Artikel 38 weisungsfrei und – positiv ausgedrückt – dem Wohl des gesamten Volkes verpflichtet.

Sowohl die Väter der Weimarer Verfassung als auch die des Grundgesetzes gingen uneingeschränkt vom Staatsvolk als dem bestimmenden und entscheidenden Organ des Staates aus. Und heute müssen wir uns fragen, was von dieser Stellung geblieben ist. Als erstes wurde mit der sogenannten Aufarbeitung der Vergangenheit der Begriff ›Volk‹ diffamiert, das Bekenntnis zum Volkstum als rassistisch gebrandmarkt und damit der Übergang zur Gesellschaft als ausschließlicher Richtgröße vollzogen. Mit der Eliminierung des Volksbegriffes als moralischer Größe entsteht auch eine Aushöhlung der Bedeutung des Staatsvolkes.

Ernst Forsthoff, dessen Auffassung von Volk und Staat wir oben schon erwähnt haben, hat das Wesen der heutigen Industriegesellschaft in dem Band *Der Staat der Industriegesellschaft*[5] eingehend und überdeutlich geschildert. Er weist auf die drohenden Gefährdungen hin, die den Staat zunehmend seiner Funktion als Schutzgehäuse seines Staatsvolkes berauben: der Zerfall der Gesellschaft in reine Interessengruppen; die Abhängigkeit des Staats von den technischen Realisierungen, denen er hilflos gegenübersteht; das Verhaftetsein in einem fortgesetzten Fortschrittsglauben, was letztlich zum Zerfall einer echten Einheit von Staat und Volk und einer fortschreitenden Unregierbarkeit führt, mit der Drohung im Hintergrund, schließlich von einer Diktatur aufgesogen zu werden.

Der größte Stoß gegen die Existenz eines aktiven Staatsvolkes erfolgte durch die sogenannte 68er Kulturrevolution. Sie wurde unter anderem aus dem Ideenkonglomerat der Französischen Revolution gespeist und propagierte unter anderem, endlich der staatlichen und kulturellen Fixierung auf das deutsche Volk mit seinem Volkstum abzuschwören, seinen Sonderweg zu verlassen und sich dem modernen Weg, wie er von den Staaten des Westens angeblich vorexerziert werde, anzuschließen. Etwa nach dem Motto: Es ist besser, ein guter Republikaner zu sein wie zum Beispiel der französische *citoyen* als ein seinem antiquierten Volkstum verhafteter Staatsbürger.

Eines der unglaublichsten Argumente in diesem Zusammenhang ist, daß wegen der schleichenden Abnahme der deutschstämmigen Bevölkerung unbedingt ein die Einwanderung erleichterndes Gesetz herbei müsse. Dieser Hintergrund trifft auch für die Absicht zu, ein neues Staatsangehörigkeitsgesetz zu schaffen, wobei die in den Vordergrund geschobene Absicht, die Integration der hier aufwachsenden Ausländerkinder zu fördern, mindestens den Verdacht eines Täuschungsmanövers erweckt. Werden diese Vorhaben verwirklicht, sind Erweiterungen nicht auszuschließen, und die Folge wird sein, daß es schließlich zu einer Ghettoisierung Deutschlands und letzten Endes zur Verdrängung des deutschen Volkes in seinem eigenen Staat in eine Minderheitenstellung führen wird.

Einer der Hauptverfechter eines solchen absichtlichen Bruchs mit der deutschen Rechtstradition ist der ehemalige SPD-Vorsitzende Lafontaine in geistiger Gemeinschaft mit den Grünen. Er beruft sich dabei ausdrücklich auf die Vorgaben der Französischen Revolution und wird nicht müde, nach einem ›modernen‹ Staatsangehörigkeitsrecht zu rufen, das sich den westlichen Staaten anpaßt und das angeblich überholte Abstammungsprinzip abschafft.

Es ist unerläßlich, daß sich das deutsche Staatsvolk in seiner größtmöglichen Mehrheit diesem existenzgefährdenden Ansinnen widersetzt.

Der Staatsrechtler Giese sagt in seiner *Allgemeinen Staatslehre* ganz klar: Das deutsche Recht ging eindeutig aus dem Gemeinschaftsrecht der deutschen Stämme hervor und hat eine völlig andere Entwicklung genommen als das französische. Die Nation des rein territorial aufgefaßten französischen Nationalstaats ist etwas völlig anderes als die ganz im deutschen Volkstum wurzelnde deutsche Nation.

Allerdings ist das deutsche Staatsvolk als Souverän, als entscheidende geschlossene Kraft zur Gestaltung des Staates, seiner Lebenswirklichkeit, längst abgelöst durch die vom Grundgesetz zugelassenen, aber nicht in dieser Weise autorisierten Parteien. Sie verwandeln mit Hilfe der Medien die politische Landschaft in eine Unterhaltungssphäre mit Glamour und Thriller und einem Auswahlsystem nach TED, in dem die Entscheidung für einen Schlagerstar nahezu den gleichen Stellenwert hat wie die Wahl eines Kanzlerkandidaten.

An dieser Stelle sei eine persönliche Bemerkung erlaubt. Ich habe die rechtliche Entwicklung in Deutschland und teilweise bei den Nachbarn so ausführlich behandelt, um deutlich zu machen, wie das tatsächliche Umfeld aussieht, das dem Adressaten, den es wirklich angeht, nämlich dem deutschen Volk, durch die Wirkung der auf Hochtouren laufenden Propagandamaschinerie völlig verfälscht dargestellt wird.

Es ist fraglich, ob bei der derzeitigen Auseinandersetzung über das Staatsangehörigkeitsrecht, deren Verlauf weitgehend durch emotionale Stimmungsäußerungen, schädlich gefördert durch die Medien, bestimmt und beiderseitigen Konsens- und damit Verfremdungsbemühungen unterworfen wird, die eigentliche Kernfrage noch klar genug zum Ausdruck kommt und damit einer vernünftigen Lösung zugeführt werden kann.

Sie hat nichts mit eventuellen Regelungen für den Einzelfall oder mit einer zeitlich begrenzten Aktion für ernsthaft einbürgerungswillige, auf endgültigen Verbleib eingestellte Ausländer zu tun. Sie lautet: Kann es verantwortet werden, wissentlich einen Bruch des deutschen Rechtssystems, das in jahrhundertelanger Tradition aus den Grundanschauungen der Deutschen entstanden ist, zu vollziehen, der entsprechend derzeitiger Verfassungsregelung nicht wieder rückgängig zu machen wäre.

Soll bei der kraft Gesetzes und damit automatisch gegebenen Staatsangehörigkeit das bisherige Prinzip der Abstammung durch das Prinzip der Ortsgegebenheit der Geburt ergänzt oder gar ersetzt werden? Auch bei dem sogenannten Optionsmodell mit der Doppelstaatsangehörigkeit wird die deutsche Staatsangehörigkeit automatisch bei der Geburt in Deutschland gewährt.

Die schärfsten und gehässigsten Angriffe gegen die geltende gesetzliche Regelung kommen aus einer Ecke, die stets die gebräuchliche lateinische Formel *ius sanguinis* mit Blutsbezug übersetzt und damit eine Verwurzelung mit rassistischem Denken unterstellt. Wenn man sich hier schon aus der ›Blut-und-Boden-Kiste‹ bedienen will, dann ist die Abhängigkeit vom Boden ebenso anrüchig. Die Argumentation dieser Leute ist eine bewußte Infamie, weil gerade sie genau wissen, daß die rechtsbegründende Gegebenheit der Abstammung in diesem Zusammenhang nichts mit rassistischen Anwandlungen zu tun hat.

Wie die Verfassung von ihren Schöpfern ausdrücklich für das gesamte deutsche Volk entworfen wurde und wie der Eid der Volksvertreter, zum Nutzen des deutschen Volkes zu handeln und Schaden von ihm zu wenden, lautet, so ist das Staatsangehörigkeitsgesetz zum Nutzen und zur weiteren gesunden Entwicklung des deutschen Volks ergangen und deswegen auch von den Vätern der Weimarer Verfassung und denen des Grundgesetzes für die Bundesrepublik Deutschland in voller Absicht so stehengelassen worden.

Die Lage im Frühjahr 1999

Die Bundesregierung hat mit ihrer breit verkündeten Absicht, das Staatsangehörigkeitsrecht zu ändern, zu ›modernisieren‹, wie sie sagt, das Prinzip des Geburtsorts (*ius soli*) einzuführen und zudem eine automatische Doppelstaatsangehörigkeit zuzulassen, bereits jetzt eine Lawine losgetreten. In aller Welt bereiten sich Wanderungswillige darauf vor, sofort nach entsprechendem Gesetzeserlaß in das verheißungsvolle Sozialparadies aufzubrechen. Vornehmlich die Schlepperorganisationen bereiten sich weltweit vor, die angeblich mögliche doppelte Staatsangehörigkeit als Lockmittel zu benutzen. Ein Strom illegaler Zuwanderer wird in Bewegung gesetzt, die ihre Hoffnungen darauf setzen, daß sie, erst einmal auf deutschem Boden gelandet, schon Mittel und Wege finden, aus der neuen Gesetzgebung den erwünschten Nutzen zu ziehen.

Die vorgegebene Absicht, nur der Integration der hier in der dritten Generation geborenen Kinder von Ausländern mit längerem Aufenthalt dienen zu wollen, wird durch jede Form automatischer Verleihung der deutschen Staatsangehörigkeit in ihr Gegenteil verkehrt. Nur der Zustrom neuer in überwiegender Zahl nicht integrierbarer Ausländer wird ins Unübersehbare vergrößert. Das Argument, das Staatsangehörigkeitsrecht dringendst modernisieren und den wichtigsten Nachbarn anpassen zu müssen, ist durch keinen einzigen sachlichen Bezug gedeckt und damit als geradezu unverfrorene Zweckpropaganda entlarvt. Wenn regierungsseitig angegeben wird, zweieinhalb Millionen Ausländern die Integration erleichtern zu wollen, dann kann das unter den gegebenen Umständen gegenüber der Bevölkerung nicht einmal die wahre Absicht verdecken, mit hochgespielter Propaganda eben diese zweieinhalb Millionen als Wähler für die rot-grüne Koalition zu gewinnen und ihr damit langfristig die Mehrheit zu sichern.

Wie wir im Laufe dieser Darstellung gesehen haben, hat jedes Land aus den unterschiedlichen Gegebenheiten eine unterschiedliche Gestaltung seiner staatsrechtlichen Entwicklung durchlaufen und seine eigene Tradition entwickelt. Modernität und Anpassung an andere sind dabei keine Qualitätsmaßstäbe, wenn es gilt, den Interessen des eigenen Staatsvolks gerecht zu werden.

Frankreich und England haben beide aus ihrer Lage als ehemalige globale Kolonialimperien ganz andere Zielsetzungen verfolgen müssen als Deutschland. So hat Frankreich zum Beispiel ein gesondertes Recht für Teile der Kolonien entwickelt. Der Code de Nationalité vom 19. 10. 1945 erklärte die Einwohner von Algerien, Martinique, Guadeloupe und Réunion zu *citoyens français*, die der übrigen Kolonien zu *sujets français*. Mit der Gründung der Communauté française 1958 gab es nur eine Staatsangehörigkeit, nämlich la nationalité de la République Française et de la Communauté Française. Durch den besonderen Charakter Algeriens als eines direkten Départements Frankreichs – damit also eines Bestandteils Frankreichs – waren die Algerier unmittelbare Staatsangehörige. Ob die Franzosen allerdings angesichts der ungeheuren Probleme vor allem mit der nachwachsenden afrikastämmigen Jugend die Regelungen noch als besonders fortschrittlich und begrüßenswert ansehen, erscheint mehr als fraglich. Wahrscheinlich würden sie heute auf das *ius soli* gern verzichten.

Ganz ähnliche Probleme hat sich England mit seiner Regelung für einen großen Teil seiner ehemaligen Kolonien, insbesondere nach dem Rückzug aus den Gebieten östlich von Suez, aufgeladen. Auch auf seinem Boden spielen sich gewaltige Auseinandersetzungen zwischen der eingeborenen Inselbevölkerung und den Zuwanderern ab, aber ebenso zwischen den einzelnen Gruppen wie Pakistanis und Indern. Trotz Besitzes des britischen Passes kann von einer wirklichen Integration nur für eine ganz kleine Schicht von Intellektuellen und wirtschaftlich besonders Erfolgreichen gesprochen werden.

Belgien und Holland haben ebenfalls eine diesbezügliche Erblast aus Kolonialzeiten übernommen. Die Niederlande haben dabei die etwas großzügigeren Regelungen, was sich nicht gerade segensreich ausgewirkt hat, sondern viel dazu beigetragen hat, Amsterdam zu einem der größten europäischen Handelsplätze für Rauschgift zu machen. Italiens Erblast aus der Kolonialzeit ist in diesem Zusammenhang eher bescheiden. Es entspricht übrigens italienischer Tradition, am Abstammungsprinzip festzuhalten. In der durchaus lebendigen historischen Erinnerung der Italiener spielt die Verleihung des Bürgerrechts im alten Rom an Nichtrömer, die überaus selektiv erfolgte, eine zur Nachahmung ermunternde Rolle.

Zu der von der Regierung ins Spiel gebrachten Hervorhebung des Territorialprinzips erschien kürzlich in der *FAZ* (Nr. 20 vom 25. 1. 1999) ein überaus sachkundiger Beitrag von Frau Dr. jur. Gabriele Wurzel aus Wachtberg, der folgende wichtige Feststellungen enthält: Eine Verwirklichung des reinen Territorialprinzips kennt in Europa nur Irland, was hier übrigens einer Schutzmaßnahme aus dem Bedrängtsein durch die Briten entspringt. Lediglich als Ergänzung zum Abstammungsprinzip, das praktisch überall die gewichtigste Grundlage ist, gilt das Territorialprinzip in Belgien, Frankreich, Großbritannien, den Niederlanden und Spanien – alle ehemalige Kolonialreiche –, zum großen Teil aber in sehr engen Begrenzungen. Die übrigen Staaten (siebenunddreißig an der Zahl!) kennen grundsätzlich das Abstammungsprinzip mit Ausnahmen nur zur Vermeidung von Doppelstaatlichkeit.

Einem Beschluß des Europarats zur Vermeidung von Doppelstaatlichkeit folgend, sehen die meisten Staaten bei Einbürgerungen allgemein den Verlust der bisherigen Staatsangehörigkeit vor.

Frau Dr. Wurzel weist auch darauf hin, daß die meisten Staaten mit von der Norm abweichenden Regelungen vor allem bei Mehrstaatlichkeit eine Treuerklärung oder einen Treueid verlangen, so zum Beispiel die USA, die bei Einbürgerungen darüber hinaus noch einen Nachweis von Kenntnissen in Sprache, Geschichte und Landeskunde verlangen.

Wer sich also die Mühe macht, den wirklichen rechtlichen Sachstand zu ergründen, der muß feststellen, daß die ganze Argumentationskette der rot-grünen Koalition völlig im luftleeren Raum ohne sachliche Stichhaltigkeit hängt. Das bezieht sich auf die ›notwendige Modernisierung‹, die ›Anpassung an die Nachbarn‹, die längst fällige Ablösung »des antiquierten Blutsartikels«, wie ein prominenter Teilnehmer an einer Talkshow von Sabine Christiansen sich ausdrückte, bis zur notwendigen ›Erleichterung der Integration durch Gewährung von Doppelstaatlichkeit‹. Sie dient damit nur der Täuschung der deutschen Bevölkerung und erweist sich als ein weitgehend böswilliges emotionalisierendes Propagandamittel zur Verbreiterung der eigenen Machtbasis.

Auch das als zu eventuellen Konsenszwecken propagierte Optionsmodell, wie von der FDP und ähnlich von der Landesregierung von Rheinland-Pfalz vorgeschlagen, ist seinem sachlichen Gehalt nach nicht zu rechtfertigen und dient ebenfalls dazu, unter Berufung auf die Möglichkeit einer Übereinkunft auf breiterer Grundlage der Bevölkerung Sand in die Augen zu streuen.

Jede Regelung, die entgegen der bisherigen Gesetzeslage eine automatische Gewährung der deutschen Staatsangehörigkeit an Ausländer und Ausländerkinder und dann noch unter Zulassung von Doppelstaatlichkeit vorsieht – so das sogenannte Optionsmodell –, beinhaltet einen unübersehbaren Schaden für die Substanz des deutschen Staatsvolks.

Gerade im Hinblick darauf, daß von der Neuregelung in der Hauptsache Türken profitieren werden, wird die Folge sein, daß eine Unzahl von Frühehen geschlossen werden, ein Strom von nachziehenden Familienmitgliedern einsetzen wird und dann Wellen von Neugeborenen als Staatsbürger der Bundesrepublik Deutschland zur Welt kommen. Nur wer es darauf anlegt, das deutsche Volk zu schädigen, es endgültig von den Wurzeln seines Volkstums abzuschneiden, um es internationalen Machteinflüssen, welcher Art auch immer, für alle Zeiten gefügig zu machen, kann einer solchen Regelung zustimmen.

Wie sowohl Frau Dr. Wurzel in dem erwähnten *FAZ*-Beitrag als auch der ehemalige Innenminister Kanther (*FAZ*, Nr. 35 vom

11. 2. 1999) hingewiesen haben, sind die derzeit gegebenen Regelungen für eine Einbürgerung und eine wirkliche Integration völlig ausreichend, um allen Integrationsfähigen und -willigen die notwendigen Schritte zu ermöglichen. Sowieso wird deren Zahl nur eine kleine Minderheit ausmachen – wenn man so will, eine Art Elite, während die überwiegende Mehrheit auch der Jugendlichen teils aus eigenem Antrieb, zum größeren Teil durch Einfluß ihrer Eltern wie auch von Geistlichen und Funktionären in entsprechenden Organisationen gar nicht daran denkt, ihr bisheriges kulturelles Umfeld aufzugeben. Den meisten geht es nur darum, die sich bietenden erweiterten Chancen im Sinne größtmöglichen materiellen Vorteils zu nutzen. Wer wirklich alle Anstrengungen machen will, sich in Deutschland voll einzubürgern, der braucht dazu keine gesetzliche Neuregelung. Über eventuelle Verbesserungen und Erleichterungen auf dem Verwaltungswege kann sicher mit Erfolg verhandelt werden.

Gerade die Mitte Februar 1999 aufgetretenen Unruhen gewaltbereiter Kurden im Zusammenhang mit der entführungsähnlichen Ergreifung und Verhaftung Öcalans müssen die Bevölkerung alarmieren bei dem Gedanken, welche Elemente durch eine, wie regierungsseitig geplant, vereinfachte und automatisch gegebene Zuerkennung der deutschen Staatsangehörigkeit begünstigt werden. Das fängt bei den Kurden an und hört bei diesen oder jenen fundamentalistischen, religiösen oder ethnischen Gruppierungen auf. Das Schreckbild eines dauernden Ausnahmezustands taucht unweigerlich auf, dessen der Staat mit seinen Organen nicht mehr Herr werden kann.

Kommen wir noch einmal auf die Grundfragestellungen zurück. Das deutsche Volk hat sich eine Verfassung in Form eines Grundgesetzes gegeben, die von den Gründervätern entworfen und von den Volksvertretern beschlossen wurde. Sie verbrieft die staatliche Ordnung, in der das deutsche Volk Art und Umfang seines politischen und kulturellen Lebens Gestalt geben will. Sie verlangt, daß Volksvertreter und Regierung so handeln, daß sie jeden möglichen Schaden vom deutschen Volk abwenden und seinen Nutzen mehren.

Integraler Bestandteil dieser Ordnung ist das deutsche Staatsvolk. Das Staatsangehörigkeitsrecht bestimmt, wer Mitglied dieser den deutschen Staat bildenden Gebietskörperschaft ist. Es bestimmt die mitgliedschaftliche und rechtliche Zugehörigkeit zur staatlichen deutschen Gemeinschaft. Das Grundgesetz von 1949, Artikel 116, geht von der Fortgeltung des vom Deutschen Reich – kaiserlicher wie weimar-republikanischer Prägung – übernommenen Gesetzes mit der Grundlage des Abstammungsprinzips aus. Es stellt bewußt auf die Volkszugehörigkeit ab und berücksichtigt »Statusdeutsche«, denen sie das Recht auf den vollen Erwerb der Staatsangehörigkeit zubilligt, wie es durch Sondergesetz für Vertriebene, Flüchtlinge und Aussiedler geregelt ist.

Nach geltendem Völkerrecht regelt jeder Staat die entsprechende Gesetzgebung für sich allein nach eigenem Ermessen und übt seine Hoheitsrechte auch gegenüber den eigenen Staatsbürgern in fremden Ländern aus. Das heißt, er kann auch zum Beispiel die Aufgabe der eigenen Staatsangehörigkeit unterbinden. Mehrstaatlichkeit ist ganz allgemein unerwünscht. Allgemein gilt, daß mit Erwerb einer neuen Staatsangehörigkeit der Verlust der alten verbunden ist. Für die Europäische Union gilt dies obligatorisch entsprechend einem Übereinkommen der Staaten im Europarat, das von der Bundesregierung laut *Bundesgesetzblatt* II von 1969 übernommen wurde.

Das Grundgesetz der Bundesrepublik dient dem Sinne nach, wie ausdrücklich erwähnt, dem Schutz des deutschen Volkes, seiner Substanzerhaltung, seiner Gestaltungsfreiheit und dem Erhalt und der Weiterentwicklung seiner im deutschen Volkstum wurzelnden Kultur. Das derzeit gültige Staatsangehörigkeitsgesetz trägt dieser Aufgabe Rechnung. Eine Änderung dieses Rechts, das die Gefahr einer Begrenzung oder Minderung des zukünftigen Lebens- und Gestaltungsrahmens des deutschen Volkes bedeuten würde, muß demgemäß als verfassungswidrig eingestuft werden.

Die wie auch immer gestaltete automatische Gewährung des Staatsangehörigkeitsrechts nach dem Territorialprinzip wie vor allem eine damit verbundene Doppelstaatlichkeit sind unter allen Umständen abzulehnen und demnach entsprechend zu verhindern. Davon unberührt bleiben muß ein verwaltungsmäßig wirksamer Ermessensrahmen, um berechtigten und vertretbaren Einbürgerungswünschen gerecht werden zu können.

In Deutschland steht jedem Ausländer, vor allem Jugendlichen, bei längerem Aufenthalt jede Möglichkeit an Ausbildung und Berufsausübung zur Verfügung, mit allen sozialen Unterstützungen. Die Möglichkeiten der Pflege seines traditionellen Kulturstatus bleiben dabei unbenommen. Wer aber wünscht, sich voll in den politischen und kulturellen Lebensrahmen des deutschen Volkes einzugliedern, mit allen Konsequenzen, der soll unter angemessenen Vorbedingungen, wie ausreichende Kenntnis von Kultur und Sprache, schriftliche Verpflichtung auf das Grundgesetz und Nachweis eines gesicherten Lebensstatus, ohne unangemessene Barrieren die deutsche Staatsbürgerschaft erwerben können.

Angesichts der Grundausrichtung unserer Verfassung auf die Existenz- und Zukunftssicherung des deutschen Volkes ist es geradezu eine Infamie, im Rahmen der politischen Auseinandersetzung diejenigen, die sich auf die Interessen des deutschen Volkes und die Erhaltung seiner Kultur berufen, als rückständig völkisch und damit gleichzeitig als ausländerfeindlich und rassistisch zu diffamieren.

Anscheinend haben diejenigen, die so argumentieren, noch nicht begriffen, daß ihre Multikultur-Ideologie beileibe nicht mehr modern, sondern von der Weltentwicklung längst überholt ist. Man muß nicht gleich im Rahmen der Huntingtonschen Analyse denken, aber eines ist klar: Gerade im Zuge der sogenannten ökonomischen und technologischen Globalisierung der Welt gewinnt die Suche nach einem festen Halt und Ausgangspunkt für eine eigenständige, in einem festen Kulturrahmen verankerte Lebensgestaltung immer mehr an Stärke und weiterer Verbreitung. Überall in der Welt findet der Rückgriff auf die im jeweiligen Volkstum wurzelnden Traditionen auch oder gerade im Zusammenhang mit der religiösen Orientierung immer größere Bedeutung.

Genau das muß auch für das deutsche Volk gelten. Nur das Wiedergewinnen einer festen kulturellen Grundlage, die auf die tragfähigen, im Volkstum ruhenden Kräfte zurückgreift, kann dem deutschen Volk eine Zukunft in der großen Weltauseinandersetzung sichern. Dabei darf es sich nicht durch eine von durchsichtigen Interessen gespeiste trickreiche Änderung seines Staatsangehörigkeitsrechts hindern lassen.

Im Augenblick (Mitte März 1999) sieht es so aus, daß der rot-grüne Regierungsentwurf mit im Grunde unwesentlichen Änderungen gegenüber dem Original, die mit Rücksicht auf die FDP wegen ihrer Schlüsselbedeutung für den Bundesrat vorgenommen wurden, einige Aussicht hat, Gesetz zu werden. Nach der Zustimmung der beiden Regierungsfraktionen und des Kabinetts wird die Regierung alles daran setzen, die Sache schnellstens durchzupauken. Dann könnte sie nach außen die Sache wieder als Pluspunkt verkaufen unter dem Motto ›Wieder ein Wahlversprechen in so kurzer Zeit erfüllt‹. Dabei muß sie trotz des Schocks der Hessenwahl nicht mit einem so für sie existenzbedrohenden Widerstand rechnen wie seitens der Großindustrie in der Frage der Steuerreform. Es geht dabei ja auch scheinbar nicht um Geld.

Wieweit die CDU standhaft auf der Rüttgerslinie bleibt, die jede automatische Vergabe der Staatsangehörigkeit als unannehmbar ansieht, bleibt leider fraglich. Es würde nicht überraschen, wenn unter dem Vorwand des breiten Konsenses der CDU-Vorstand wegen geringfügiger Verbesserungen letztendlich doch auf die Regierungslinie einschwenkt.

Wird aber die jetzige Vorlage im Grundsatz Gesetz, dann wirft die Regierung einen Spaltpilz in die Bevölkerung, der zu dauernden, mit wachsender Aggressivität geführten Auseinandersetzungen führen wird. Ob das deutsche Volk sich auf Dauer gefallen lassen wird, ein lebenswichtiges Anliegen von einer kleinen politischen Funktionärsschicht mißachtet zu sehen, darf bezweifelt werden. Wenn vor allem die heranwachsende Jugend erst an den praktischen Auswirkungen für sich selbst merkt, wie man sich aus intellektuellem Hochmut über ihre Zukunftschancen hinweggesetzt hat, kann es ein böses Erwachen geben.

Die Auseinandersetzung über ein Staatsangehörigkeitsrecht, das den wirklichen Interessen des deutschen Volkes gerecht wird, wie das bis jetzt geltende es tat, wird bis zu einer Rückänderung weitergehen.

Nachtrag

Nun ist also am 19. März 1999 durch den Bundestag in erster Lesung der Entwurf des Innenministers zur Änderung des Staatsangehörigkeitsrechts von der Bundestagsmehrheit von Rot-Grün und vermutlich dem größten Teil der FDP-Fraktion angenommen worden.

Offensichtlich sind die mit diesem sogenannten Optionsmodell eingetretenen Änderungen der Mehrheit der Bevölkerung nicht bedeutend erschienen, wie sie es zunächst nach den Ursprungsplänen mit der allgemeinen Zulassung der Doppelstaatlichkeit befürchtet hatte. Nur so ist es erklärlich, daß nach der kürzlich im ZDF verkündeten Umfrage eine Mehrheit von über 60 Prozent mit dieser Regelung zufrieden ist, obgleich der Entwurf unausgegoren ist – die erste Nachbesserung wurde schon angekündigt – und tatsächliche Gefahrenpunkte unverändert gegeben sind.

So harmlos die Überschrift klingt (*FAZ*): »Das Territorialprinzip ergänzt die Abstammungsregel«, so liegt meines Erachtens der verhängnisvolle Schritt gerade in der mit dem Territorialprinzip verbundenen automatischen Gewährung der deutschen Staatsangehörigkeit. Das kann weder durch die Optionsmöglichkeit noch durch die formelle Verlustregelung in wirkungsvoller Weise gemildert werden.

Die Bevölkerung ist sich über die einzelnen Folgen vermutlich nicht richtig im klaren. Sie läßt sich wohl durch den Begriff ›Optionsmodell‹, den sie für eine gute freiheitliche Methode hält, blenden. Sie ist weitgehend froh, daß eine durch die Unterschriftenaktion der CDU hervorgerufene, hohe Wellen schlagende, streitbare Auseinandersetzung anscheinend doch zu einem friedlichen Ausgang gebracht werden konnte.

Was bedeuten nun die wesentlichen vorgesehenen Änderungen, die am bestehenden Reichs- und Staatsangehörigkeitsgesetz vorgenommen werden sollen?

Ausländerkinder, die hier in Deutschland geboren werden, erhalten damit automatisch die deutsche Staatsangehörigkeit, wenn ein Elternteil seit mindestens acht Jahren rechtmäßig seinen gewöhnlichen Aufenthalt im Inland hat und eine Aufenthaltsberechtigung oder seit drei Jahren eine Aufenthaltserlaubnis besitzt (neuer Abs. 3 zu § 4 des Gesetzes).

Da dies generell und unbefristet gilt, wird es im Laufe der nächsten zehn Jahre mehrere Hunderttausende neue deutsche Staatsbürger geben, die eigentlich Ausländer sind und in der Mehrzahl noch die Staatsangehörigkeit ihrer ausländischen Eltern automatisch bekommen.

Ähnlich oder praktisch gleichgestellt werden nach dem neuen § 40b Ausländerkinder, die noch nicht das zehnte Lebensjahr erreicht haben. Sie erhalten zwar nicht automatisch die deutsche Staatsangehörigkeit, sondern nur auf Antrag, wenn sie im übrigen ebenfalls die Bedingungen des § 4, Abs. 3 erfüllen.

Es ist dies eine Sollvorschrift, also ohne behördlichen Ermessensspielraum, denn es heißt im Gesetzestext: »ist auf Antrag einzubürgern«. Damit hat das Gesetz praktisch mit rückwirkender Kraft auf einen Zeitraum von etwas weniger als zehn Jahren die Einbürgerung verfügt. Das heißt also, alle hier in den letzten knapp zehn Jahren geborenen Ausländerkinder werden in der überwiegenden Mehrzahl – nur verschwindend wenige werden den Einbürgerungsantrag nicht stellen – deutsche Staatsangehörige und damit ebenfalls überwiegend Doppelstaatler. Das ergibt eine Zahl, die schon ab sofort in die Hunderttausende gehen wird, manche Schätzungen gehen auf eine halbe Million.

Die sogenannte Optionsregelung (neuer § 29) gilt für beide Gruppen. Also mit einundzwanzig Jahren müssen die dann ja Erwachsenen erklären, welche Staatsangehörigkeit sie behalten wollen, und zwar durch einfache schriftliche Erklärung. Erklärt sich der Betreffende für die angestammte ausländische Staatsangehörigkeit, geht die deutsche verloren. Sie geht ebenso verloren, wenn er bis zur Vollendung des 23. Lebensjahres überhaupt keine Erklärung abgegeben hat, und ebenso, wenn er sich zwar zuerst für die deutsche Staatsangehörigkeit entschieden, jedoch bis zum Ende seines 23. Lebensjahres nicht den Nachweis für die Aufgabe der ausländischen Staatsangehörigkeit erbracht hat.

Unter bestimmten Bedingungen kann er jedoch die Beibehaltung der doppelten Staatsangehörigkeit beantragen. Die Ausnahmen, mit denen dies begründet werden kann, sind im § 87 des Ausländergesetzes geregelt und so zahlreich – unter anderen erhebliche Nachteile wirtschaftlicher Art, was schlauen Leuten leicht zu beweisen gelingen wird –, daß damit das angeblich angestrebte Prinzip, Mehrstaatigkeit zu vermeiden, bis zur Unkenntlichkeit durchlöchert werden wird.

Diese Optionsregelung, die so sehr als Ei des Columbus angesehen wird, ist gerade der Teil, der verfassungsrechtlich der zweifellos fragwürdigste ist und wohl zum Anrufen des Verfassungsgerichts führen wird. Ganz davon abgesehen, daß ich, wie schon früher erwähnt, das ganze Gesetz als nicht dem wirklichen Sinn unserer Verfassung entsprechend ansehe.

Im übrigen sorgen die in der Optionsregelung vorgesehenen Verhaltensverpflichtungen wie Erklärungsabgabe und damit verbundene Fristeneinhaltung mit Sicherheit für einen heillosen Wirrwar in der Verwaltungspraxis und damit für die Gefahr, daß die Nichtbeachtung oder Umgehung der Bedingungen des Gesetzes zur täglichen Praxis wird, mit dem Erfolg, daß über die tatsächliche Lage der Staatsangehörigkeitsverhältnisse bei diesen Ausländergruppen jeglicher Überblick verlorengeht.

Die Änderung des Ausländergesetzes in § 85, die einen Anspruch zur Einbürgerung von Ausländern vorsieht mit der Verkürzung von zehn auf acht Jahre Aufenthaltsdauer im Inland, könnte ein Ansporn zu echter Integration sein. Die Bedingungen, die an die Gewährung für diese Fälle geknüpft sind, sind völlig vernünftig und notwendig – vor allem das Bekenntnis zum Grundgesetz und die Aufgabe der bisherigen Staatsangehörigkeit.

Daß Ehegatten und Kinder auch bei kürzerem Aufenthalt in der Bundesrepublik mit eingebürgert werden können, ist in etwa logisch und unvermeidbar. Daß aber durch diese Regelung im wesentlichen die Zahl der Ausländer mit deutscher Staatsangehörigkeit erhöht wird, ohne gleichzeitig die Zahl wirklich kulturell und dauerhaft Integrierter zu erhöhen, dürfte ganz und gar sicher sein. Wenn man sich nüchtern die Folgen der in dieser Form vorgesehenen Änderung des Staatsangehörigkeitsgesetzes und des Ausländergesetzes vor Augen führt, dann wird klar, daß damit tatsächlich der fortschreitenden Verfremdung des deutschen Staatsvolkes Tür und Tor geöffnet werden.

Durch Frühehen und Familiennachzug wird die Zahl der hier geborenen Ausländerkinder, die nun automatisch deutsche Staatsangehörige werden, zusammen mit den anderen Einbürgerungsberechtigten in ungeahnter Weise in die Höhe schnellen. Aber für die angeblich mit dem Gesetz beabsichtigte wirkliche Integration der Ausländerkinder sind aufgrund der Gegebenheit der Lebensumstände, wenn überhaupt, dann nur äußerst geringe Möglichkeiten gegeben.

Die Ghettoisierung wird unbeschadet weitergehen. Es wird in absehbarer Zeit zu mehr oder weniger geschlossenen Schulklassen für Ausländerkinder – eingebürgert oder nicht – kommen, ebenso wie zu einer größeren Zahl von Ausländervereinigungen jeglicher Art. Der Einfluß der Eltern und anderer Erzieher wie auch der Gesamtfamilie in der Heimat wird nicht wesentlich abnehmen, und die Gründung eigener Parteien von Ausländern mit deutschem Paß mag nur eine Frage der Zeit sein. Man darf an die Möglichkeiten gar nicht denken, die sich für bewußt missionarisch eingestellte religiöse Kräfte ergeben, gegenüber der eigenen Laschheit in der Frage des Erhalts und der Stärkung der traditionellen Kultur unseres Landes, die die Grenzen einer angemessenen Toleranz längst überschritten hat.

Das schöne Bild ›einer bunten Gesellschaft‹, wie es unserer Ausländerbeauftragten vorschwebt, gibt am Ende nichts anderes her als den Nährboden für unerwünschtes und gefährliches Konfliktpotential.

Das Gesetz ist im Entwurf im ersten Schritt auf den Weg gebracht. Es ist zu hoffen, daß auf dem weiteren Gesetzgebungswege sowohl der Bevölkerung wie auch einem größeren Teil der Abgeordneten bei intensivem Nachdenken über die Folgen doch die ungeheuren Gefahren klar werden, die für die Lebensform und die weitere kulturelle Entwicklung unserer staatlichen Gemeinschaft entstehen, so daß vor der endgültigen Verabschiedung des Gesetzes noch entsprechend eingegriffen und das Schlimmste verhütet werden kann.

Der mit G.H. zeichnende Kommentator in der *FAZ* hat zu Recht ausgedrückt: »Die Staatsangehörigkeit muß der höchste Wert sein, den die Bundesrepublik einem Ausländer überreichen kann.« Die kommende Auseinandersetzung über dieses Gesetz muß weiter in die Breite der Bevölkerung, zukunftsorientiert und mit Aufrichtigkeit und Energie geführt werden.

Anhang

Ausländische Bevölkerung in Deutschland

Staatsangehörigkeit	31. 12. 1996			
	Insgesamt		Männlich	
	1.000	%	1.000	%
Europa	6.003,9	82,1	3.309,6	81,2
dar.: EU-Länder	1.839,9	25,2	1.033,6	25,3
dar.: Italien	599,4	8,2	360,9	8,8
Griechenland	362,5	5,0	199,9	4,9
Österreich	184,9	2,5	102,1	2,5
Portugal	130,8	1,8	77,4	1,9
Spanien	132,5	1,8	71,1	1,7
Bosnien u. Herzegowina	340,5	4,7	173,4	4,3
Bulgarien	36,0	0,5	21,9	0,5
Jugoslawien	754,3	10,3	427,8	10,5
Kroatien	201,9	2,8	105,5	2,6
Polen	283,4	3,9	159,6	3,9
Rumänien	100,7	1,4	61,1	1,5
Schweiz	36,5	0,5	16,2	0,4
Türkei	2.049,1	28,0	1.119,9	27,5
Ungarn	55,7	0,8	37,8	0,9
Afrika	298,6	4,1	202,0	5,0
dar.: Äthiopien	19,6	0,3	11,3	0,3
Algerien	17,2	0,2	14,0	0,3
Ghana	21,8	0,3	13,3	0,3
Maroko	82,9	1,1	50,4	1,2
Tunesien	25,7	0,4	16,5	0,4
Amerika	189,6	2,6	95,4	2,3
dar.: Kanada	10,8	0,1	5,4	0,1
Vereinigte Staaten	109,6	1,5	63,2	1,5
Asien	743,8	10,2	424,9	10,4
dar.: Afghanistan	63,1	0,9	35,0	0,9
China	34,6	0,5	21,4	0,5
Indien	35,6	0,5	25,9	0,6
Iran, Islam. Rep.	111,1	1,5	67,3	1,6
Japan	28,1	0,4	13,4	0,3
Libanon	55,6	0,8	33,3	0,8
Pakistan	37,9	0,5	26,8	0,7
Philippinen	25,2	0,3	5,1	0,1
Sri Lanka	58,3	0,8	37,4	0,9
Thailand	28,5	0,4	4,6	0,1
Australien u. Ozeanien	9,4	0,1	5,0	0,1
Staatenlos	18,6	0,3	11,1	0,3
Ungeklärt u. ohne Angabe	50,4	0,7	30,3	0,7
Insgesamt	**7.314,0**	**100,0**	**4.078,3**	**100,0**

(nach ausgewählten Staatsangehörigkeiten)

	31. 12. 1997			Veränderung (+/–) 1997 gegenüber 1996 insgesamt	
Insgesamt		Männlich			
1.000	%	1.000	%	1.000	%
6.004,7	81,5	3.285,5	80,6	+ 0,8	+ 0,0
1.850,0	25,1	1.036,2	25,4	+ 10,1	+ 0,5
607,9	8,3	364,9	9,0	+ 8,5	+ 1,4
363,2	4,9	200,1	4,9	+ 0,7	+ 0,2
185,1	2,5	101,8	2,5	+ 0,2	+ 0,1
132,3	1,8	77,5	1,9	+ 1,5	+ 1,1
131,6	1,8	70,1	1,7	– 0,9	– 0,7
281,4	3,8	142,3	3,5	– 59,1	– 17,4
34,5	0,5	20,6	0,5	– 1,5	– 4,2
721,0	9,8	408,1	10,0	– 33,3	– 4,4
206,6	2,8	107,0	2,6	+ 4,7	+ 2,3
283,3	3,8	154,4	3,8	– 0,1	– 0,0
95,2	1,3	56,4	1,4	– 5,5	– 5,5
36,8	0,5	16,4	0,4	+ 0,3	+ 0,8
2.107,4	28,6	1.147,2	28,1	+ 58,3	+ 2,8
52,0	0,7	33,5	0,8	– 3,7	– 6,6
305,6	4,1	204,8	5,0	+ 7,0	+ 2,3
18,7	0,3	10,7	0,3	– 0,9	– 4,6
17,5	0,2	14,3	0,4	+ 0,3	+ 1,7
22,2	0,3	13,2	0,3	+ 0,4	+ 1,8
83,9	1,1	50,9	1,2	+ 1,0	+ 1,2
25,4	0,3	16,3	0,4	– 0,3	– 1,2
194,4	2,6	96,4	2,4	+ 4,8	+ 2,5
11,1	0,2	5,5	0,1	+ 0,3	+ 2,8
110,1	1,5	63,2	1,6	+ 0,5	+ 0,5
781,0	10,6	442,8	10,9	+ 37,2	+ 5,0
66,4	0,9	36,8	0,9	+ 3,3	+ 5,2
36,7	0,5	22,4	0,5	+ 2,1	+ 6,1
36,6	0,5	25,7	0,6	+ 1,0	+ 2,8
113,8	1,5	68,5	1,7	+ 2,7	+ 2,4
28,4	0,4	13,4	0,3	+ 0,3	+ 1,1
55,9	0,8	33,3	0,8	+ 0,3	+ 0,5
38,5	0,5	27,0	0,7	+ 0,6	+ 1,6
25,3	0,3	5,2	0,1	+ 0,1	+ 0,4
60,3	0,8	38,3	0,9	+ 2,0	+ 3,4
30,3	0,4	4,5	0,1	+ 1,8	+ 6,3
9,6	0,1	5,1	0,1	+ 0,2	+ 2,1
18,2	0,2	10,8	0,3	– 0,4	– 2,2
52,3	0,7	31,6	0,8	+ 1,9	+ 3,8
7.365,8	**100,0**	**4.077,0**	**100,0**	**+ 51,8**	**+ 0,7**

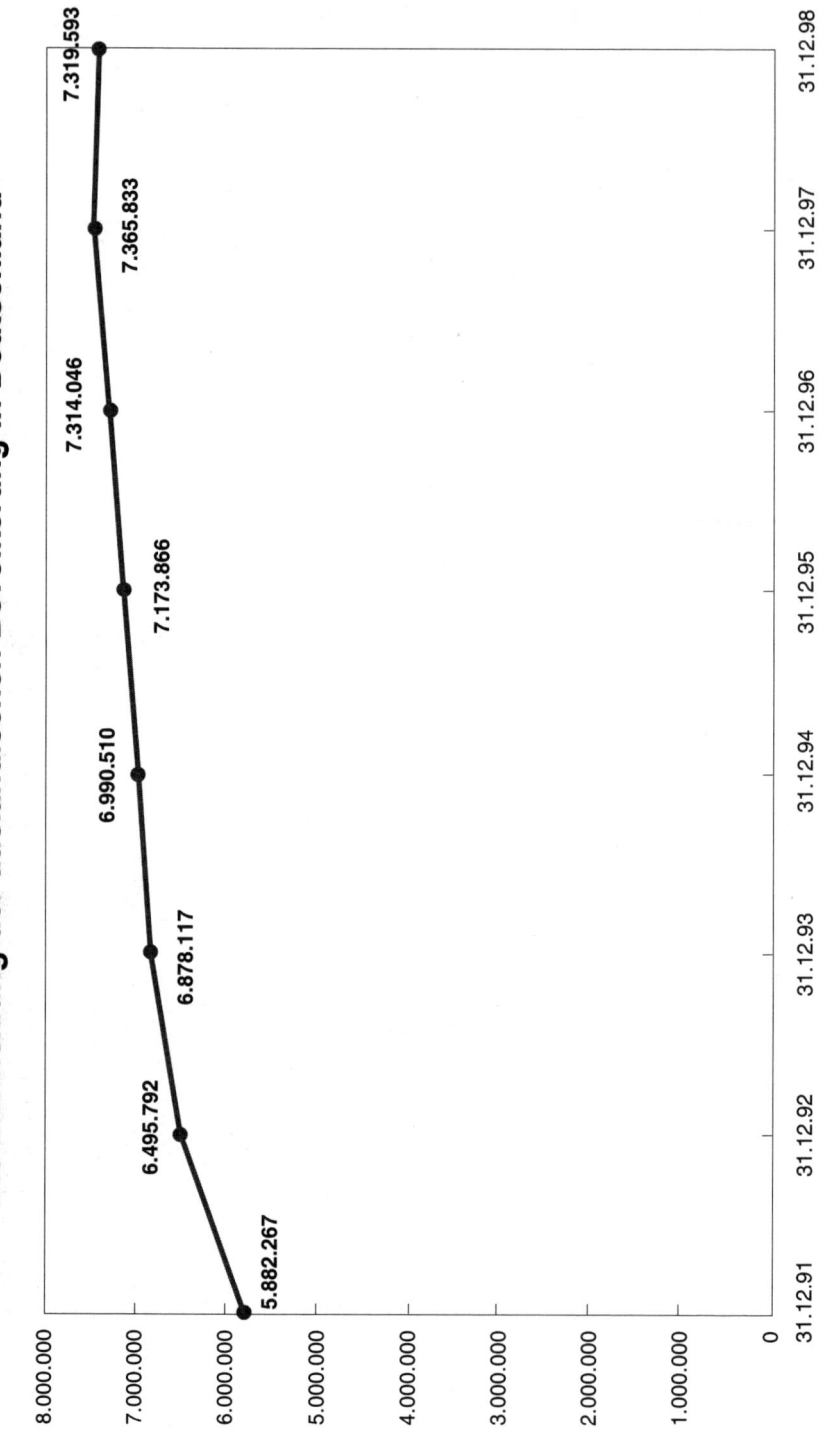

Die Entwicklung der ausländischen Bevölkerung in Deutschland

31.12.91	5.882.267
31.12.92	6.495.792
31.12.93	6.878.117
31.12.94	6.990.510
31.12.95	7.173.866
31.12.96	7.314.046
31.12.97	7.365.833
31.12.98	7.319.593

Zu- und Fortzug in den Jahren 1983 bis Juli 1998

Jahr	Zuzug			Fortzug			Überschuß d. Zu- u. Fortzüge		
	insgesamt	davon Deutsche	davon Ausländer	insgesamt	davon Deutsche	davon Ausländer	insgesamt	davon Deutsche	davon Ausländer
1983	354.496	81.244	273.252	487.268	62.355	424.913	-132.772	18.889	-151.661
1984	410.387	79.247	331.140	604.832	59.764	545.068	-194.445	19.483	-213.928
1985	480.872	82.653	398.219	425.313	58.605	366.708	55.559	24.048	31.511
1986	567.215	88.867	478.348	407.139	59.350	347.789	160.076	29.517	130.559
1987	591.765	119.429	472.336	398.518	64.534	333.984	193.247	54.895	138.352
1988	860.578	213.044	647.534	419.439	60.498	358.941	441.139	152.546	288.593
1989	1.133.794	366.849	766.945	539.832	101.750	438.082	593.962	265.099	328.863
1990	1.256.250	420.548	835.702	574.378	108.908	465.470	681.872	311.640	370.232
1991	1.182.927	262.436	920.491	582.240	84.764	497.476	600.687	177.672	423.015
1992	1.439.449	231.847	1.207.602	701.424	86.677	614.747	788.025	195.170	592.855
1993	1.268.004	281.132	986.872	796.859	86.619	710.240	471.145	194.513	276.632
1994	1.070.037	296.108	773.929	740.526	119.109	621.417	329.511	176.999	152.512
1995	1.082.176	293.839	788.337	674.204	113.113	561.091	407.972	180.726	227.246
1996	959.691	251.238	708.453	677.494	118.430	559.064	282.197	132.808	149.389
1997	840.633	225.335	615.298	746.969	109.903	637.086	93.664	115.432	-21.768
Jan.–Juli 1998	435.027	105.956	329.071	426.250	61.961	364.289	8.777	43.995	-35.218

Quelle: StBA

Die Zahlenangaben der Ausländer beinhalten alle Ausländer, die im AZR registriert sind, also auch EU-Bürger und Flüchtlinge (Bürgerkriegsflüchtlinge, Asylbewerber, Asylberechtigte, Kontingentflüchtlinge usw.). Die Zahlenangabe ›insgesamt‹ erfaßt alle Deutschen (also auch Aussiedler) und alle Ausländer zusammen.

Wanderungen zwischen Deutschland und dem Ausland[1]

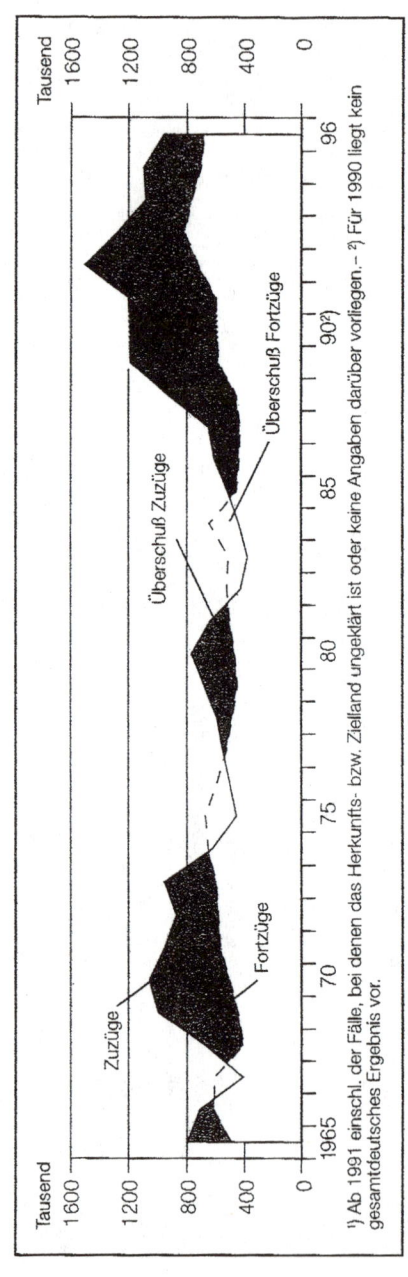

Tausend

1600
1200
800
400
0

1965 · 70 · 75 · 80 · 85 · 90[2] · 96

Zuzüge

Fortzüge

Überschuß Zuzüge

Überschuß Fortzüge

[1]) Ab 1991 einschl. der Fälle, bei denen das Herkunfts- bzw. Zielland ungeklärt ist oder keine Angaben darüber vorliegen. – [2]) Für 1990 liegt kein gesamtdeutsches Ergebnis vor.

Statistisches Bundesamt 98-1-0109

230

Asylsuchende nach ausgewählten Staatsangehörigkeiten

Staatsangehörigkeit	Früheres Bundesgebiet					Deutschland			
	1980	1985	1990	1992	1993	1994[1]	1995	1996	1997
Europa	65.809	18.174	101.631	310.529	232.678	77.170	67.411	51.936	41.541
darunter:									
Bulgarien	157	97	3.841	31.540	22.547	3.367	1.152	940	761
Jugoslawien[2]	.	.	22.114	12.666	95.625	39.281	32.711	20.946	17.471
Polen	2.090	6.672	9.155	4.212	1.670	498	119	137	151
Rumänien	777	887	35.345	103.787	73.717	9.581	3.522	1.395	794
Türkei	57.913	7.528	22.082	28.327	19.104	19.118	25.514	23.814	16.840
Afrika	8.339	8.093	24.210	67.408	37.570	17.341	14.374	15.520	14.126
darunter:									
Äthiopien	3.614	2.625	2.068	1.592	688	946	1.168	1.292	878
Algerien	23	21	1.035	769	11.262	2.784	1.447	1.417	1.586
Ghana	2.768	3.994	3.786	6.994	1.973	300	275	277	369
Kongo, Dem. Rep.[3]	26	48	1.389	8.305	2.896	1.579	2.546	2.971	1.920
Nigeria	.	158	5.399	10.486	1.083	838	1.164	1.687	1.137
Amerika u. Australien	217	97	402	356	287	214	234	380	436
Asien	31.998	44.298	60.900	56.480	50.209	31.249	49.920	45.634	45.549
darunter:									
Afghanistan	5.466	2.632	7.348	6.351	5.506	5.642	7.515	5.663	4.735
Indien	6.693	4.471	5.612	5.798	3.087	1.788	2.691	2.772	1.860
Irak	.	568	707	1.484	1.246	2.066	6.880	10.842	14.088
Iran, Islam. Rep.	749	8.840	7.271	3.834	2.664	3.445	3.908	4.809	3.838
Libanon	1.457	4.576	16.229	5.622	2.449	1.456	1.126	1.132	964
Pakistan	6.824	3.240	3.983	5.215	2.753	2.010	3.116	2.596	2.316
Sri Lanka	2.673	17.380	4.361	5.303	3.280	4.813	6.048	4.982	3.989
Staatenlose u.a.	1.455	3.170	5.920	3.418	1.855	1.236	1.998	2.897	2.701
Insgesamt	**107.818**	**73.832**	**193.063**	**438.191**	**322.599**	**127.210**	**127.937**	**116.367**	**104.353**

[1] Ab Berichtsjahr 1994 werden nur noch Erstanträge erfaßt. – [2] Einschließlich Kroatien (1997: 387), Slowenien (1997: 7), Bosnien und Herzegowina (1997: 1.668) sowie Mazedonien (1997: 620), die seit 1992 bzw. 1993 selbständige Staaten sind. – [3] Ehemal. Zaire

231

Aufnahme deutscher Aussiedler und Spätaussiedler

Jahr	Aufnahme deutscher Aussiedler
1985	38.928
1986	42.788
1987	78.523
1988	202.673
1989	377.055
1990	397.073
1991	221.995
1992	230.565
1993	218.888
1994	222.591
1995	217.898
1996	177.751
1997	134.419
1998	103.080
Jan. 99	9.294
Feb. 99	5.579
März 99	5.596
April 99	6.532

Quellen: BMI

Über den Fortzug von Aussiedlern gibt es keine statistischen Angaben, da Aussiedler Deutsche im Sinne von Artikel 116 des Grundgesetzes sind und bei den Fortzügen Deutscher mitgezählt werden.

Liebe Leserin, lieber Leser,

zu unserem Bedauern ist bei der Produktion des Buches ein Missgeschick passiert. Irrtümlich wurde die Seite 233 fehlerhaft gedruckt. Sie finden den Text der Seite 233 unten abgedruckt.

Bitte entschuldigen Sie das Versehen.

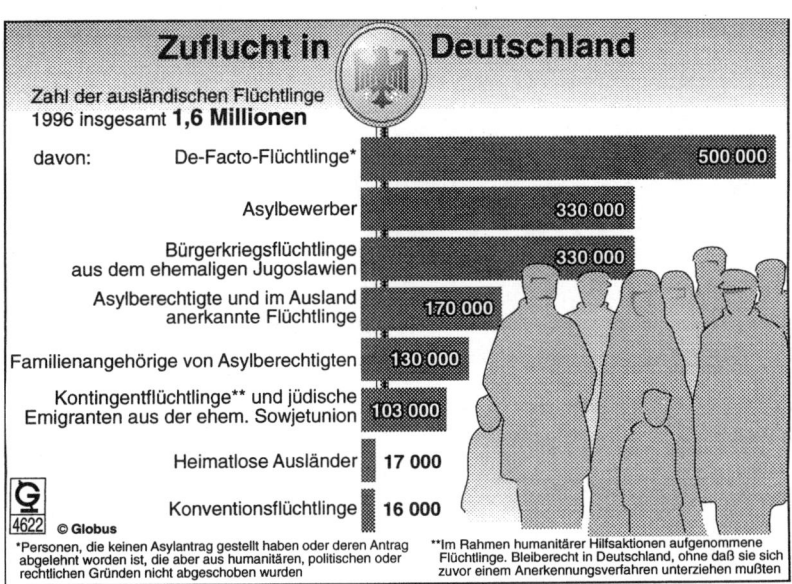

Insgesamt 1,6 Millionen ausländische Flüchtlinge haben sich 1996 in Deutschland niedergelassen. Knapp ein Drittel davon waren De-Facto-Flüchtlinge, die kein Asyl erhielten, aber aus humanitären, politischen oder rechtlichen Gründen nicht in ihre Heimatländer abgeschoben wurden. 170 000 Menschen haben Asyl erhalten und leben mit ihren rund 130 000 Familienangehörigen in Deutschland. Die jährlichen Kosten kann man nur schätzen: Sie liegen zwischen 30 und 50 Milliarden Mark.

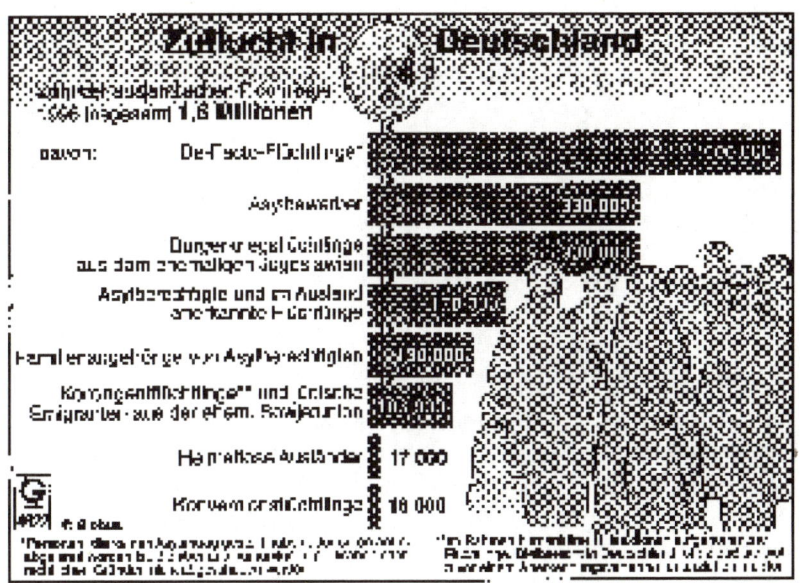

Zuflucht in Deutschland

ausländischer Flüchtlinge
1996 insgesamt 1,6 Millionen

davon:

De-Facto-Flüchtlinge*	500.000
Asylbewerber	330.000
Bürgerkriegs-Flüchtlinge aus dem ehemaligen Jugoslawien	320.000
Asylberechtigte und im Ausland anerkannte Flüchtlinge	170.000
Familienangehörige von Asylberechtigten	130.000
Kontingentflüchtlinge** und jüdische Emigranten aus der ehem. Sowjetunion	100.000
Heimatlose Ausländer	17.000
Konventionsflüchtlinge	18.000

Insgesamt 1,6 Millionen ausländische Flüchtlinge haben sich 1996 in Deutschland niedergelassen. Knapp ein Drittel davon waren De-Facto-Flüchtlinge, die kein Asyl erhielten, aber aus humanitären, politischen oder rechtlichen Gründen nicht in ihre Heimatländer abgeschoben wurden. 170 000 Menschen haben Asyl erhalten und leben mit ihren rund 130 000 Familienangehörigen in Deutschland. Die jährlichen Kosten kann man nur schätzen: Sie liegen zwischen 30 und 50 Milliarden Mark.

Die Reform des Staatsangehörigkeitsrechts

Das Territorialprinzip ergänzt die Abstammungsregel

An diesem Freitag wird der von SPD, Bündnis 90/Die Grühen und FDP getragene Gesetzentwurf zur Änderung des Staatsangehörigkeitsrechts in erster Lesung im Bundestag beraten. Der Entwurf ergänzt das seit 1913, geltende Abstammungsprinzip. In Deutschland geborene Kinder, von denen ein Elternteil sich seit längerem rechtmäßig in Deutschland aufhält, erwerben danach mit der Geburt die deutsche Staatsangehörigkeit. Bei Volljährigkeit müssen sie sich zwischen der deutschen und der ausländischen Staatsangehörigkeit entscheiden. Wird bis zum. 23. Lebensjahr keine Erklärung hierzu abgegeben, verlieren sie die deutsche Staatsangehörigkeit. Die Einbürgerungsfrist wird verkürzt. Vom Grundsatz, Mehrstaatigkeit zu vermeiden, kann in bestimmten Fällen abgewichen werden.

Das Reichs- und Staatsangehörigkeitsgesetz wird durch den Entwurf im wesentlichen wie folgt geändert:

An Paragraph 4, dem zufolge ein Kind durch Geburt die deutsche Staatsangehörigkeit erwirbt, wenn ein Elternteil diese besitzt (Absatz 1 Satz 1), werden folgende Absätze angefügt:

(3) Durch die Geburt im Inland erwirbt ein Kind ausländischer Eltern die deutsche Staatsangehörigkeit, wenn ein Elternteil

1. seit acht Jahren rechtmäßig seinen gewöhnlichen Aufenthalt im Inland hat und
2. eine Aufenthaltsberechtigung oder seit drei Jahren eine unbefristete Aufenthaltserlaubnis besitzt (...)

(4) Die deutsche Staatsangehörigkeit wird nicht nach Absatz 1 erworben bei Geburt im Ausland, wenn der deutsche Elternteil nach dem Inkrafttreten dieses Gesetzes im Ausland geboren wurde und dort seinen gewöhnlichen Aufenthalt hat, es sei denn, das Kind würde sonst staatenlos. Diese Rechtsfolge tritt nicht ein, wenn der deutsche Elternteil die Geburt innerhalb eines Jahres der zuständigen Auslandsvertretung anzeigt. Sind beide Elternteile deutsche Staatsangehörige, so tritt die Rechtsfolge des Satzes 1 nur ein, wenn beide die dort genannten Voraussetzungen erfüllen.

Paragraph 29 enthält die sogenannte Optionsregelung.

(1) Ein Deutscher, der nach dem Inkrafttreten dieses Gesetzes die Staatsangehörigkeit nach Paragraph 4 Absatz 3 oder durch Einbürgerung nach

Paragraph 40b erworben hat und eine ausländische Staatsangehörigkeit besitzt, hat mit Erreichen der Volljährigkeit zu erklären, ob er die deutsche oder die ausländische Staatsangehörigkeit behalten will. Die Erklärung bedarf der Schriftform.

(2) Erklärt der Erklärungspflichtige, daß er die ausländische Staatsangehörigkeit behalten will, so geht die deutsche Staatsangehörigkeit mit dem Zugang der Erklärung bei der zuständigen Behörde verloren. Sie geht ferner verloren, wenn bis zur Vollendung des 23. Lebensjahres keine Erklärung abgegeben wird.

(3) Erklärt der Erklärungspflichtige, daß er die deutsche Staatsangehörigkeit behalten will, so ist er verpflichtet, die Aufgabe oder den Verlust der ausländischen Staatsangehörigkeit nachzuweisen. Wird dieser Nachweis nicht bis zur Vollendung des 23. Lebensjahres geführt, so geht die deutsche Staatsangehörigkeit verloren, es sei denn, daß der Deutsche vorher auf Antrag die schriftliche Genehmigung der zuständigen Behörde zur Beibehaltung der deutschen Staatsangehörigkeit (Beibehaltungsgenehrnigung) erhalten hat.

(4) Die Beibehaltungsgenehmigung nach Absatz 3 ist zu erteilen, wenn die Aufgabe oder der Verlust der ausländischen Staatsangehörigkeit nicht möglich oder nicht zumutbar ist oder bei einer Einbürgerung nach Maßgabe von Paragraph 87 des Ausländergesetzes Mehrstaatigkeit hinzunehmen wäre.

(5) Die zuständige Behörde hat den Erklärungspflichtigen auf seine Verpflichtungen und die nach den Absätzen 2 bis 4 möglichen Rechtsfolgen hinzuweisen. Der Hinweis ist zuzustellen. Die Zustellung hat mit Vollendung des 18. Lebensjahres des nach Absatz 1 Erklärungspflichtigen zu erfolgen. Die Vorschriften des Verwaltungszustellungsgesetzes finden Anwendung. . .

Ein neuer Paragraph 40b enthält eine Übergangsregelung zur Einbürgerung:

Ein Ausländer, der bei Inkrafttreten dieses Gesetzes rechtmäßig seinen gewöhnlichen Aufenthalt im Inland und das zehnte Lebensjahr noch nicht vollenden hat, ist auf Antrag einzubürgern, wenn bei seiner Geburt die Voraussetzungen des Paragraphen 4 Abs. 3 vorgelegen haben und weiter vorliegen. Der Antrag kann innerhalb eines Jahres gestellt werden.

Das Ausländergesetz wird wie folgt geändert:

Paragraph 85 enthält einen Einbürgerungsanspruch für Ausländer mit längerem Aufenthalt:

(1) Ein Ausländer, der seit acht Jahren rechtmäßig seinen gewöhnlichen Aufenthalt im Inland hat, ist auf Antrag einzubürgern, wenn er

1. sich zur freiheitlichen demokratischen Grundordnung des Grundgesetzes für die Bundesrepublik Deutschland bekennt und erklärt, daß er keine Bestrebungen verfolgt oder unterstützt oder verfolgt oder unterstützt hat, die gegen die freiheitliche demokratische Grundordnung, den Bestand oder die Sicherheit des Bundes oder eines Landes gerichtet sind oder eine ungesetzliche Beeinträchtigung der Amtsführung der Verfassungsorgane des Bundes oder eines Landes oder ihrer Mitglieder zum Ziele haben oder die durch Anwendung von Gewalt oder darauf gerichtete Vorbereitungshandlungen auswärtige Belange der Bundesrepublik Deutschland gefährden,
2. eine Aufenthaltserlaubnis oder eine Aufenthaltsberechtigung besitzt,
3. den Lebensunterhalt für sich und seine unterhaltsberechtigten Familienangehörigen ohne Inanspruchnahme von Sozial- oder Arbeitslosenhilfe bestreiten kann,
4. seine bisherige Staatsangehörigkeit aufgibt oder verliert und
5. nicht wegen einer Straftat verurteilt worden ist.

Von der in Satz 1 Nr. 3 bezeichneten Voraussetzung wird abgesehen, wenn der Ausländer aus einem von ihm nicht zu vertretenden Grunde den Lebensunterhalt nicht ohne Inanspruchnahme von Sozial- oder Arbeitslosenhilfe bestreiten kann.

(2) Der Ehegatte und die minderjährigen Kinder des Ausländers können nach Maßgabe des Absatzes 1 mit eingebürgert werden, auch wenn sie sich noch nicht seit acht Jahren rechtmäßig im Inland aufhalten. Absatz 1 Satz 1 Nr. 1 findet keine Anwendung, wenn ein minderjähriges Kind im Zeitpunkt der Einbürgerung das 16. Lebensjahr noch nicht vollendet hat.

(3) Bei einem Ausländer, der das 23. Lebensjahr noch nicht vollendet hat, ist Absatz 1 Satz 1 Nr. 3 nicht anzuwenden.

Paragraph 86 regelt Ausschlußgründe:

(1) Ein Anspruch auf Einbürgerung nach Paragraph 85 besteht nicht, wenn

1. der Einbürgerungsbewerber nicht über ausreichende Kenntnisse der deutschen Sprache verfügt oder
2. tatsächliche Anhaltspunkte die Annahme rechtfertigen, daß der Einbürgerungsbewerber Bestrebungen verfolgt oder unterstützt oder verfolgt oder unterstützt hat, die gegen die freiheitliche demokratische Grundordnung, den Bestand oder die Sicherheit des Bundes

oder eines Landes gerichtet sind oder eine ungesetzliche Beeinträchtigung der Amtsführung der Verfassungsorgane des Bundes oder eines Landes oder ihrer Mitglieder zum Ziel haben oder die durch Anwendung von Gewalt oder darauf gerichtete Vorbereitungshandlungen auswärtige Belange der Bundesrepublik Deutschland gefährden.

(2) Die Einbürgerung kann versagt werden, wenn ein Ausweisungsgrund nach Paragraph 46 Nr. 1 vorliegt.

Paragraph 87 enthält Härtefälle, also Ausnahmen vom angestrebten Grundsatz, Mehrstaatigkeit zu vermeiden:

(1) Von der Voraussetzung des Paragraphen 85 Abs. 1 Satz 1 Nr. 4 wird abgesehen, wenn der Ausländer seine bisherige Staatsangehörigkeit nicht oder nur unter besonders schwierigen Bedingungen aufgeben kann. Das ist anzunehmen, wenn

1. das Recht des ausländischen Staates das Ausscheiden aus dessen Staatsangehörigkeit nicht vorsieht,

2. der ausländische Staat die Entlassung regelmäßig verweigert und der Ausländer der zuständigen Behörde einen Entlassungsantrag zur Weiterleitung an den ausländischen Staat übergeben hat,

3. der ausländische Staat die Entlassung aus der Staatsangehörigkeit aus Gründen versagt hat, die der Ausländer nicht zu vertreten hat, oder von unzumutbaren Bedingungen abhängig macht oder über den vollständigen und formgerechten Entlassungsantrag nicht in angemessener Zeit entschieden hat,

4. der Einbürgerung älterer Personen ausschließlich das Hindernis eintretender Mehrstaatigkeit entgegensteht, die Entlassung auf unverhältnismäßige Schwierigkeiten stößt und die Versagung der Einbürgerung eine besondere Härte darstellen würde,

5. dem Ausländer bei Aufgabe der ausländischen Staatsangehörigkeit erhebliche Nachteile insbesondere wirtschaftlicher oder vermögensrechtlicher Art entstehen würden, die über den Verlust der staatsbürgerlichen Rechte hinausgehen, oder

6. der Ausländer politisch Verfolgter im Sinne des Ausländergesetzes ist oder wie ein Flüchtling nach dem Gesetz über Maßnahmen für im Rahmen humanitärer Hilfsaktionen aufgenommene Flüchtlinge behandelt wird. . . (Mü.)

(*FAZ*, 19. 3. 1999)

Bezeichnung von Sinti und Roma durch die Polizei

RdErl. d. Innenministers v. 10. 3. 1986 - IV A 4 - 6590

Das Grundgesetz und die Konvention zum Schutze der Menschenrechte und Grundfreiheiten verbieten es, Personen aufgrund ihrer Rasse oder Abstammung zu benachteiligen. Auch besondere Lebensweisen bestimmter Personengruppen dürfen nicht zu Benachteiligungen führen. So hat sich das Ministerkomitee des Europarates wiederholt dafür ausgesprochen, jeder Form der Diskriminierung von Landfahrern Einhalt zu gebieten und Vorurteilen entgegenzutreten, die die Grundlage diskriminierender Einstellungen und Verhaltensweisen gegenüber Landfahrern, insbesondere gegenüber Sinti und Roma, bilden. Der Zentralrat der deutschen Sinti und Roma, der eine Bevölkerungsgruppe vertritt, die während der NS-Diktatur schwerstes Unrecht erleiden mußte, hat außerdem darauf hingewiesen, daß die Mehrheit der deutschen Sinti einen festen Wohnsitz habe und erwerbstätig sei.

Da Angaben über die Volkszugehörigkeit von Personen, die einer Straftat verdächtig sind, Diskriminierungen darstellen können, die Vorurteile verstärken oder wecken, bitte ich, die Bezeichnung von tatverdächtigen Sinti oder Roma als Zigeuner, den Hinweis bei solchen Tatverdächtigen auf ihre Zugehörigkeit zu den Sinti oder Roma sowie deren Kennzeichnung als Landfahrer zu unterlassen. Das gilt auch bei Mitteilungen gegenüber Dritten einschließlich der Presse.

Die Pflicht, Anzeigen und Vernehmungen authentisch zu protokollieren, bleibt hiervon unberührt.

Aus: *Ministerialblatt für das Land Nordrhein-Westfalen*, S. 464

Antrag

der Fraktion DIE GRÜNEN

Merkmal »Ausländer« aus Kriminalstatistik entfernen

Der Landtag fordert die Landesregierung auf, das Landeskriminalamt und das Landesamt für Datenverarbeitung und Statistik anzuweisen, bei der jährlich erstellten »Polizeilichen Kriminalstatistik« und bei der »Verurteiltenstatistik« auf das Merkmal »nichtdeutsche Tatverdächtige« bzw. »Ausländer« zu verzichten.

Begründung

Das statistische Merkmal »Ausländer« ist diskriminierend, sachfremd und fördert die Stimmungsmache gegen unsere ausländischen Mitbürger / innen.

Folgt man der polizeilichen Kriminal- und der Verurteiltenstatistik, so kann der falsche Eindruck entstehen, als begingen Ausländer / innen häufiger Straftaten als Einheimische und stellten so eine besondere Bedrohung für die Bevölkerung dar. Dies nutzen politische interessierte Kreise, um fremdenfeindliche Ressentiments zu schüren und von den zunehmenden sozialen Problemen in Deutschland abzulenken.

Tatsächlich werden Ausländer / innen nicht häufiger straffällig als Deutsche. Will man die beiden Bevölkerungsgruppen überhaupt unter dem kriminalpolitischen Aspekt vergleichen, so sind die demographischen Unterschiede zu berücksichtigen; dies leisten die o. g. Statistiken nicht. So setzt sich die ausländische Wohnbevölkerung zu einem weit größeren Anteil aus jungen Männern zusammen als die deutsche. Junge Männer im Alter zwischen 18 und 25 Jahren stellen aber generell einen überwiegenden Anteil unter den Tatverdächtigen wie auch unter den Verurteilten; sie gelten als doppelt so »kriminalitätsbelastet« wie der Durchschnitt der männlichen Bevölkerung. Schon dieser Umstand verringert den statistischen Aussagewert erheblich.

Wie der Blick auf den weiteren Gang des Strafverfahrens zeigt, werden Ausländer leichter zu Tatverdächtigen als Deutsche, da sie eher angezeigt und von der Polizei verfolgt werden. Am Ende werden nämlich Ausländer/innen seltener verurteilt als Deutsche (1989: 20,3 % der Tatverdächtigen, aber nur 18 % der Verurteilten waren Ausländer/innen), obwohl sie nicht so oft anwaltlich vertreten und in ihrer Verteidigung durch Sprachschwierigkeiten und Untersuchungshaft regelmäßig beeinträchtigt sind.

Auch gibt es zahlreiche Delikte, die Deutsche überhaupt nicht begehen können, wie etwa Verstöße gegen das Ausländer- oder Asylverfahrensgesetz.

Ein Vergleich zwischen dem Anteil Nichtdeutscher an der Wohnbevölkerung und deren Anteil an den ermittelten Tatverdächtigen ist ohnehin nur beschränkt möglich, weil Touristen, illegal Aufhältige, ausländische Soldaten und deren Angehörige statistisch nicht als Wohnbevölkerung erfaßt, wohl aber in der Polizeilichen Kriminalstatistik mitgezählt werden.

Hinzu kommt, daß Ausländer/innen häufiger arbeitslos sind, im Durchschnitt eine schlechtere Ausbildung, ein geringeres Einkommen und schlechtere Wohnverhältnisse haben als Deutsche.

So gelangt der Polizeipräsident in Bielefeld im Rahmen seiner »Jahresbilanz und Kriminalstatistik 1992« denn auch zu dem realistischen Schluß, daß Ausländer/innen regelmäßig weniger stark kriminalitätsbelastet sind als entsprechende deutsche Vergleichsgruppen.

Die Sinnhaftigkeit des Merkmals »Ausländer« oder synonym verwendeter Begriffe wird offensichtlich selbst im Landesamt für Datenverarbeitung und Statistik bezweifelt. Während bisher Ausländer aus den Anwerbeländern Griechenland, Italien, Jugoslawien, Portugal, Spanien und Türkei gesondert genannt wurden, fallen im Bericht des Jahres 1991 die Länder Spanien und Portugal zugunsten der »EG-Staatsangehörigen« weg. Weiterhin gesondert aufgeführt werden jedoch Griechenland, Italien und Jugoslawien, obwohl diese Staaten zur EG gehören bzw. nicht mehr existieren.

Schon der Begriff »Ausländerkriminalität«, zu dem die statistische Erhebung unter dem Merkmal »Ausländer« hinführt, verdeutlicht den demagogischen Hintergrund. Während andere Deliktfelder, wie etwa »Umweltkriminalität«, Eigentumskriminalität« oder »Gewaltkriminalität« mit Begriffen bezeichnet werden, die das verletzte Rechtsgut (»Umwelt«, »Eigentum«) im Namen tragen bzw. die Art der Begehung (»Gewalt«) erläutern, suggeriert der Begriff »Ausländerkriminalität« nicht etwa Straftaten *gegen* Ausländer, sondern prangert die Ausländereigenschaft selbst als Ursache für begangenes Unrecht an.

Eine Statistik, die auf Tätermerkmalen beruht, ist auch der Systematik des Strafgesetzbuches fremd, denn Strafrecht ist dogmatisch ausdrücklich als Tat-Strafrecht und nicht als Täter-Strafrecht ausformuliert.

Angesichts dieser irreführenden Aussagefähigkeit des Merkmals »Ausländer« in den o. g. Statistiken und seiner leichten Instrumentalisierbarkeit für fremdenfeindliche Ziele muß das Interesse, den Begriff »Ausländer« dort fortzuführen und zu veröffentlichen, gegenüber den zu befürchtenden Nachteilen für unsere ausländischen Mitbürger/innen zurücktreten.

Roland Appel
Bärbel Höhn
Dr. Michael Vesper

und Fraktion

DER INNENMINISTER
DES LANDES NORDRHEIN-WESTFALEN

OFFENER BRIEF

Haroldstrasse 3
Telefon (0211) 8711
4000 DÜSSELDORF, den 21. 6.1993

An den
Stellvertretenden Vorsitzenden
der CDU / CSU-Fraktion im
Deutschen Bundestag
Herrn Dr. Heiner Geißler MdB
Bundeshaus

5300 Bonn

Sehr geehrter Herr Dr. Geißler,

vor einigen Tagen entnahm ich einer deutschen Sonntagszeitung Ihre
an mich gerichtete Aufforderung, mit der Unterscheidung in den polizeilichen Kriminalitätsstatistiken nach deutschen und ausländischen
Tatverdächtigen nun endlich aufzuhören. Damit diese Aufforderung
und die damit verbundene Aussage, ich sei – eine Woche nach dem
Brandanschlag von Solingen – die Antwort schuldig geblieben, nicht
im Raum stehen bleibt, erlaube ich mir, Ihnen öffentlich zu antworten.

Wir sind uns darin einig, daß die Unterscheidung nach deutschen und
ausländischen Tatverdächtigen wenig sinnvoll ist. Sie verschweigt die
nach Alter und Geschlecht unterschiedliche Zusammensetzung der
deutschen und der ausländischen Bevölkerung, differenziert nicht nach
den sozialen Lebensumständen und verfälscht zudem die Statistik dadurch, daß sie die von ausländischen Touristen und Angehörigen der
Stationierungsstreitkräfte begangenen Straftaten den hier lebenden
Ausländern zurechnet. Deshalb bin ich - um es mit Ihren Worten zu
sagen – mit Ihnen der Meinung, daß diese »statistischen Lügen nur dazu
dienen, den Rechtsextremisten Futter zu geben«.

Wie dieses »Futter« verwertet wird, ist zu meinem großen Bedauern
fast täglich nachzulesen: Da wird zunächst so getan, als behandele die
Polizei »diese Zahlen fast wie Staatsgeheimnisse«[1] – dies macht neu-
gierig und erhöht die Spannung! Dann wird behauptet, »der Anstieg

242

der Kriminalität seit 1988 (sei) keinesfalls ›hausgemacht‹ (...), sondern (...) gleichsam mit dem Zustrom von Ausländern ›importiert‹«.[2] Hier lägen »mit die Ursachen für Fremdenhaß«[3]. Nun ist es nur noch ein kleiner Schritt hin zu der Feststellung, daß »ein Grund für die teilweise Zustimmung auch rechtstreuer Bürger zu Gewalttaten (gegen Ausländer) im unverhohlenen Unmut über den massenhaften skandalösen Mißbrauch des Asylrechts liegt.«[4]

Dies ist ein ganz typisches Argumentationsmuster: Ausländer bringen die Kriminalität nach Deutschland und sollten deswegen eigentlich gar nicht erst einreisen. Tun sie dies aber doch und verhindert dies die Politik nicht, ist Gewalt zwar noch nicht gerechtfertigt, aber man darf ihr Beifall zollen, ohne daß man den Claqueuren gleich mangelnde Rechtstreue attestieren muß.

Solchen und ähnlichen Schlußfolgerungen muß man widersprechen, wo immer es geht, und ich freue mich sehr darüber, daß Sie diese Ansicht teilen. Ich werde deshalb gern bei der nächsten Konferenz der Innenminister und -senatoren (IMK) im November die Problematik im Sinne unseres gemeinsamen Anliegens zur Sprache bringen. Dabei vertraue ich darauf, daß es Ihnen mit der Autorität Ihrer Person und Ihres Amtes gelingen wird, meine Innenminister-Kollegen in CDU/CSU-regierten Ländern schon im Vorfeld dieser Konferenz von der Richtigkeit unseres Vorhabens zu überzeugen.

Mit freundlichen Grüßen

(Dr. Herbert Schnoor)

[1] Heinz Paus, innenpolitischer Sprecher der CDU-Landtagsfraktion Nordrhein-Westfalen, in einer Plenardebatte am 16. September 1992.
[2] Dr. Helmut Linssen, Vorsitzender der CDU-Landtagsfraktion Nordrhein-Westfalen, ausweislich seines Sprechzettels in einer Pressekonferenz am 23. März 1993.
[3] Dr. Helmut Linssen, Vorsitzender der CDU-Landtagsfraktion Nordrhein-Westfaien, in der anschließenden Plenardebatte am 24. März 1993.
[4] Beschlußvorschlag der CDU/CSU-regierten Länder zur Innenministerkonferenz (IMK) am 9. Oktober 1992 in Bonn.

Zur Kritik der Ausländerpolitik

Von den einzelnen Bundesregierungen wurde immer wieder betont, daß Deutschland kein Einwanderungsland sei und werden solle. So erklärte Helmut Kohl als Regierungschef am 27. 8. 1986 vor der Bundespressekonferenz:»Ich habe mich entschlossen, heute selbst vor der Bundespressekonferenz zu sprechen, weil der Zustrom der Wirtschaftsasylanten Ausmaße angenommen hat, die zu einer ganz erheblichen Belastung für die Bundesrepublik Deutschland geworden sind und zu einer erheblichen Beunruhigung der Bevölkerung geführt haben.

Die Zahl der Asylanten steigt von Monat zu Monat. . . Ich bin nicht gewillt, diese Entwicklung tatenlos hinzunehmen. . . Die Sorgen der Bevölkerung müssen ernst genommen werden, denn die Bundesrepublik Deutschland ist kein Einwanderungsland und darf es auch nicht werden.« Doch den markigen Worten folgte keine entsprechende Politik. Der Zustrom von Asylanten hielt sich über Jahre bis heute auf hohem Niveau, statt daß man versuchte, ihn wie in den Nachbarländern mit Erfolg zu beschränken.

In Wirklichkeit wurde eher eine Politik betrieben, die das Gegenteil bewirkte. Einflußreiche und führende Vertreter der regierenden Parteien wie Heiner Geißler oder Rita Süßmuth setzten sich auch ganz offen für die Umwandlung des deutschen Volkes in eine multiethnische und multikulturelle Gesellschaft ein und arbeiteten auf diese Weise den Kräften zu, deren erklärtes Ziel die Auflösung und Zerstörung des deutschen Volkes ist. So schrieb Geißler in Verteidigung seiner Propagierung der multikulturellen Gesellschaft in seinem *Zeit*-Interview vom 28.10. 1988 noch 1991, er »könne nicht einsehen, warum Ausländer, die in der Bundesrepublik wohnen und arbeiten und sich hier integrieren wollen, eine Gefahr für uns bedeuten sollten. Es bedeute im Gegenteil eine Chance für uns, solche Menschen bei uns zu haben. . . Für ein Land in der Mitte Europas sei die Vision einer multikulturellen Gesellschaft eine große Chance. . . Der eigentliche Realitätsverlust besteht in dem Ignorieren der Tatsache, daß die Bundesrepublik Deutschland längst ein Einwanderungsland geworden ist. Ein Einwanderungsland müssen wir auch bleiben.«[1] Und Rita Süßmuth warb ähnlich für die multikulturelle Gesellschaft.[2]

Hinzu kommt bezeichnenderweise, daß die alarmierenden Tatsachen zur Überfremdung den Bundesbürgern weitgehend vorenthalten werden. »Die für unsere welteinmalige Ausländer- und Asylpolitik verantwortlichen Politiker verschweigen den Bürgern die harten Fakten«, beklagt der Politologe Klaus Hornung in einem Leserbrief und fragt dann: »Warum macht man die deutsche Öffentlichkeit mit den hier vorliegenden Fakten nicht vertraut?« Er gibt auch die wohl zutreffende Antwort: »Die Antwort kann nur lauten: Die ›Political Correctness‹ funktioniert ebenso raffiniert wie zuverlässig, die Faschismuskeule saust auf jeden herunter, der diese Dinge öffentlich anzusprechen wagt.«[3]

Darüber hinaus wird das Problem der millionenfachen Einwanderung verharmlost, und kritische Einwendungen versucht man schon im Vorfeld abzubiegen. So erklärte die ›Gesellschaft für deutsche Sprache‹, die Nachfolgerin des 1885 gegründeten verdienstvollen ›Allgemeinen deutschen Sprachvereins‹, das Wort ›ausländerfrei‹ zum »Unwort des Jahres« für 1991, und zum »Unwort des Jahres 1993« wurde ›Überfremdung‹ gekürt. Es sollte damit also vor dem Begriff ›Überfremdung‹ als einem angeblichen Unwort, das nur Unmenschen verwenden, gewarnt werden, nicht etwa vor der wirklich drohenden Überfremdung der Deutschen, die auf solche Weise der Diskussion entzogen werden sollte, obwohl sie das sicher gegenwärtig schwerwiegendste und für die Zukunft folgenreichste Problem der Deutschen darstellt.

Mit Erfolg wurde dennoch die Diskussion der Ausländerfrage in den siebziger und achtziger Jahren aus den Wahlkämpfen der Bonner Parteien herausgehalten. Die Asylantenlobby hatte einflußreiche Vertreter in allen Parteien. Dazu schrieb schon 1991 der frühere Landesanwalt von Bayern, Manfred Ritter: »Die Asyllobby, die die mächtigste Lobby in diesem unserem Lande geworden ist, setzt sich aus Vertretern von Kirchen, Arbeitgebern, Teilen der CDU und FDP auf der einen Seite und aus Gewerkschaftern, der SPD und den Grünen auf der anderen Seite zusammen... Diese Lobby hat es immerhin fertiggebracht, die Asylproblematik jahrelang vor der deutschen Bevölkerung zu verschleiern. Sie bemüht sich auch heute noch nach Kräften, die Wahrheit nicht ans Licht kommen zu lassen, und schreckt dabei vor den einfältigsten Argumenten nicht zurück.«[4]

Nachdenklich macht auch ein Rückblick auf die verschiedenen Stufen dieser Entwicklung. Als die deutsche Industrie in den sechziger Jahren die vorhandenen deutschen Arbeitskräfte ausgeschöpft hatte, holte sie – wie auch schon in früheren Zeiten üblich – ›Fremdarbeiter‹ für begrenzte Zeit ins Land. Aus diesen wurden dann ›Gastarbeiter‹ mit praktisch unbegrenzter Arbeitserlaubnis, die bald ihre Angehörigen im Zuge großzügig von Bonn gewährter Familienzusammenführung nachholen konnten, wobei auch diesen schnell die Vorzüge des deutschen sozialen Versorgung geöffnet wurden. Frühe Warnungen verantwortungsbewußter Politiker aus rechten Kreisen wurden damals in den Wind geschlagen. Dann wurde das Modell der Integration der inzwischen zu ›ausländischen Mitbürgern‹ gewordenen Fremden propagiert. Diese erwies sich als nicht durchführbar, da die Betroffenen – im Gegensatz zu vielen Deutschen – ihre nationale und kulturelle Identität nicht aufgeben wollten und sich der Einschmelzung widersetzten. Selbst der *Spiegel* mußte zugeben: »Die Ausländerintegration ist gescheitert. Überall im Land entsteht eine explosive Spannung. Die Integration hat aus den Türken den Türken gemacht. Und nun sogar die islamische Bedrohung schlechthin... Die Konflikte, die einen ethnischen Hintergrund haben, nehmen zu.«[5] Vor mehr als rund zwei Jahrzehnten warnte sogar der SPD-Ministerpräsident von Nordrhein-Westfalen, Kühn, daß eine Bevölkerung nicht mehr als 10 Prozent Ausländer ertragen könne. Heute weisen schon mehrere deutsche Großstädte Fremdenanteile von mehr als 20 Prozent auf.

Auch die Hoffnung darauf, daß die zweite Generation der Ausländer, ihre schon in Deutschland geborenen Kinder, in ihrer großen Mehrheit integrierbar sei, hat sich als Illusion erwiesen. Inzwischen gilt das auch teilweise schon für die dritte Generation. Daher predigt man jetzt das multiethnische Miteinander, das Nebeneinander der verschiedenen Kulturen und Identitäten auf deutschem Boden, die Institutionalisierung der schon bestehenden Ghettos. Es bedarf keiner großen Sehergabe, um vorauszusagen, daß auch diese Entwicklung auf die Dauer nur zu Problemen führt, von denen die der inneren Sicherheit schon sehr brisant sind, ganz abgesehen davon, daß bei anhaltender Entwicklung bereits abzusehen ist, wann die Deutschen in ihrer Heimat in die Rolle einer Minderheit geraten. Schlaglichtartig wird deutlich, wie weit die Entwicklung schon vorangeschritten ist, wenn eine in Berlin lebende 19jährige Türkin anläßlich der knappen Abstimmung dafür, daß der Bundestag nach Berlin geht, äußern kann: »0 je, jetzt kommen noch mehr Deutsche nach Berlin.«[6]

Bei der Lösung dieser so aktuellen Probleme ist daher auch wieder eine Rückbesinnung auf das Volk und seine Bestimmung nicht nur sinnvoll und fruchtbar, sondern unverzichtbar. Denn bei der anstehenden Grundsatzentscheidung, ob man in Zukunft vom Volk Abschied nehmen will, um eine multiethnische und multikulturelle Gesellschaft zu bilden, sollte man zumindest sich bewußt gemacht haben, was man damit aufgibt und daß eine solche Auflösung des Volkes dann nicht mehr rückgängig zu machen ist. Manche befürchten sogar schon, daß der kritische Punkt, der ›point of no return‹, bereits überschritten ist, mit anderen Worten, daß die in unverantwortlicher Weise von den politisch Verantwortlichen in den letzten Jahrzehnten zugelassene Entwicklung nicht mehr aufgehalten werden kann. Doch einer als falsch erkannten Entwicklung sollte man auch dann noch entgegenwirken.

246

Bis vor nicht langer Zeit glaubte man noch, als Hauptargument gegen die Nationalstaaten ins Feld führen zu können, daß sie die Ursache der verheerenden Kriege gerade der ersten Hälfte unseres Jahrhunderts gewesen seien. Inzwischen haben gründlichere Untersuchungen und die seitdem offen vor aller Augen ablaufende Wirklichkeit genau das Gegenteil bewiesen: Vielvölkerstaaten, angeblich zur Befriedung der betroffenen Menschen gegründet, zerfielen aus sich heraus wie die Tschechoslowakei oder Jugoslawien oder lieferten gar die Ursache zu jahrelangen Kriegen und größten Greueln wie in Bosnien oder Teilen der neuen Russischen Föderation. Die grausamen Volks- und Stammeskriege in Afrika liefern weitere Beispiele. Und daß die beiden Weltkriege weniger nationale als wirtschaftlich-hegemoniale Ursachen und Drahtzieher beim Großkapital hatten, ist wohl kaum noch zu bestreiten.

[1] Heiner Geißler, »Zugluft – Die multikulturelle Gesellschaft«, in Stefan Ulbrich (Hg.), *Mutikultopia. Gedanken zur multikulturellen Gesellschaft*, 1991, S. 70 f.

[2] Rita Süßmuth, in *Die Welt* v. 20. 3. 1989.

[3] Klaus Hornung, in Leserbrief an die *Frankfurter Allgemeine Zeitung* v. 5. 9. 1997.

[4] Manfred Ritter, *Sturm auf Europa. Droht eine neue Völkerwanderung?*, [2]1990, S. 84 f.

[5] *Der Spiegel*, Nr. 16, 1997.

[6] Zit. in *Quick* v. 27. 6. 1991.

(Aus: Rolf Kosiek, *Völker statt ›One World‹. Das Volk im Spiegel der Wissenschaft*, Grabert, Tübingen1999, S. 13–17).

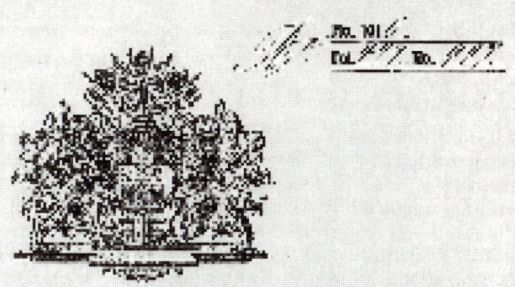

Ausweise des bei der Aufsichtsbehörde für die Standesämter bewahrten Registers hat

Wilhelm Eduard Johan Buch,

geboren am *12. Juni 18* 73 zu *Nürnberg,* _____ am *1. Juli* Neunzehnhundert und *acht* den unterstehenden Eid abgestattet und das hamburgische Bürgerrecht erworben.

Hamburg, den *1. Juli* 1908.

Zur Beglaubigung:

Dr. Bargum

Kal.

Bürgereid.

Ich gelobe und schwöre zu Gott, dem Allmächtigen, daß ich der freien und Hansestadt Hamburg und dem Senate treu und hold sei, des Besten der Stadt suchen und Schaden von ihr abwenden will, soviel ich vermag, daß ich die Verfassung und die Gesetze gewissenhaft beobachten, alle Steuern und Abgaben, wie sie jetzt bestehen und künftig zwischen dem Senate und der Bürgerschaft vereinbart werden, redlich und unweigerlich entrichten und dabei, als ein rechtschaffener Mann, niemals irgend Partei zum Schaden der Stadt suchen will. So wahr mir Gott helfe!

Unterschrift des Inhabers: *Wilhelm Buch* _____

Personenverzeichnis